TOKYO

2023

2024

遇見

跟著在地人品嘗美食、最新景點、人氣伴手禮的 One day trip 提案

Shinon
（日本娛樂觀星台）
◎著

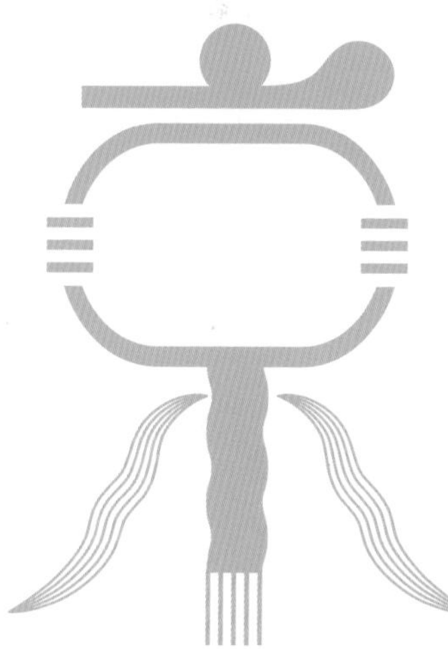

contents

✪ 本書取材時間為 2022.06 到 2022.11，若店面營業時間有異動，請以官方網站為準。

✪ 餐廳所標示的「費用」為一人平均消費預算。

contents

contents

info.1 / neo Tokyo

東京的再次發現！

在疫情爆發的數年間，日本政府與商家推行各種新政策與措施，潛移默化地滲透進日常生活中。時隔數年，旅客走在東京的街道上，可能不覺得有太大的變化，但實際走進商店購物時，便會感受到與之前的差異，尤其是在付款時更覺不同。事先了解和做好心理準備，刷新對東京的印象吧！

塑膠袋徵稅，日本人的環保意識提升

在2020年7月，日本正式推行塑膠袋徵稅。全國零售商要向消費者收取購買塑膠袋的費用，價格由商戶自訂，一般售價為2日幣~10日幣不等，部分商戶更自行延伸到紙袋，無論是哪種材質的購物袋都需要收費。

作為包裝大國，之前買一盒送禮用的點心，店員都會貼心地多放幾個備用的袋子，每次回到家都會獲得一大堆紙袋、塑膠袋。然而這樣的情況已經減少許多，取以代之的，每次購物時店員都會先問一句「需要購物袋嗎？」現在很多人外出時，也會養成攜帶環保袋的習慣。畢竟塑膠袋一個幾塊，有時候紙袋更要2、30塊日幣，還是能省則省為上。

對於不會日語的人，可記以下幾句話，會讓購物過程更順暢。

- 袋ご利用になりますか？(fukuro go riyou ni nari masu ka) ：請問需要購物袋嗎？
- 要りません(iri masen)／大丈夫です(daijoubu desu) ：不需要（配合揮手動作更易傳達）。
- 袋お願いします(fukuro onegaishimasu) ：請給我袋子。

除了塑膠袋之外，日本近年也在大力推廣減塑，很多大型連鎖店如星巴克、麥當勞都提供紙吸管取代塑膠吸管，全家便利商店Family Mart更在2022年10月起以竹筷取代塑膠餐具。外帶食物時，會更加感受到日本人的環保意識正在提升。

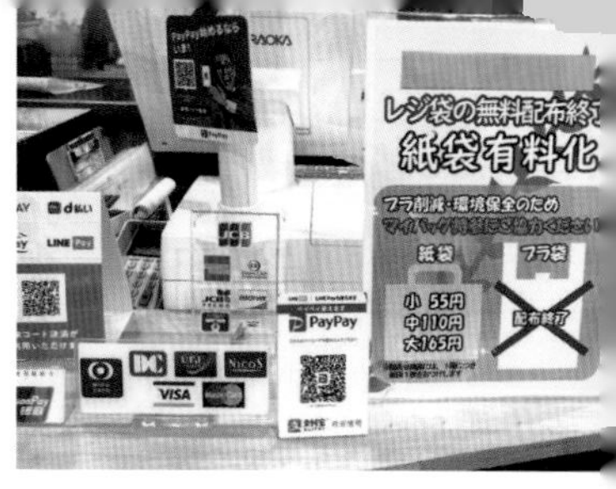

收銀處旁會張貼告示，寫出塑膠袋與紙袋的價格。

現金支付轉型電子付款，下單、付款都數位化

日本明明是盛產數位商品的國家，卻在電子付款方面一直落後於世界，不過，最近也終於步入電子付款的軌道上了。現在，出現了許多手機支付應用程式，其中以PayPay、樂天Pay、Line Pay等為主流。在東京等大都市，大部分店舖都能對應電子付款，甚至出現不少只接受電子付款的店家。出門前，也可以仔細規劃兌換日幣現鈔的金額。

只接受電子付款的AFURI拉麵分店。

不過，大部分電子支付App都需要日本身分證明文件來進行認證，若只是短期旅遊難以下載，可選擇使用信用卡或交通IC卡來支付。預先充值好IC卡，在乘車及購物時都能隨時使用。

此外，也有不少餐廳會要求客人自行掃描QR Code連結到網站看菜單、點餐，建議準備網卡或是wifi分享器較佳。如果沒有智慧型手機、網路或不擅長操作，也可向店員詢問能否直接點餐。

日本星巴克的桌子上都貼著QR Code方便客人電子下單。

左：店家提供QR Code取代實體菜單。
右：在手機上看菜色，還可直接點菜。

自助付費機器增加，購買過程自己動手來

走進商店，也會感受到明顯的變化，很多商店在收銀處旁多了幾台自助購物或付費的機器，節省店員人手或減低店員收款時出錯的機會，在連鎖便利商店、超市、百元商店及藥妝店都已全面推行。

這種機器會分成兩種，一種是需要客人自行掃描商品條碼，然後進行付款；另一種仍需店員處理掃描商品，而顧客則在機器進行付款。對於不擅長日語的旅客，自助機器可減少與店員之間溝通時產生的誤會，部分機器也配備多種語言更加方便操作。

要注意的是，有些機器是不接受現金支付方式，若身上只有現金的話，就要到收銀處排隊結帳。如需塑膠袋時，在機器上要記得按鈕加購，否則會不小心變成塑膠袋小偷。

上：UNIQLO大部分店舖都設有自助付費機器，放下購物籃便會自動掃瞄貨品。
下：Lawson的自助付費櫃台。

日本的防疫措施

疫情爆發期間，每個國家都有其獨特一套防疫政策。一向注重整潔衛生的日本，在防疫方面比歐美嚴謹，但與台灣及香港相比又似乎較為寬鬆。畢竟，日本政府沒法明確推行罰款制度，只能用各種宣傳及輿論壓力去宣導民眾配合。

在日本常見的幾種防疫措施如下：

7-11所有收銀都設有自助付費機器，由客人確認付費方式。

⊛外出戴口罩：因為花粉症等各種原因，在疫情前日本人就有外出戴口罩的習慣，所以口罩普及率算高。不過，日本人所戴的口罩以淨色為主，女生喜愛配戴素色的口罩來搭配衣服，台港一帶流行的花紋圖案口罩，在人群中可能會顯得特別搶眼。

⊛進入店舖前，需要用酒精消毒雙手與量體溫：部分東京的商店及餐廳都會在入口處放置消毒酒精讓客人自行消毒，以及量測體溫的機器確保客人不是在發燒狀態。部分更會設有店員親自為客人進行消毒及量體溫才能入店。

↑門口即有腳踏式消毒酒精方便客人消毒。

→自動量測體溫的機器檢查客人有否發燒。

⊛飯店或部分景點要填寫體溫、出遊狀況、疫苗接種狀況、個人聯絡資料：一些客人會長期逗留的設施及飯店，就會要求填寫資料及簽署證明是在身體健康的情況下使用設施，或是方便設施爆發群體感染時通知曾來訪的客人。

↑餐廳桌上擺放告示牌，提醒客人不用餐或對話時戴上口罩。

⊛座位間設有透明隔板：有不少餐廳會在座位之間設置透明隔板減少客人間飛沫傳播，尤其常見於吧檯式座位。有些餐廳更會要求顧客在用餐以外的時間都需戴口罩，或減少對話。

←左：吧檯座位放置隔板以保護每組客人。
右：有隔板的座位像是個私人空間。

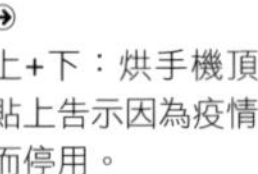
上+下：烘手機頂貼上告示因為疫情而停用。

上+中+下：以竹子製作流水裝置取代共用的杓子舀水，並加以花卉裝飾成花手水增添美感。

洗手間暫停使用烘手機： 因為疫情初期的謬誤，很多公共設施的洗手間都暫停烘手機的服務，部分會改為提供擦手紙，沒有的話就只能自己想辦法了。建議可入鄉隨俗學習日本人攜帶手帕外出。

神社手水舍變成流水式或暫停使用： 作為參拜禮儀，一般進入日本神社時會在名為「手水舍」的淨手池，以杓子舀清水洗手及漱口。而在疫情期間，很多神社為了減少共用杓子，而加設了流水裝設方便洗手。部分神社也改為裝飾用的花手水或是直接暫停使用，提供消毒酒精供遊客使用。

每家餐廳、設施都會定下自己的規則，身為客人的我們只能尊重和遵守，以免產生衝突。隨著疫情趨緩，民眾對於長期防疫感到疲累，在2022年下半年已開始看到日本的防疫措施更為放鬆。然而，這兩三年間不自覺培養起來的習慣也無法一時半刻就放下，到底什麼時候會完全回到疫情前的狀況仍是個未知數。

info.2 / Transportation

日本的鐵路系統十分錯綜複雜，如果直接看車站的路線圖確實會感到眼花撩亂，不妨使用Google Map的路線規劃，或是「乘換NAVITIME」、「Yahoo!乘換案內」等App，只要輸入起點及終點，便會為你指示最快或最便宜的路線，跟著乘車就沒問題了！

若你是日本自由行的新手，在使用這些App時，有幾點可以注意。

①出發時間、到達時間：日本電車班次不固定，例如尖峰時刻班次較為密集，其餘時間可能15分鐘~30分鐘一班。如果是預先調查車程，輸入確切時間才能獲得正確資訊。

②車程、時間、換乘次數：輸入起點及終點與時間後，App通常會提供多種方案，有時價格與車程時間雖然差不多，但需要走到別的月台或轉乘，所以可按快捷、方便或是價格來選擇合適的路線。

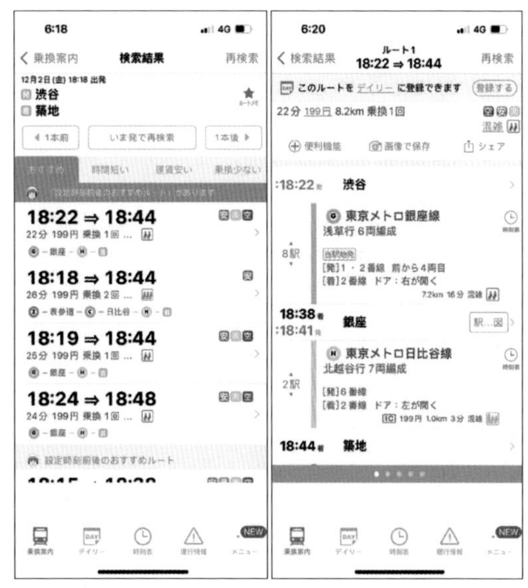

左：輸入起點、終點和時間後，App會提供數種換乘路線。
右：點進每個路線會有上下的月台號碼、經過多少站等更詳盡的資訊。

must know

↑
上：高輪Gateway車站月台上的車站牌。
下：一般的JR閘口，日後將會加上掃瞄QR Code的位置。

JR東日本新資訊！

旅客在東京經常搭乘的山手線，於2020年新增了「高輪ゲートウェイ駅」（高輪Gateway車站），介於品川站與田町站之間，京濱東北線也在這裡交會。這個車站與品川站的距離只要步行約10分鐘，原本是為了緩解因奧運來日的大量旅客而提早開幕，只可惜結果事與願違，由隈研吾所設計的偌大車站只有寥寥數名乘客經過。不過，中央新幹線預期在2027年進駐鄰近的品川站，加上周邊地區的開發，可以期待日後這個車站也會繁忙起來！

此外，JR東日本正在積極減少使用紙製車票，在2022年12月起開始陸續在各地車站增設附設掃瞄QR Code的閘口，日後或許可以在手機上用App購買車票，掃瞄手機畫面的QR Code就能入閘。

↑
平日晚上的高輪Gateway車站只有幾名乘客在等車，非常空曠。

③上車與下車月台：App還會很貼心註明上車與下車在幾號月台，跟著走就不會在車站裡打轉迷失方向。

④跟隨App的指示上車：如果選擇好App建議的路線，就跟隨其指示乘搭那班車吧！由於日本電車分各停（每個車站都會停靠）、快速、急行、特急等不同行駛方式，如果隨意上車可能會遇到跳站或每站停花很多時間才能到達。

鐵路通票有什麼選擇？

想要旅行玩得更划算，每家鐵路公司都會提供各種優惠鐵路通票，在計劃行程時，不妨可以看看是否有適合的通票使用。

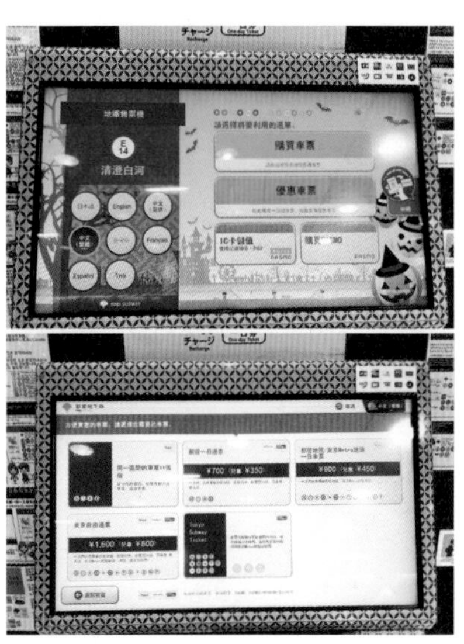

5

1 3
2 4

1. JR的綠色窗口可購買新幹線車票與辦理票務問題。
2. 新宿的JR東日本旅行服務中心可購買鐵路通票。
3. 東京Metro的購票機有中文介面。
4. 可購買不同種類的一日通票。
5. 服務中心擺放了各種介紹鐵路通票的小冊子。

機場篇

成田機場

成田機場位在千葉縣，可利用N'EX（成田特快）、Skyliner、Access特快&京成本線、Evening liner四種電車可來往東京都心，其中N'EX（成田特快）、Skyliner都有提供來回優惠通票。

另外，Skyliner也有與Tokyo Subway Ticket、東京鐵塔 Main Deck入場券、TEITO TAXI計程車組合的優惠組合套票。

通票	範圍	價格	使用方法	購票方法	連結
N'EX東京往返車票	成田機場↔東京、品川、澀谷、新宿、橫濱等車站	成人4,070日幣 孩童 2,030日幣	在14天內搭乘一趟N'EX(成田特快)列車往返成田機場	JR東日本網路訂票系統購買，在成田機場第2. 第3候機樓、東京車站、新宿車站兌換，兌換時需出示護照正本	
Skyliner優惠票(單程)	成田機場↔日暮里/上野	成人2,300日幣 孩童 1,150日幣	搭乘一趟Skyliner列車	在海外旅行社或官方線上系統購買，在成田機場、上野站及日暮里站兌換	
Skyliner優惠票(來回)	成田機場↔日暮里/上野	成人4,480日幣 孩童 2,240日幣	搭乘一趟Skyliner列車往返成田機場	在海外旅行社或官方線上系統購買，在成田機場第1候機樓站、成田機場第2・第3候機樓站兌換	

㊟ 成人指12歲以上人士，孩童指6～11歲人士

羽田機場

羽田機場與東京都心距離較近，可利用東京單軌電車（Tokyo Monorail）或京急電鐵往返東京。東京單軌電車從濱松町站到羽田機場為單程500日幣，他們有提供來回優惠票以及搭配JR的假日優惠。而京急電鐵沒有來回優惠票，只有車票搭配一天任乘或Tokyo Subway Ticket的優惠組合。

通票	範圍	價格	使用方法	購票方法	連結
單軌電車羽田機場來回優惠票	羽田機場↔濱松町站	成人800日幣 孩童400日幣	在10天內搭乘一趟單軌電車往返羽田機場	羽田機場第3航廈站、第1航廈站、第2航廈站等購買	
單軌電車&山手線內優惠票	羽田機場→濱松町站 + JR山手線內任何一站	成人500日幣 孩童 250日幣	從羽田機場搭乘一趟單軌電車至濱松町站，再轉乘JR山手線內任何一站	在週六、週日、例假日及特定日限定發售，於羽田機場的自動售票機購買	
京急羽田・ちか鉄共通パス	羽田機場→泉岳寺站 + 都營地下鐵、東京Metro地鐵線全線	成人1,200日幣 孩童 600日幣	從羽田機場搭乘一趟京急電鐵至泉岳寺站，一天內任乘都營地下鐵、東京地鐵線全線	京急線、羽田機場站購買	
WELCOME! Tokyo Subway Ticket	羽田機場↔泉岳寺站 + 都營地下鐵、東京Metro地鐵線全線	Tokyo Subway Ticket 24小時：成人1,360日幣 孩童680日幣 48小時：成人1,760日幣 孩童880日幣 72小時：成人2,060日幣 孩童1,030日幣	搭乘一趟京急電鐵往返羽田機場，24小時/48小時/72小時任乘東京的地下鐵全線	在羽田機場Keikyu Tourist Information Center第3航廈購買 (只限訪日外國旅客購買)	

㊟ 成人指12歲以上人士，孩童指6～11歲人士

任乘篇

如果打算利用旅程有限時間一天跑幾個地方的話，那麼可參考各種東京都內的任乘通票。選擇時可注意路

通票	範圍	價格	使用方法	購票方法	連結
Tokyo Subway Ticket	都營地下鐵、東京Metro地鐵線全線	24小時：成人800日幣 孩童400日幣 48小時：成人1,200日幣 孩童600日幣 72小時：成人1,500日幣 孩童750日幣	24小時/48小時/72小時內任乘都營地下鐵、東京地鐵線全線	海外旅行社、成田機場、羽田機場、東京地鐵站月票售票處及地鐵旅客服務中心、外國人旅遊服務中心等	
東京Metro地鐵24小時車票	東京Metro地鐵線全線	成人600日幣 孩童300日幣	24小時內任乘東京地鐵線全線	東京Metro地鐵定期票售票處(中野站、西船橋站、澀谷站除外)購買預售票，或東京Metro地鐵線各車站的售票機購買當日票	
京王一日乘車券	京王線、井之頭線全線	成人900日幣 孩童450日幣	24小時內任乘京王線、井之頭線	京王線、井之頭線各站自動售票機購買	
Tokyu Line 1-Day Pass	東急電鐵全線	成人780日幣 孩童340日幣	東急電鐵全線	東急線自動售票機購買	

線涵蓋範圍，如果不確定自己會否一天內都使用同一家鐵路公司，單程購買自由度會較高。

通票	範圍	價格	使用方法	購票方法	連結
Greater Tokyo Pass (目前因疫情停賣中，不知道日後是否會開賣)	小田急電鐵、京王電鐵、京成電鐵、京濱急行電鐵、東急電鐵、東京Metro地鐵線、西武鐵路、相模鐵道、都營交通、東武鐵道、橫濱高速鐵路、橫濱市交通局及百合鷗全線	成人7,200日幣 孩童3,600日幣	3天內任乘關東圈13家私鐵、東京和其周邊3縣34家巴士公司的公車	成田機場、羽田機場、指定車站月票售票處購買(只限訪日外國旅客購買)	
東京都市地區周遊券 (Tokunai Pass)	JR東日本東京23區內全線	成人760日幣 孩童380日幣	24小時內任乘東京23區內普通列車的普通車廂非指定座席。	JR東日本主要車站指定席售票機購買。	
東京環游通票 / 東京一日券	東京Metro地鐵線全線、都營地鐵線全線、東京櫻花有軌電車、東京都巴士、日暮里・舍人線及JR線東京都區內區間	成人1,600日幣 孩童800日幣	24小時內任乘指定鐵路全線	JR東日本主要車站、東京Metro地鐵各車站的售票機購買。	

㊟ 成人指12歲以上人士，孩童指6～11歲人士

2023 年有什麼值得期待？

東京發展日新月異，有不少大型商業設施或景點預計會在2023年開幕，日後或許可以把它們列入行程中。

景點名	鄰近車站	特色	預定開幕日	官網
東京中城八重洲 (東京ミッドタウン八重洲)	東京車站	與東京車站及巴士總站連接，連同地下4層共49層，有57家商店進駐。40~45樓為日本首家寶格麗飯店。	2023年3月10日	
東急歌舞伎町Tower (東急歌舞伎町タワー)	新宿	連同地下5層共53層，結合美食廣場、遊戲中心、演唱會場地、劇場、飯店等。	2023年4月14日	
東京華納兄弟哈利波特影城 (ワーナー ブラザース スタジオツアー東京 -)	豐島園	繼英國，亞洲首個開幕設施。展示《哈利波特》系列電影相關佈景和道具等製作花絮。	2023年6月13日	
道玄坂通 dogenzaka-dori	澀谷	連同地下1層共29層，1~2樓為商店，11~28樓為英迪格飯店。	2023年9月	
千客萬來 (千客万来)	豐洲市場	連同地下1層共10層，1~3樓有約60~70家商店，3樓~9樓為溫泉設施及飯店。	2023年冬季	無
麻布台Hills (麻布台ヒルズ)	六本木一丁目站、神谷町站s	A~C三個街區共有4棟設施落成。A街區的大廈樓高330米，成為日本第一高大樓。約150家商店進駐，安縵全新姊妹品牌Janu飯店也會在B街區開幕。另外，已結業的台場teamLab Borderless數位藝術美術館也會移師至此重新開幕。	2023年	無

▶ OMO5 東京大塚
▶ OMO3 東京赤坂

▶ ONSEN RYOKAN 由緣 新宿
▶ hotel hisoca ikebukuro

時尚且CP值高的東京飯店推薦

▶ sequence MIYASHITA PARK
▶ THE LIVELY 東京麻布十番

▶ toggle hotel suidobashi
▶ BnA_WALL

(info.3 / Hotel)

為了迎合東京奧運可能會大量訪日的旅客，這幾年在東京多了不少新開幕的飯店。盤點這些飯店，大多以時尚裝潢、附設咖啡廳、桑拿等設備等作招徠，試圖在這激烈的市場競爭中突圍而出，以吸引許多居住在東京的年輕人特地與朋友或戀人去住一晚開生日會、女子會，儼然「住飯店」成為日本人日常生活中一種娛樂活動。

這些飯店價格介於商務旅館與精品飯店之間，卻充滿質感且提供特色服務體驗，讓待在飯店這件事不再只是為了休憩睡覺，令旅程的每一刻都變得精彩。

星野集團全新都市飯店品牌OMO

1

以度假村及高級飯店聞名的星野集團，帶來設於都市中心、位置便利的飯店品牌「OMO」。以「帶你發現城市新魅力的都市觀光飯店」為概念，提供有趣的設施及服務，幫助旅客探索周邊景點、美食，深入了解日本各大城市魅力。

OMO目前共有11家飯店(截至2022年10月)開設在日本不同城市，其中東京設有「OMO5 東京大塚 by 星野集團」及「OMO3 東京赤坂 by 星野集團」。

OMO5 東京大塚 by 星野集團

與池袋只有一站之隔的大塚是個有著懷舊氣氛的巷弄，以及充滿活力的商店街與大眾酒屋的下町小鎮。距離車站徒步1分鐘的「OMO5 東京大塚 by 星野集團」飯店在裝潢上採用了木材、榻榻米等自然而帶日本特色的素材，營造出溫馨舒適的感覺。充滿開放感的公共空間「OMO BASE」是住客休憩交流的最佳場所，每天飯店員工更會化身DJ播放80年代音樂歡度晚上。併設的咖啡廳在早上提供多種口味選擇的義大利燉飯或麵包，以美味的早餐陪伴住客展開旅程。

極具特色的「YAGURA Room」房型以檜木高架床活用房間內所有空間，從樓梯間穿梭下層沙發休憩與上層的床鋪，讓人有種回歸童心、身處

- 地址：東京都豊島区北大塚2-26-1
- 如何抵達：JR山手線「大塚」站徒步1分
- ¥ 費用：1泊1室 ¥16,000～
- 入住時間：Check-in 15:00～ Check-out 11:00

←
1. 早餐的南瓜義大利燉飯、沙拉與飲料。

↓
2 3
4 5

2. 每天晚上舉行免費的DJ音樂活動。
3. 高架床下層可以作為沙發休憩。
4. 設於飯店公共空間的大塚周邊地圖。
5. 周邊嚮導OMO Ranger帶領遊覽大塚的店鋪。

（以上圖片提供©星野集團）

秘密空間中的興奮感覺。

飯店提供「Go KINJO周邊活動」服務為住客介紹周邊地區特色，設於公共空間的地圖（GO-KINJO地圖（周邊地圖））連動電子地圖展示了從飯店徒步約10分鐘圈內的景點與美食，還有每天舉行嚮導團「周邊嚮導OMO Ranger」，以猶如朋友帶你散步的角度介紹只有當地人知道的獨特體驗，進行深度探索。

OMO3 東京赤坂 by 星野集團

在2022年開幕的「OMO3 東京赤坂 by 星野集團」（下稱OMO3 東京赤坂）座落於歷史與文化滿載的赤坂上，周邊有被指定為國寶的迎賓館赤坂離宮或是高級日式料亭老鋪，值得遊客探索。飯店裝潢走洗練摩登風格，公共空間「OMO BASE」的大理石牆壁打造出別致格調，同時展示了

←
飯店大堂設有赤坂周邊地圖介紹當地景點與店舖。（圖片提供©星野集團）

地址：東京都港区赤坂4丁目3-2
如何抵達：
1.東京Metro丸之內・銀座線「赤坂見附」站10號出口徒步約3分
2.東京Metro千代田線「赤坂」站1號出口徒步約3分
¥ 費用：1泊1室 ¥12,000～
入住時間：Check-in 15:00～ Check-out 11:00

GO-KINJO地圖（周邊地圖），是飯店員工所推薦的店鋪及景點。

簡潔的客房以白色為基調，舒適的床鋪與沙發讓人放下旅程的疲累。所有房型都是衛浴與洗面台獨立分開，期望帶來更方便的住宿體驗。

「OMO3 東京赤坂」同樣設有事前預約的「周邊嚮導OMO Ranger」，收費團是由飯店人員在下午帶領參加者漫步赤坂的陂道、豐川稻荷東京別院與高級茶沙龍；免費團則是安排早上的時間，走在寧靜的街道上參觀飯店周邊神社，看看熱鬧繁華的赤坂的另一面。

飯店一樓併設上島珈琲店，在早上提供住客限定的真鯛高湯炒蛋三明治。另外，飯店也與周邊的手工啤酒專門店「YONAYONA BEER WORKS赤坂店」合作提供特色套餐，是入住時不可錯過的福利。

1

2

3

4

↑
1. 裝潢簡練的雙人房。
2. 早上的周邊嚮導OMO Ranger帶領參觀山王日枝神社。
3. 在上島珈琲店可享用飯店住客限定的早餐。
4. YONAYONA BEER WORKS赤坂店提供的特別套餐。
（以上圖片提供©星野集團）

都市中的溫泉旅館 ONSEN RYOKAN 由縁 新宿

地址：東京都新宿区新宿5-3-18
如何抵達：東京Metro丸之內・副都心線「新宿三丁目」站徒步約8分
費用：1泊1室 ￥9,000～
入住時間：Check-in 15:00～ Check-out 11:00

1 2
3

⊖⊖
左頁
1. 和風外觀與新宿街頭景色形成對比。
2. 日式摩登風格的「PREMIUM DOUBLE ROOM」。
3. 在露天浴池可享用箱根直送溫泉。

4
5

⊖
右頁
4. 飯店內的鐵板料理餐廳「KAKATOJO / 夏下冬上」。
5. 晚餐提供和牛鐵板燒、天婦羅等日本料理。
（以上圖片提供Nacasa & Partners）

佇立於熱鬧喧囂且交通便利的新宿，富有和風雅趣的「ONSEN RYOKAN 由緣 新宿」帶來都會中難得的日式旅館住宿體驗。館內寧靜沉穩的氛圍讓人忘卻外界的煩憂，徹底放鬆身心。

精簡的房間鋪上榻榻米或木材地板營造出日式風情，在高樓層的客房可眺望都會景色，與房內的氣氛形成對比。

設於最高樓層的大浴場，露天浴池提供來自箱根的溫泉水，鹼性溫泉帶有美肌效果同時能舒緩關節、肌肉、神經痛等，眺望著新宿的風景泡湯能療癒旅程的疲累。在下午的限定營業時間，泡溫泉後還可在休憩廳享用免費的冰棒。

館內的餐廳以來自日本各地的時令食材提供各式早、午、晚餐和食料理。精選和牛的鐵板燒、天婦羅，搭配當地紅酒或日本酒，豐富而高質素的晚餐值得一嘗。

客房配備三溫暖，既柔和又舒適 hotel hisoca ikebukuro

地址：東京都豊島区西池袋 1-10-4
如何抵達：JR、東京Metro、西武池袋線等「池袋」站西口(南)徒步約2分
¥ 費用：1泊1室 ￥19,800～
入住時間：Check-in 15:00～ Check-out 11:00

日本近年掀起一股三溫暖熱，透過泡湯促進血液循環，達到重整身心、舒展疲勞的效果。有沒有想過待在飯店裡就能享用獨立的三溫暖？於2022年3月開始的「hotel hisoca ikebukuro」旨在讓住客能遠離日常，在飯店內悠閒度過特別的時光。

全館裝潢以柔和的粉彩色為主調，營造出慵懶優雅的氣氛。9種房型適合2人~6人入住，每個房間都非常寬敞，配有沙發或豆袋沙發，以及香薰機、BALMUDA吐司烤箱等貼心設備，讓入住期間就如在家中一樣放鬆。

不過，最厲害的還是每個房間都配備乾式或蒸氣式的三溫暖以及按摩浴缸，部分房型更有露天浴池，可以不受別人打擾，隨時泡澡或洗三溫暖。試想走了一天的路，回到飯店可以馬上躺在按摩浴池裡，又或是在冬天被寒風吹冷了身體後可回飯店洗三溫暖，所有疲累定會一洗而空。

飯店內還有共用的休憩空間，也提供當地高級法國餐廳Cheval de Hyotan監修的早餐。

上：hotel hisoca ikebukuro的外觀。
下：在大廳可購買精選雜貨及飯店原創商品。
（圖片提供 hotel hisoca ikebukuro）

➜
左：這是寬敞4人房「Wide Bed Twin Room」。
右：「hisoca Cabin 6 Room」設有2張高架床，最多可6人入住。
（圖片提供 hotel hisoca ikebukuro）

➜
1 2
3 4
1. 部分房間設有私人露天浴池。
2. 獨立乾式三溫暖房間。
3. 由法國餐廳監修的早餐。
4. 設有簡易廚房及桌椅的共用休憩空間，可在這裡加熱食物及借用餐具。
（以上圖片提供 hotel hisoca ikebukuro）

色彩鮮明搶眼的房間
toggle hotel suidobashi

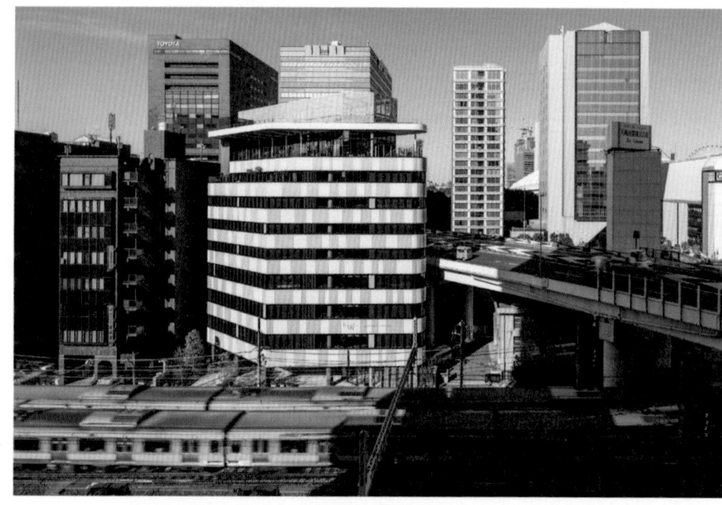

黃色與灰色相間的飯店外觀引人注目。（圖片提供toggle hotel suidobashi）

地址：東京都千代田区飯田橋3-11-4
如何抵達：1.JR中央・總武線「水道橋」站西口徒步約3分
2.JR中央・總武線「飯田橋」站東口、東京Metro有樂町線・南北線・東西線「飯田橋」站A1出口徒步約4分
費用：1泊1室 ￥8,982～
入住時間：Check-in 15:00～ Check-out 11:00
建議：館內只接受信用卡及電子支付方式

每個人都有偏好的顏色，如果整個房間都是自己喜歡的顏色又會是怎樣的體驗？位於水道橋與飯田橋交界的「toggle hotel suidobashi」是家時尚而充滿創意的飯店，館內裝潢採用了鮮艷奪目的顏色，讓人有如置身於Pantone色票中的「多彩」住宿體驗。

房型有高架床的「Loft Room」、附帶露台的「Balcony Room」等多種選擇。房內都配備沙發及獨立衛浴設備，讓你能夠享受到舒適的休息時光。最吸引人的是每個房間都有不同顏色主題，可愛的粉紅色、高貴的紫色，或是靜謐的藍色搭配明亮的黃色等，每個色彩呈現獨特的氣氛，讓人

↑

1 2 1. 粉紅色主題的「Loft Room A」。 2.「Loft Room B」設有高架床，最多3人入住。

3 4 3. 紫色主題的「Standard Room B」雙床房。

4.「Superior Room」鮮亮的黃色衛浴區域與藍色的客房形成強烈對比。

（圖片提供 toggle hotel suidobashi）

↓

上：咖啡廳有著自然舒適的感覺。

下：住客限定的三明治早餐。

（圖片提供 toggle hotel suidobashi）

可以拍出有如網美般的照片。

在預約時可選擇三種想入住的顏色，根據預約的實際狀況，飯店人員將會進行最適切的安排。在打開房門那一刻得知顏色的驚喜感，也是入住這家飯店獨有的體驗。

最高樓層9樓為咖啡廳，提供各種輕食、點心及飲品，讓入住的旅人們能在充滿陽光開放感的環境中享用美好的早餐，為一整天帶來好心情。

俯瞰澀谷景色
sequence MIYASHITA PARK

地址：東京都渋谷区神宮前 6-20-10 MIYASHITA PARK North
如何抵達：東京Metro銀座線・半蔵門線・副都心線「澀谷」站B1出口徒步約3分
¥ 費用：1泊1室 ¥9,880～(房價會隨季節有所變動)
入住時間：Check-in 17:00～ Check-out 14:00
建議：館內只接受信用卡及電子支付方式

1. 飯店入口位於商業設施MIYASHITA PARK的天台公園中。
2. 「SUITE ROOM」設有寬敞客廳。
3. 從房間從可欣賞澀谷街頭景色。
（以上圖片提供sequence MIYASHITA PARK）

想要好好感受東京這個城市，那麼可選擇住在流行時尚中心的澀谷地區。「sequence MIYASHITA PARK」正好建在澀谷最新地標MIYASHITA PARK商業設施上，飯店門外有一片寬敞的人工草皮，開揚而自然的感覺仿如都會的綠洲，讓住客的心情獲得解放。

簡約而洗練的房間配備住宿期間的基本需要，一大面玻璃窗延伸視野可把澀谷街頭景色盡收眼底，無論是白天繁忙的行人或是晚上的五光十色都展現出這座城市的活力。高級套房「SUITE ROOM」位在最高樓層17

4 5
6 7

4. 飯店設有時尚咖啡廳，很多非住客也特地前來光顧。
5. 置於飯店入口的藝術作品「Lovers」。
6. 飯店內的餐廳「Dōngxī 亜細亜香辛料理店」提供豐富早餐。
7. 咖啡廳在晚上搖身一變為酒吧。
（以上圖片提供sequence MIYASHITA PARK）

樓，94平方米的寬綽空間下併設客廳，能享受沈穩而安靜的住宿體驗。

館內4樓設有咖啡廳「VALLEY PARK STAND」、5樓則有東南亞餐廳「Dōngxī 亜細亜香辛料理店」從早到晚提供各式料理與飲料，吸引很多日本食客不住宿也慕名而來品嘗。一樓大堂也兼備共用休憩空間，而且整家飯店就如美術館擺設了很多藝術品，不妨在館內散步就能欣賞日本藝術家的作品。

借用設備超豐富充滿都會時尚風 THE LIVELY 東京麻布十番

地址：東京都港区麻布十番1-5-23
如何抵達：東京Metro南北線・都營地下鐵大江戶線「麻布十番」站徒步約3分
¥ 費用：1泊1室 ¥11,000～
入住時間：Check-in 15:00～ Check-out 11:00

上：「The Lively Twin Room」除了有舒適的床舖，還設有吊椅可以休息。
下：「The Lively Loft Room」位於飯店最高樓層，適合4~5人的朋友或家族旅行。
（圖片提供 THE LIVELY東京麻布十番）

從羽田機場出發，最短時間38分鐘可到，名店與老舖林立的麻布十番是東京都內成熟大人最喜愛的聚腳處。「THE LIVELY東京麻布十番」帶有高級感的華麗風裝潢完美呈現該區特色，館內每個角落都可成為網美拍攝背景。

房型從簡單的雙人房到附有客廳及露台的「The Lively Loft Room」都有，部分更設有100吋的大螢幕，可連接手機、電腦或借用的藍光播放器，晚上回到飯店也可看電影、追劇。

飯店的貼心還不止於此，館內提供100種類以上的盥洗用品及可借用設備，從直髮器、加濕器到任天堂Switch遊戲機、室內星空投影機、卡片遊戲，保證入住時絕不會悶。

館內9樓設有酒吧，晚上可以在迷人夜景和非日常空間中來杯美味的雞尾酒。1樓的共用休憩空間在傍晚5點半至6點半間也提供免費啤酒，可以與家人朋友小酌一杯玩玩撞球chill一下！

⬆⬇

1 2
3

1. 在飯店內的酒吧可享用各式各樣的雞尾酒。
2. 2樓的咖啡廳從早上7點半起提供鬆餅、漢堡等輕食。
3. 在酒吧可眺望迷人的東京鐵塔。
（以上圖片提供THE LIVELY東京麻布十番）

沉浸在藝術品中的住宿體驗 BnA_WALL

2

3

1

BnA_WALL是藝術飯店BnA HOTEL系列的第四家飯店，在2021年4月於日本橋正式開幕。一進去眼球會馬上被巨大壁畫吸引過去，這幅壁畫貫穿了地下1樓創作空間Factory與1樓的休憩廳，而且時常開放給藝術家繪畫，幸運的話，入住時可以欣賞到作畫的過程，見證新作品的誕生。

飯店的最大特色是所有房間都由日本藝術家打造，每個房間都是獨一無二的藝術作品。而且不是單單擺放一些藝術品，房間內的床舖、家具，每一件物品的素材及顏色都精心挑選，運用整個空間來呈現不同主題的世界觀。

而且，令人高興的是飯店設有回饋系統把部分住宿費返利給製作房間的藝術家，所以在這裡住宿也間接支持藝術發展。

1樓的休憩廳併設餐廳「STAND BnA」，白天提供咖啡與甜點，晚上則變身居酒屋提供多款酒精飲料與小菜，而且開放住宿者以外人士光顧，也經常舉辦各種活動，成為旅客與當地人交流的場所。

4

地址：東京都中央区日本橋大伝馬町1-1
如何抵達：東京Metro日比谷線「小傳馬町」站徒步約3分
¥ 費用：1泊1室 ¥16,000～
入住時間：Check-in 15:00～ Check-out 11:00

5

6

1. 從休憩廳可看到壁畫創作過程。（BnA_WALL, Lounge, Photo by Tomooki Kengaku）

2. 大壁畫經常更換。（BnA_WALL, Mural & Factory, Photo by Tomooki Kengaku）

3. 不定期舉行藝術工作坊等活動。（BnA_WALL, Mural & Factory, Photo by Tomooki Kengaku）

4. 飯店內設有咖啡廳與酒吧。（BnA_WALL, Bar, Photo by Tomooki Kengaku）

5. 相當超現代的風格。（BnA_WALL, daytime's daydream, EVERYDAY HOLIDAY SQUAD, Photo by Tomooki Kengaku）

6. 棋盤、眼鏡、籃球架成為房間的亮點。（BnA_WALL, HARDCORE GAME ROOM,magma, Photo by Tomooki Kengaku）

info. 4 / Route

新手適用！One Day Trip 經典行程規劃

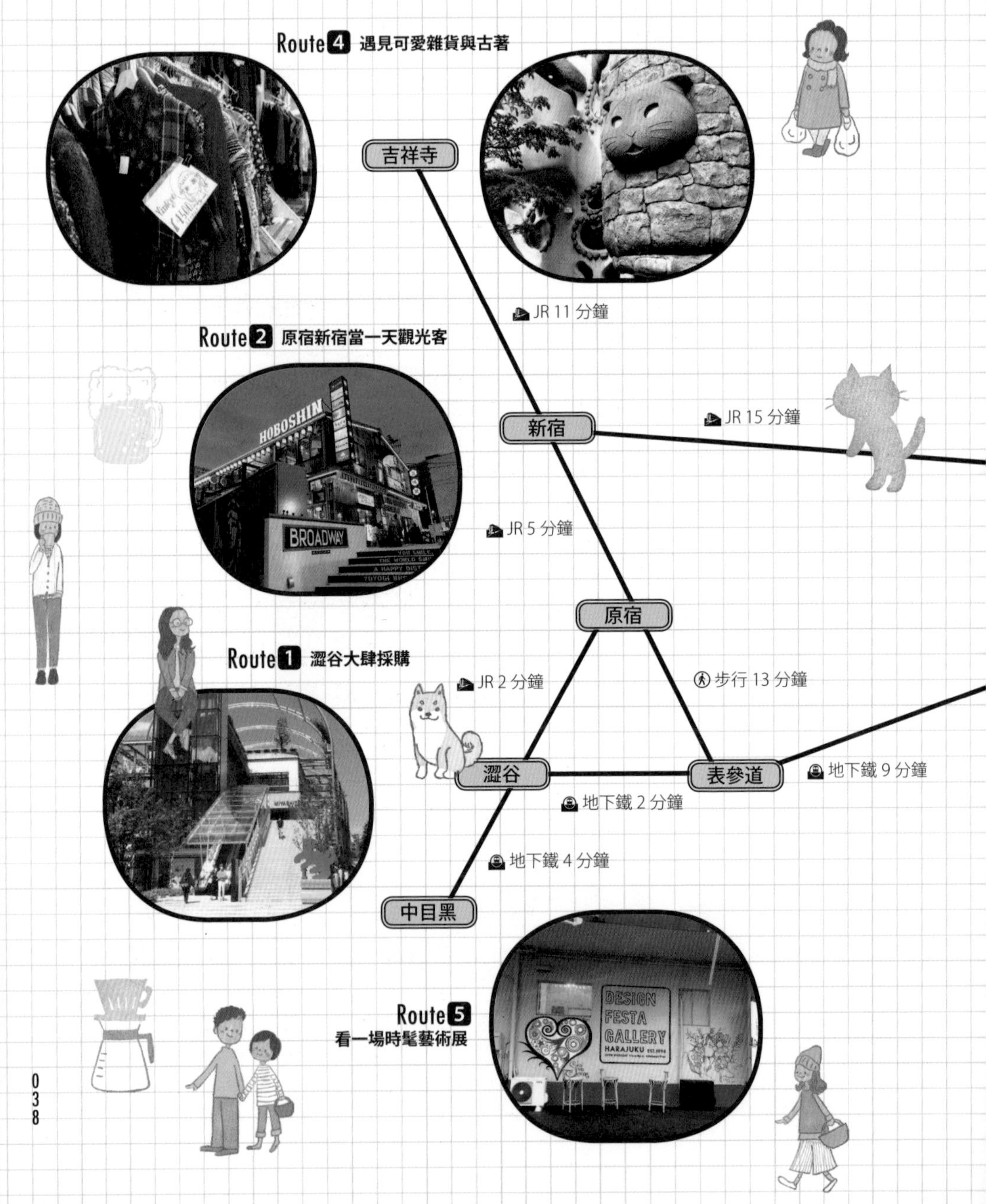

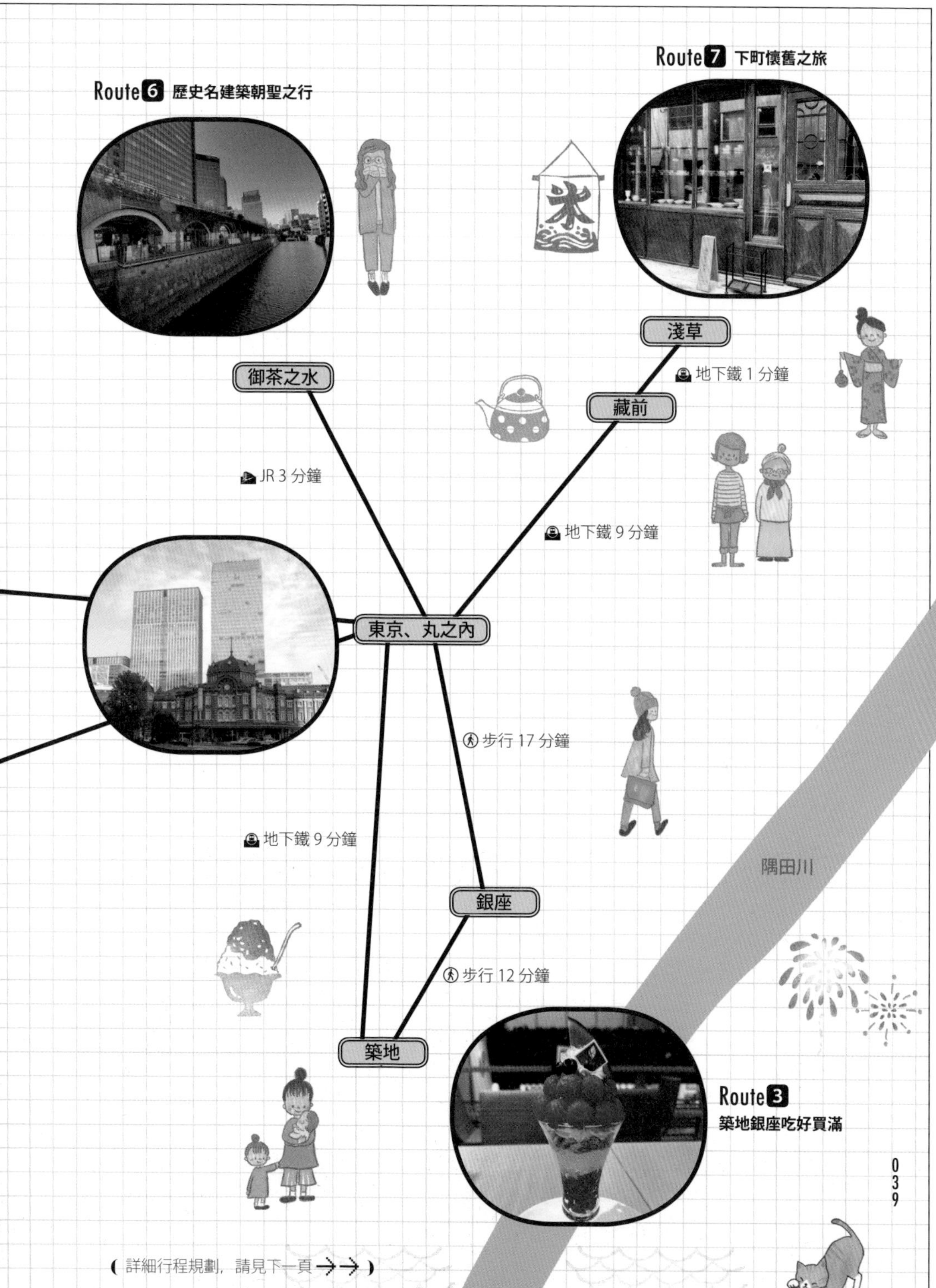

(詳細行程規劃，請見下一頁→→)

Routes

Route 1 澀谷大肆採購

❶10:00・澀谷かつお食堂吃柴魚片飯當早餐➡步行19分鐘➡❷11:30・澀谷PARCO購物➡步行8分鐘➡❸13:00・たらこパスタ吃鱈魚子意大利麵午餐➡步行3分➡❹14:30・MIYASHITA PARK購物(藤原浩設計Starbucks買咖啡/KITH TREATS買冰淇淋休息)➡步行3分鐘➡❺16:30・Shibuya Scramble Square➡❻17:30・Shibuya Sky觀景台欣賞白天風景與夜景➡步行7分鐘➡❼19:30・大衆酒場 ひまわり喝水果沙瓦與品嘗居酒屋小菜晚餐

Route 2 原宿新宿當一天觀光客

❶10:00・amam dacotan 表参道店吃麵包早餐➡步行11分鐘➡❷11:00・表參道購物(3COINS 原宿本店、Luck Rack 東急プラザ表参道原宿店等)➡步行5分鐘➡❸13:00・tonkatsu.jp 表参道吃炸豬排午餐➡步行10分鐘➡❹14:00・@cosme TOKYO買彩妝護膚品/逛WITH HARAJUKU➡步行2分鐘➡❺15:00・參觀明治神宮(杜のテラス喝咖啡休息)➡JR原宿站搭乘山手線3站前往新宿站(5分鐘)➡❻17:00・新宿東口の猫拍照打卡➡❼17:15・新宿車站周邊百貨/商場購物➡步行10分鐘➡❽19:30・ほぼ新宿のれん街吃晚餐

Route 3 築地銀座吃好買滿

❶10:00・築地海玄吃鮪魚丼早餐➡❷11:00・築地場外市場逛街吃小吃➡步行12分鐘➡❸13:00・銀座逛旗艦店與精品名牌➡❹15:00・觀音山フルーツパーラー吃水果聖代下午茶➡❺16:30・繼續逛街➡❻18:00・煉瓦亭品嘗洋食晚餐

Route 4 遇見可愛雜貨與古著

❶9:00・吉祥寺挽肉と米開店前先拿整理券➡步行12分鐘➡❷9:30井之頭恩賜公園散步➡步行12分鐘➡❸11:00・返回挽肉と米吃午餐➡❹13:00・中道通商店街逛雜貨➡JR吉祥寺站搭乘中央總武線4站前往高円寺站(9分鐘)➡❺15:00・氣象神社拜拜➡步行2分➡❻15:30・Yonchome Cafe喝咖啡休息→步行2分鐘➡❼16:30・PAL商店街逛古著➡步行1分鐘➡❽18:30・大衆焼肉コグマヤ便宜居酒屋體驗道地風情

Route 5 看一場時髦藝術展

❶10:00・flour+water中目黒吃麵包早午餐➡步行2分鐘➡❷12:00・逛目黑川周邊特色小店➡東急電鐵中目黑站搭乘東急東橫線3站前往明治神宮前站(6分鐘)➡步行4分鐘➡❸14:00・Design Festa Gallery看藝術家展示➡步行6分鐘➡❹15:00・BE:SIDE吃和菓子下午茶➡步行4分鐘➡❺16:30・華達琉美術館看個展➡❻18:30・廻転鮨 銀座おのでら本店吃壽司晚餐

Route 6 歷史名建築朝聖之行

❶11:00・マーチエキュート神田万世橋Sta. 神田吃午餐➡步行6分鐘➡❷13:00・湯島聖堂欣賞東京孔廟➡步行2分鐘➡❸13:30・神田明神拜拜買御守➡步行15分鐘➡❹14:30・アテネフランセ 御茶ノ水拍照➡步行5分鐘➡❺15:00・山の上のホテル吃下午茶➡JR御茶之水站搭乘中央線2站前往東京車站(4分鐘)➡❻17:00・東京車站購買伴手禮➡東京Metro東京車站搭乘丸之內線1站前往銀座車站(2分鐘) / 步行15分鐘➡❼19:00・銀座ビヤホール ライオン 銀座七丁目店喝啤酒和吃晚餐

Route 7 下町懷舊之旅

❶11:00 ▪ 築地市場焼うおいし川吃魚版燒肉午餐➡都營地下鐵築地市場站搭乘大江戶線7站前往藏前車站(18分鐘)➡❷13:00 ▪ 藏前逛雜貨店➡❸15:00 ▪ 喫茶 半月復古咖啡廳喝下午茶➡都營地下鐵藏前車站搭乘淺草線1站前往淺草站(1分鐘)➡❹16:30 ▪ 淺草寺及周邊商店街散步➡步行5分鐘➡❺18:00 ▪ デンキヤホール喫茶店吃蛋包炒麵當晚餐

travel notes

地鐵路線間距總整理

⊙**JR山手線：**澀谷→(1站、2分鐘) 原宿→(2站、4分鐘)新宿→(4站、9分鐘)池袋→(6站、12分鐘)日暮里→(4站、8分鐘)秋葉原→(2站、5分鐘)東京

⊙**JR中央·總武線：**秋葉原→(1站、2分鐘)御茶之水→(8站、16分鐘)新宿→ (4站、11分鐘)高円寺→(4站、9分鐘)吉祥寺

⊙**JR中央線快速：**東京→(2站、3分鐘)御茶之水→(2站、10分鐘)新宿→(2站、6分鐘)高円寺→(4站、8分鐘)吉祥寺

⊙**東京Metro 東急東橫線(直通副都心線)：**中目黑→(2站、5分鐘)澀谷→(1站、2分鐘) 明治神宮前〈原宿〉→(2站、4分鐘)新宿三丁目→(1站、6分鐘)池袋

⊙**東京Metro 日比谷線：**中目黑→(8站、20分鐘)銀座→(2站、4分鐘)築地→(5站、9分鐘)秋葉原

⊙**東京Metro 千代田線：**代代木上原→(2站、4分鐘)明治神宮前〈原宿〉→(1站、1分鐘)表參道→(8站、16分鐘)新御茶之水→(2站、4分鐘)根津→(1站、2分鐘)千駄木

⊙**東京Metro 銀座線：**澀谷→(1站、1分鐘)表參道→(7站、14分鐘)銀座→(4站、6分鐘)神田→(6站、12分鐘)淺草

⊙**東京Metro 丸之內線：**新宿→(1站、1分鐘)新宿三丁目→(7站、14分鐘)銀座→(1站、2分鐘)東京→(3站、5分鐘)御茶之水→(5站、12分鐘)池袋

⊙**東京Metro半藏門線：**澀谷→(1站、2分鐘)表參道→(5站、11分鐘)神保町→(4站、11分鐘)清澄白河

⊙**小田急電鐵 小田原線：**新宿→(3站、5分鐘)代代木八幡→(1站、2分鐘)代代木上原→(3站、3分鐘)下北澤

⊙**京王電鐵 井之頭線：**澀谷→(4站、6分鐘)下北澤→(4站、13分鐘)吉祥寺

⊙**都營地下鐵 大江戶線：**新宿→(9站、21分鐘)築地市場→(4站、9分鐘)清澄白河→(3站、5分鐘)藏前

⊙**都營地下鐵 淺草線：**東銀座→(6站、10分鐘)藏前→(1站、1分鐘)淺草

原來這些車站與車站之間，步行也能到！

▒澀谷、原宿、明治神宮前、表參道 ▒東銀座、銀座、築地、築地市場 ▒新宿、新宿三丁目
▒御茶之水、神保町、神田、秋葉原 ▒代代木八幡、代代木上原 ▒淺草、藏前

注入年輕活力並改頭換面
澀谷

澀谷就像一個發電站，總是為東京這個都市輸出能量來源，從早到晚無時無刻都充滿活力。繁忙的路人、豐富的娛樂設施與餐廳、五光十色的夜生活，讓來自四方八面的人相聚在一起。

我在日本生活五年之久，因為工作的關係，近二分之一的時光都在澀谷中度過！自己的個性貪新鮮怕重複，因此，整個澀谷就像是我的午餐飯堂，總是趁著中午那一小時跑到不同地方尋找實惠又好吃的小店，每當新景點開幕也會第一時間去嘗鮮，自問對澀谷還是挺瞭如指掌。

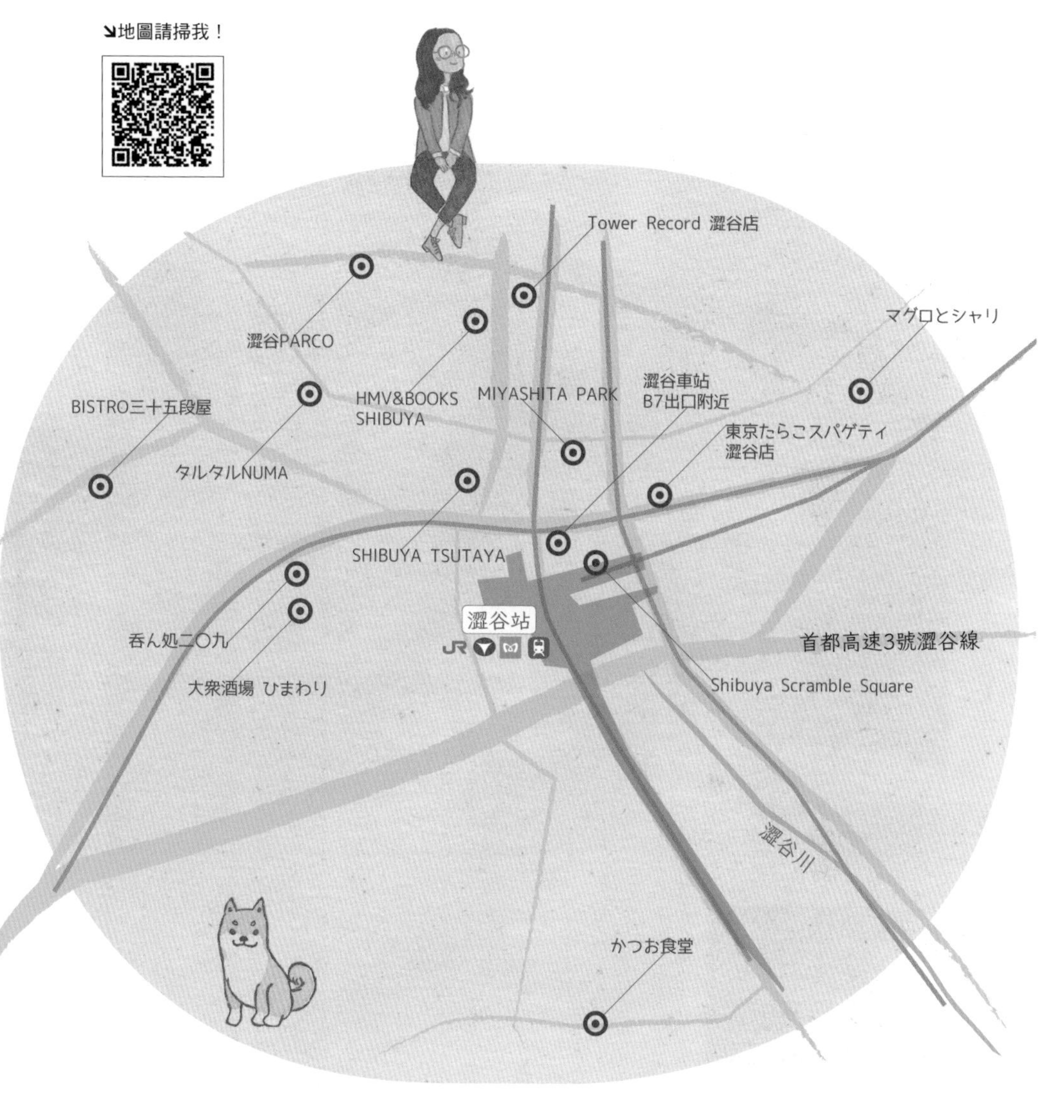

不過，這個地方的變化也是每天都不停步。由於疫情爆發需要居家工作，一個月後回到澀谷，熟悉的店面竟然換了好幾家。或許，正因為發展日新月異才能給人驚喜，在這裡遊玩永遠不會感到無聊！

這一篇將要介紹澀谷的全新地標，還有特色居酒屋、職人精神專門店餐廳，以及粉絲追星熱門景點。

澀谷全新地標大公開!

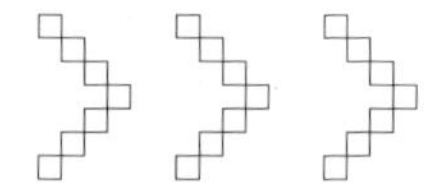

1 2
3 4
5

1. 澀谷象徵之一忠犬八公的秋田犬主題商店ハチふる。
2. 1樓的點心樓層寬敞而裝潢時尚。
3. 高級北歐家具品牌möobeli。
4. 可愛動物或卡通人物的年輪蛋糕。
5. 在B2熟食美食街可買到各式便當。

以年輕人聚集地聞名的澀谷，隨著辣妹文化的式微與原宿的崛起，前幾年氣勢確實有點走下坡。不過，近年來多所新商業設施接連開幕，不僅吸引許多觀光客，年輕人也慢慢回籠，讓澀谷再次成為東京的流行文化發信站。

澀谷全新三大商業設施風格各異，從高貴的精品到文青小店，筆者建議可以花一天把這三所逛完，不只能享受購物，還會是一場有趣的文化體驗。

精品名牌林立，氣派十足 Shibuya Scramble Square

樓高47層、充滿氣派的Shibuya Scramble Square在2019年11月開幕後，旋即成為澀谷的新地標！對於這棟大樓可以說是既熟悉又陌生，因為自己辦公的地方就位在此處，幾乎每天都出入。這裡盡是奢華、高級路線的商店與餐廳，對於一個小小上班族的我來說，有點高不可攀。

Shibuya Scramble Square從地下B2樓~14樓皆為商業設施，15樓以上為辦公室大樓，46樓為觀景台「SHIBUYA SKY」。商業設施樓層主題劃分得十分清楚，方便旅客按自己的目標來逛。

← 澀谷目前最高大樓，大廈外觀具有現代感。

樓層介紹

14F入口 ▍直達46F SHIBUYA SKY觀景台

14、11~9F ▍生活雜貨．包括日本工藝品商店中川政七商店、手創館 Hands（原東急手創館）

12~13F ▍餐廳區．其中烏龍麵店つるとんたん價格相宜，菜色又有創意，為當中最人氣幾乎每天都在排隊

6F ▍美容區．集合日本國內外彩妝專櫃

2~5、7~8F ▍時尚服裝區．從BVLGARI、GIVENCHY等精品到日牌JOURNAL STANDARD等都有

1F ▍點心區．洋式與日式甜點俱備，購買伴手禮好地方

B1 ▍日本超市KINOKUNIYA

B2 ▍熟食美食街

1

≪新注目！在東京中心舒一口氣，全新體驗型觀景台——SHIBUYA SKY≫

SHIBUYA SKY是東京最夯的觀景台設施，雖然高度稍遜於東京鐵塔及晴空塔，但各種休憩型設施及網美拍照景點深得年輕人歡心。我出身自高樓大廈林立的香港，以往對於日本的觀景台都不太特別感興趣，不過在到訪SHIBUYA SKY後大大改觀。

在14樓購買門票後，便可乘搭電梯直達位於最高樓層的平台，由於安全考量，在進入戶外觀景台前需要事先把手機、相機及錢包以外的行李都寄放在置物櫃，兩手空空反而有種樂得輕鬆的感覺。別於一般的觀景台，不僅只是繞一圈看玻璃窗外的風景，還能在角落排隊拍照、乘搭扶手電梯、或是坐在人工草地上休息等，都增加了體驗感。

由於SHIBUYA SKY沒有屋頂上蓋，因而能感受到涼風和溫度的變化，有種置身於半空中的開闊感。漫無邊際的都市景色會把日常的鬱悶一掃而空。

此外，建議大家可以來享受一下收費酒吧區「THE ROOF SHIBUYA SKY」，沙發座位需要提前預約，而立飲區只要當場購買飲料便可使用。由於區域內限制人數，且方向正好面對東京鐵塔，有一種獨佔美景的VIP優越感。在這裡一邊喝著甜甜的汽泡酒一邊眺望東京迷人的景色，常聽見人家說要Chill一下，大概就是這麼一回事吧！

地址：東京都渋谷区渋谷二丁目24番12号
如何抵達：東京Metro「澀谷」站B6出口徒步約1分
營業時間：Shibuya Scramble Square 10:00～21:00、SHIBUYA SKY10:00～22:30。定休日：無
網址：https://www.shibuya-scramble-square.com/

2

3 4

1. 從觀景台可眺望到東京鐵塔。
2. 遊客都躺在繩網及人工草地上休憩。
3. 從玻璃外牆可拍攝東京的街頭景色。
4. 收費酒吧區THE ROOF SHIBUYA SKY。
5. 酒精飲料價格約800~1000日幣。
6. 室內設有澀谷主題伴手禮商店。
7. SHIBUYA SKY最人氣的打卡點。

5

7

6

集合高質感特色店舖
MIYASHITA PARK

地址：東京都渋谷区神宮前6-20-10
如何抵達：JR、東京Metro「澀谷」站徒歩約3分
營業時間：商業設施及公園 8:00～23:00 (各店舖的營業時間不一)、澀谷橫丁24小時營業。定休日：無
網址：https://www.miyashita-park.tokyo/

2020年7月開幕的MIYASHITA PARK，建在原本的宮下公園綠地之上，全長330m，橫跨澀谷與原宿。這是一所結合公園、商業設施及飯店的複合設施，分南街區及北街區。南方街區著重個性化及文化體驗，例如可以自製巧克力的「KITKAT Chocolatory」、黑膠唱片店「Face Records」、吉卜力的時尚品牌「GBL」等，比起普通商場更獨具一格。

北街區則以Louis Vuitton、GUCCI等精品名牌為主，當中最受注目的是美國運動時尚品牌KITH旗下的甜點店「KITH TREATS」，提供各式冰淇淋、奶昔、冰淇淋三明治等。單是杯子和甜點印著KITH的標誌就足以吸引眾多日本年輕人來排隊，冰淇淋混著玉米片、巧克力等配料，口感十分豐富。

比起購物，我特別喜愛他們的天台公園。全長1000米的公園設有抱石牆、滑板場及沙灘排球/足球場等運動設施，還鋪了青青草地。綠意蔥蔥與包圍著設施的高樓大廈形成對比，就像一片都市沙漠的綠洲。

1

2

3

1. 南方街區的入口。
2. 天台公園有著自然悠閒感。
3. 藤原浩設計的Starbucks。

4

5

6

7

8

走到設施中央，就可找到由潮流品牌Fragment Design的藤原浩所設計的Starbucks店面，其白色工業風的倉庫外觀時尚卻不突兀，融合周邊的自然休閒感覺。在風和日麗的日子，我總會在午餐時間走到這裡買杯咖啡忙裡偷閒一下，電車經過時的轟轟聲響、人們做運動交談聲，讓我在這短短的散步時光裡可以稍微充電，回到辦公室能繼續努力工作。

到了晚上，MIYASHITA PARK一樓的澀谷橫丁便會熱鬧起來。由19家居酒屋組成，聚集日本全國美食，設有室內及戶外座位。入夜後，就會亮起外頭的燈籠，人們喝著啤酒高聲歡談，瀰漫著如祭典般歡快的氛圍，還未喝醉情緒就會高漲起來。

4. 帶有祭典氛圍的澀谷橫丁。
5. 吉卜力旗下時尚品牌GBL。
6. 附設咖啡廳的天狼院書店。
7. 亞洲唯一KITH TREATS分店。
8. 冰淇淋分量十足，杯子上的標誌吸引消費者打卡。
9. 來自洛杉磯蛋料理漢堡店eggslut。
10. 夾著滑嫩炒蛋的漢堡。

9

10

感受次文化與時尚衝擊 井 澀谷 PARCO

1 2 3
4 5

1. 人氣遊戲動物森友會的商品。
2. 翻新後的澀谷PARCO外觀變得時尚。
3. 不定期更換主題的PARCO MUSEUM TOKYO。
4. 來自福岡的排隊漢堡排店。
5. 漢堡排需要親自動手放在鐵板上烤熟，吃法創新。

6

6. 寶可夢中心的展示區充滿科幻感。
7. 店內設計了互動螢幕供客人體驗。
8. Nintendo TOKYO商店可買到瑪利歐等熱門角色商品。

7

8

對於六、七年級生，澀谷PARCO百貨早就不陌生了。這所早在1973年就開業的商業設施一直是澀谷的地標，甚至可以說是澀谷文化的代名詞。曾在2016年一度關閉並翻新，於2019年11月重新開幕。

雖然澀谷PARCO跟其他百貨公司一樣都是以商店及餐廳為主，卻有著前衛而獨特的格調，每次在這裡逛街都會令人大開眼界。1樓至4樓以時裝為主，5樓為戶外用品主題，6樓集合各式動漫及卡通角色商店。其中，有兩大主題商店「寶可夢中心澀谷店」及「Nintendo TOKYO」設有精美展區及可愛商品，不只小孩，連大人也都能買得很高興。加上JUMP SHOP、CAPCOM STORE TOKYO等店舖，這樓層簡直集結了男孩子的夢想。

8樓及9樓則轉換成文青風，有放映小眾電影的電影院、畫廊及活動場地，能吸收滿滿藝術氣息。10樓為平台公園，與前文介紹的兩大設施的平台相比，景色與設施可能稍為遜色，但好處是人流較少，可享受寧靜的休憩時光。這裡也是MV及日劇拍攝場景，如乃木坂46的《我會喜歡上自己的》MV，或是日劇《愛情加溫》都曾在這裡取景過。

逛累了的話，地下1樓及7樓有豐富餐廳可供選擇，特別是地下1樓有很多「新派」特色餐廳，像是素食居酒屋、野味及昆蟲料理店。最多人排隊的是，來自福岡的漢堡排專門店「極味や」，每次經過都會看到長長的人龍。他們家的漢堡排需要顧客自行用熱石烤，肉味濃郁，是很有趣又美味的體驗。

地址：東京都渋谷区宇田川町15-1
如何抵達：JR、東京Metro「澀谷」站徒步約6分
營業時間：商業設施 11:00～20:00、餐廳11:30～23:00。定休日：無
網址：https://shibuya.parco.jp/

電子遊戲主題商店CAPCOM STORE TOKYO。

少年漫畫雜誌JUMP的主題商店。

在任天堂主題商店會看到可愛的瑪利歐裝飾。

不是只有大叔上班族喜歡，面向年輕人的Neo居酒屋（ネオ居酒屋）

以前只要說起居酒屋就會聯想到大叔及上班族，現在日本有一種新形式的居酒屋竄起，稱為「Neo居酒屋」（ネオ居酒屋）！也就是網美版居酒屋，這些店舖在裝潢及菜單設計都下了功夫，賣相適合拍照打卡，口味更是特別，使得去居酒屋儼然成為年輕人的潮流。

雖說餐廳一般沒有明確的性別或年齡限制，但在日本社會有種不明文的規矩，例如拉麵店與牛肉丼飯店的客人以男性居多，而咖啡廳和甜點店則以女性為主。以前我也被這種意識洗腦，除了連鎖店，不太敢去傳統居酒屋，總覺得混在一堆大叔中格格不入。因此，Neo居酒屋的出現真是一大喜訊，讓女子會的場地除了咖啡廳外多了一個選擇，可以同時享受喝酒和高聲聊天，又可為食物拍照放到SNS上吸讚，滿足女生的願望。

Neo居酒屋現在已遍佈日本全國，在流行集中地的澀谷當然有不少店舖，這次就分享幾家極具特色的口袋名單。味道保證好吃，但就是太受歡迎，需要提早預約才會有位置喔。

〔㊟ 請注意在日本未滿20歲者不可飲酒。〕

25歲未滿不可入內、創意小菜豐富
呑ん処二〇九

- 地址：東京都渋谷区道玄坂2-9-10 松本ビル 1F
- 如何抵達：京王井之頭線「澀谷」站徒步約6分
- ¥ 費用：¥2,000～¥2,999
- 營業時間：星期一～五17:00～29:00、星期六15:00～29:00、星期日・假日15:00～24:00。定休日：無
- 網址：https://www.instagram.com/nondoko209/

店門看似平淡無奇，卻沒想到內有乾坤。雖然設有年齡限制25歲以上才能進店，但顧客年齡層都以20~30代為主。從餐前小菜就很特別，送上的竟然是一盤白蘿蔔泥，再灑上魩仔魚，而且白蘿蔔泥是無限續加。這間店主打天婦羅料理，清爽的白蘿蔔泥可以消除油膩。

我十分推薦白蘿蔔天婦羅！沒錯，又是白蘿蔔，但這次是

5

1 3 4
2

1. 店面平平無奇，菜單卻很新穎。
2. 立飲區與放滿日本酒的冰箱。
3. 下酒小菜與辣油溏心蛋馬鈴薯沙拉，口味獨特。
4. 穴子魚天婦羅外脆內軟很下酒。
5. 白蘿蔔天婦羅條以帶有玩味的M字紙袋裝著。

切成薯條形狀再拿去油炸，然後裝在一個黃色M字的紙袋中，看起來有種似曾相識的感覺。上桌時店員會笑著解釋，這是「印刷問題」才把M字印得特別大。充滿玩味的點子，使得Instagram打卡照片都是這道料理。而且，白蘿蔔條是經過高湯熬煮，咬下去酥脆多汁，絕對比M字牌的薯條更好吃！

另外，鬆軟的穴子魚、鹹香的明太子天婦羅也很推薦，全部都很下酒，尤其是香甜的日本酒，一口炸物一口日本酒會吃得很爽快，要小心容易喝醉喔。

網美水果沙瓦俘虜女生的心

大衆酒場 ひまわり

位置超級隱蔽但每次來訪都是座無虛席，連立飲（站著用餐）的桌子都是滿滿客人。他們的最大賣點，是口味眾多的水果沙瓦。平常居酒屋的水果沙瓦都是糖漿加燒酎，再以厚重的啤酒杯盛裝。這裡的杯子印著圖案，再放入色彩鮮艷的冷凍水果，上桌時女生們都會高呼「卡哇伊」！

小菜是一般居酒屋可見的串燒、炸物、生魚片為主，但在時尚的環境與水果沙瓦的襯托下，普通的炸雞、飯糰也會突然變得可愛起來呢！

1 2 3
4
5

1. 煮得入味的牛內臟豆腐料理。
2. 沙拉、雞胸軟骨再配飯糰自組定食。
3. 水果沙瓦裝滿冷凍水果，杯子圖案可愛。
4. 店外只有小小招牌很不起眼。
5. 店內裝潢簡約而時尚。

地址：東京都渋谷区道玄坂2-8-1 大和田ビル B1F
如何抵達：京王井之頭線「澀谷」站徒步約1分
¥ 費用：¥3,000～¥3,999
營業時間：星期一～六 17:00～28:00、星期日・假日 17:00～23:00。定休日：無
網址：https://www.instagram.com/taishu_sakaba_himawari/

隱藏在地下的洋風居酒屋
BISTRO 三十五段屋

1

2

3

4

顧名思義店舖位在地下樓層，需往下走35個階梯就能到達。第一次到訪時看到陰暗的梯間還有點怕怕的，但走過樓梯，等待的卻是熱鬧無比的居酒屋。該店小菜結合洋食料理元素，適合搭配紅、白酒，以及店舖自家製的桑格利亞水果酒。

店員推薦了生魚片拼盤、半隻烤雞與白蘿蔔關東煮，加上店家提供了一大盤沙拉作為餐前小菜，我跟友人兩位女生吃得相當飽足。招牌菜白蘿蔔關東煮非常入味，白蘿蔔清甜而帶有鰹魚高湯鮮味，沒想到跟紅酒竟然很搭。

也因為店舖位置的關係，這家店真的很「隱藏版」，不論是帶朋友或情人約會都令對方驚喜，會給人一種內行美食家的感覺。

1. 開放式廚房可看到烹調過程。
2. 豐富的生魚片拼盤。
3. 名物白蘿蔔關東煮，巨大白蘿蔔吸收高湯滋味。
4. 烤雞外皮焦香而肉嫩多汁。
5. 入口可靠此招牌辨識。

地址：東京都渋谷区円山町1-1 SHIBUYA HOTEL EN B1F
如何抵達：京王井之頭線「澀谷」站徒步約6分
¥ 費用：¥3,000～¥3,999
營業時間：17:30～23:30。定休日：無
網址：https://raku-co.com/?page_id=112

5

不可不知的居酒屋用餐潛規則

一般居酒屋並不會特別規定用餐守則，若你是初來乍到，需具備一些小常識，能讓你與店員不再雞同鴨講，也不會感到不知所措。

①. 先點飲料再慢慢看菜單

在日本居酒屋，只要顧客一坐下來店員就會上前詢問想喝什麼，因此，最好先看飲料菜單點杯想喝的東西。因為日本人會以碰杯來宣告聚會的開始，所以有先點飲料的習慣，也聽過不少飲酒會有「總之先來啤酒」的説法，尤其是多人聚會時，常會先點一杯啤酒用來碰杯。若像我一樣不特別愛喝啤酒，檸檬沙瓦、梅酒，或Highball等幾乎每家居酒屋都會有，也是不錯的選擇，即使不看菜單就可以馬上點。

➔ 飲料上桌後要先碰杯才開始喝。

②. 店家主動提供的餐前小菜

點好飲料後，有時店員會捧來一碗餐前小菜，名為「お通し」（otoshi）。有些免費有些會酌收費用，金額通常會寫在菜單上，一般為500日幣左右，可以當作是服務費/餐位費的名目。但，尷尬的是，這些小菜通常無法選擇，如果遇上不喜歡的品項也只能硬著頭皮付款。雖然也可以試著拒絕，但最後決定還是落在店方。

有時這樣的小菜也會是個「陷阱」，某些黑心店家提供價格昂貴的餐前小菜，在付款時才發現多了幾千日幣小菜費。像這種容易出現在街上拉客的店舖，擔心的話可以在上桌時先詢問店員。

菜單上沒有的餐前小菜。

③. 點餐不用急，一邊喝一邊點

不用急著點到滿桌食物。

平常去餐廳都會習慣性一口氣決定好要吃什麼，想說一次下單就不用麻煩到店員，但跟日本人去過居酒屋後，才發現他們很愛慢慢點。一開始會先點能馬上做好的涼拌菜，然後再點2~3道小菜，每當有人喝完一杯就續杯，吃不夠又再點。會想去居酒屋就是享受喝酒聊天的過程，而非狼吞虎嚥的吃飯，他們不會急著馬上填飽肚子，也避免不小心點太多而浪費食物。

④. 喝完一家又一家，二次會、三次會文化

深夜的居酒屋店內滿滿都是客人。

這是日本人的喝酒文化，就像上文提到他們不會急著在一家店結束聚會，很多會在第一家店喝2~3小時，然後換個場地再喝一輪，稱為「二次會」，下一場則是「三次會」如此類推。雖然在二次會也點下酒菜，但不像在第一家店時吃那麼飽，有時候也會去卡啦OK或是酒吧，喝到深夜肚子餓了的話還會去拉麵店。我也曾試過跟日本同事從晚上7點喝到凌晨1點，真的非常漫長，還要注意終電（最終電車）時間喔！

體現日本職人精神，只賣一款料理的專門店系列

所謂的日本傳統職人精神，是指專注在一種技術上，不會三心兩意，並追求極致，把每項細節都做到盡善盡美。沒想到這種精神竟然也可在美食中體現。近年流行各種主題的專門店餐廳，他們會主打某一款料理，強調用上最好的食材或講究的烹調方法。

對於有選擇困難症的我來説，可以省下不少煩惱點什麼的時間也是不錯。在澀谷有幾家專門店都大有來頭，推薦各位老饕去嘗嘗。

改變港區女子人生的柴魚片丼飯 ⌗ かつお食堂

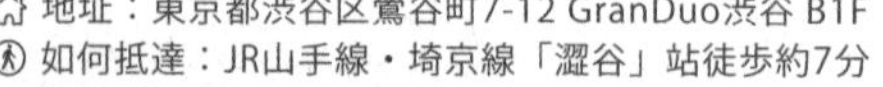

- 地址：東京都渋谷区鶯谷町7-12 GranDuo渋谷 B1F
- 如何抵達：JR山手線・埼京線「澀谷」站徒步約7分
- 費用：￥1,000～￥1,999
- 營業時間：9:00～13:30(售完即止)。定休日：不定休
- 網址：https://www.instagram.com/katsuoshokudo/
- 建議：每月營業日不定，請事先參考官方Instagram的時間表。售罄時店方也會通知。

數年前從一個專門訪問為事業打拚的女性的日本電視節目《Seven Rules》才知道這家店。當年店舖還是借用酒吧的空間在早上時間營業，只有寥寥幾個座位，因為電視的加持開始大排長龍。初次到訪時在寒冬下排了兩個小時才進店，但吃完卻讓我覺得無比值得！現在店舖已獨立營運，人潮也稍為減少，更容易去光顧。

店主永松小姐原本是個喜歡夜夜笙歌的港區女子（指經常在六木本、西麻布一帶的高級餐廳或俱樂部流連忘返的女性），有一次她品嘗由祖母所煮的味噌湯後驚為天人，老人家親手刨製柴魚片的身影打動了她的心，從此愛上這項食物，四處到訪漁港學習與交流。2017年開設了這家小食堂，到現在仍積極推廣柴魚片活動，還入選了2022年米其林指南。

1 2
3 4

1. 店內裝飾著鰹魚相關資訊和照片盡顯店主的愛。
2. 店主在客人面前親手刨製柴魚片。
3. 客人圍坐在吧檯用餐。
4. 柴魚片在白飯上是輕盈飛舞。
5. 店舖位在地下一樓，入口不顯眼。

知道店主背後的小故事會讓這頓飯增添不少人情味，進入餐廳就會看到永松小姐充滿活力的姿態，很有朝氣地跟客人打招呼。菜單基本上只有柴魚片丼飯套餐，搭配味噌湯與一款小菜，可加錢點生雞蛋或芥末拌飯。點餐後，店主會拿著硬如石頭的鰹魚乾用力刨成輕盈的薄片。淡粉紅的柴魚片在熱呼呼的白飯上飛舞，澆上醬油後送進口裡，是前所未有的鮮味。以前只會把柴魚片當成點綴章魚燒的配角，沒想到竟然這麼美味，那份衝擊一直纏繞在心中，成為我東京愛店的第一名！

銀座高級壽司店專賣鮪魚丼
#マグロとシャリ

店面狹窄，只有幾個座位。

中分量的鮪魚丼加配生蛋黃。

⌂ 地址：東京都渋谷区渋谷1-6-4 The Neat青山 1F
如何抵達：JR山手線・埼京線「澀谷」站徒步約5分
¥ 費用：¥1,000～¥1,999
營業時間：11:00~21:00。定休日：無
網址：https://magurotoshari.com/

前文曾提到的「かつお食堂」舊址，在2021年竟變成另一家與魚類相關的專門店。由銀座高級壽司店「はっこく」監修的鮪魚丼專門店，主打天然黑鮪魚，搭配赤醋飯，帶有濃郁酸味的米飯能中和鮪魚腹魚脂肪的油膩感。我第一次吃赤醋飯的壽司正是在銀座的高級壽司店，才知道原來醋能產生如此大的影響力，是連鎖迴轉壽司店無法相比。

簡潔的店面。

鮪魚丼還配一碗味噌湯。

很高興的是這麼講究的鮪魚丼，在這家店竟然只要一千多日幣便可吃到，尤其知道「はっこく」吃一頓要三萬日幣時，更會覺得特別划算。

鮪魚丼有數種大小可以選擇，從小、中、中之大、大、大之大，還可加選海膽、鮭魚子、生蛋黃等配料。即使是中型的丼飯也鋪滿多塊厚切的鮪魚生魚片，而且不只是赤身肉，還有肥美的中腹肉。生魚片已沾上特製醬油，可以直接享用，每一口都匯集了名店的心思，發揮鮪魚的最強美味。偶爾午餐想要奢侈一下，就會跑到這裡吃碗鮪魚丼滿足口腹之慾。

和洋合壁的鱈魚子義大利麵
東京たらこスパゲティ澀谷店

每次經過這家店沒有一天是不在排隊的，風雨無阻。就像店名所寫的簡單且直接，主打鱈魚子與義大利麵，但可不只是把鱈魚子拌麵，也有多種口味可以選擇，例如豆乳奶油、培根蛋麵風等。

招牌炙燒鱈魚子高湯義大利麵，上桌時還真看不出是義大利麵。湯碗盛載著彈牙的自家製麵條，表面被青蔥、芝麻、紫蘇葉、蘘荷等配料覆蓋，再放上兩大塊鱈魚子，十分豐富。就像吃茶泡飯一樣，先吃拌麵，然後再倒入高湯做成湯麵，徹底把西式義大利麵的概念日本化。

事實上，連味道也十分和風，帶有咬勁的麵條比起義大利麵更像細膩的烏龍麵，混合著鹹辣的鱈魚子很對味。能想到用這個方式結合兩者確實很有創意，也難怪吸引很多人來嘗鮮。

1 3
2

1. 義大利麵條粗如烏龍麵。
2. 吃到最後可加高湯做成茶泡麵。
3. 除了鱈魚子，配料也十分豐富。
4. 多種調味料可自行變換口味

地址：東京都渋谷区渋谷1-14-8SKビル1階
如何抵達：東京Metro「澀谷」站B4口徒步約1分
¥ 費用：¥1,000～¥1,999
營業時間：11:00～23:00。定休日：無
網址：https://www.arclandservice.co.jp/tokyotarako/
建議：除了澀谷，原宿及池袋也有分店。

4

如粉雪般輕盈鬆脆的炸物 # タルタル NUMA

地址：東京都渋谷区宇田川町30-1 蓬莱屋ビル 2F
如何抵達：JR山手線・埼京線「澀谷」站徒步約5分
費用：¥1,000～¥1,999
營業時間：午餐時段 (星期二~日)： 11:00～15:00、晚餐時段： (星期二~五)17:30～22:00(星期六) 17:00～22:00 、(星期日) 17:00～21:00。定休日：星期一
網址：https://tarutaru-numa.com/
建議：可在官網上預約座位。

專門店餐廳除了講究用料及烹調方法，在開放式廚房展示料理過程也是賣點之一，增加客人的體驗感。在2022年4月開業的炸物專門店「タルタルNUMA」，由位於南阿佐谷的知名炸豬排店「成蔵」所監修。店內吧台桌圍繞著中央的廚房區，整個烹飪過程一覽無遺。

下單後，廚師才會把食物放到金黃色的熱油中，聽著油炸的滋滋聲會讓人飢腸轆轆。不像一般定食會整盤食物上桌，店員會逐件油炸食材再送到客人面前，減少食物放涼的機會，每一口都是熱得燙口。

這裡的特色之一是繼承了「成蔵」的招牌粉雪衣，炸物外衣看起來雪白如同沒炸好，其實是採用特別研發的低溫技術。入口先是鬆脆的口感，接著外衣會慢慢散開，油膩感絲毫不會殘留在口中。每份定食都會附上米飯、味噌湯、生菜絲與一杯塔塔醬，也就是店名的タルタル（Taru Taru）。店員會教授如何享用炸蝦、炸竹莢魚及炸豬排等每一項食材，先直接吃，再來沾鹽或醬汁，最後搭配酸甜塔塔醬，整頓飯驚喜源源不絕。

1 2 3

1. 下單後即在客人面前油炸。
2. 炸豬排肉厚卻口感軟嫩，炸得剛剛好。
3. 店員將炸物逐件上菜。

NOTICE

「タルタルNUMA」於2022年12月22日因店舖合約問題已歇業，可至位於南阿佐谷的「とんかつ 成蔵」品嚐同樣使用粉雪衣的炸豬排。

とんかつ 成蔵地址：東京都杉並区成田東4-33-9
網址：https://twitter.com/narikura_1010

推し活是什麼？
在澀谷唱片舖排隊和海報／立牌拍照？

追星不是什麼新鮮事，但近年「推し活」（Oshikatsu，我推活）更加點燃了日本人對於追星的熱情，甚至還融入到日常生活中，彷彿是一種流行。

「推し」（oshi）一字從「推しメン」（oshi men）簡化而成，是指支持團體中某個成員。在2000年代早安少女組等女性偶像組合粉絲之間使用的網路用語，隨著AKB48人氣爆發而成為全國認知的流行語。現在，「推し」泛指支持、喜歡的事物，從偶像、藝人到動漫角色，還可應用到美食、作品等各個範疇。

至於「推し活」就是為了應援「推し」而進行的活動，沒有實際規範活動內容。購買官方周邊、觀賞偶像的作品、參加演唱會活動，甚至在網上分享宣傳偶像的事情，私下為偶像慶祝生日等統統屬於「推し活」。

Tower Record有裝飾扇子、手燈等商品專區。

唱片店內貼上大海報吸引粉絲拍照。

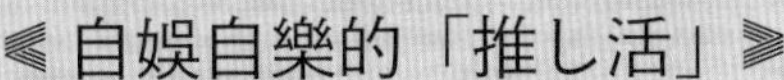

≪自娛自樂的「推し活」≫

由於日本有其獨特的娛樂文化，追星的方式會與我們認知的有所不同。一般說到追星，可能會聯想到參加演唱會活動、在後台等候偶像，或是接機追車等瘋狂行為。日本社會十分重視肖像權及個人隱私，使得藝人與粉絲之間很有距離感（當然也會有例外的瘋狂粉絲），而且藝人不常出席作品以外的公開活動，不會有在商場逛街剛好遇到藝人活動的機會，想要見到本人一面就只能購買門票，而且愈有人氣的藝人就愈難搶到門票，都得靠抽選的運氣了。

在疫情之下，藝人的公開活動大幅減少，讓很多粉絲的愛意無處宣洩，也因此引發了一連串自娛自樂的全新「推し活」，例如不能直接用照片，就把偶像名字印在各種日用品上，或是帶著偶像的周邊去咖啡廳，讓偶像隨時都陪在身邊。

澀谷可以說是「推し活」的聖地，因為這裡有三大唱片店提供鋪天蓋地的裝飾，吸引粉絲來拍照打卡。接下來，就來介紹粉絲聚集地。

粉絲跟海報合照也玩得不亦樂乎。

SHIBUYA TSUTAYA

地址：東京都渋谷区宇田川町21-6
如何抵達：JR山手線・埼京線、東京Metro「澀谷」站徒步約1分
營業時間：10:00～22:00
網址：https://tsutaya.tsite.jp/store/detail/2312

位在澀谷十字路口旁的複合文化商店，1樓~2樓是唱片區，經常會進行各種主題宣傳活動。尤其是1樓，一抬頭就會看到天花板掛上多面歌手或偶像組合的橫幅，店裡的牆壁則會貼上大海報，偶爾也會有偶像的服裝展示等，很多粉絲都會來拍照。

若是追演員的粉絲則可以前往6樓的雜誌區，店員會把演員當期的雜誌及海報精心佈置，猶如寫真展一樣好看。

上：雜誌商品展示猶如寫真展。
下：日本電影《如果30歲還是處男，似乎就能成為魔法師》舉行期間限定展覽。

Tower Record 澀谷店

地址：東京都渋谷区神南1-22-14
如何抵達：JR山手線・埼京線、東京Metro「澀谷」站徒步約3分
營業時間：11:00～22:00
網址：https://towershibuya.jp/

Tower Record鮮黃底色紅字外觀非常搶眼，共有8層樓，而每層都有不同主題，販售日本國內外的音樂及影視商品。從1樓進去，多幅明星大海報馬上映入眼簾，但最熱鬧還是4樓的傑尼斯專區，集合了傑尼斯事務所旗下偶像的商品，有時候會擺放人形立牌或設有海報供粉絲拍照。人多時還會排起隊來，不說還以為是真人活動呢，即使只是照片，仍是有粉絲願意排上幾十分鐘與它合照。

上：黃色的外觀很鮮艷奪目。
下：傑尼斯專區總是很多粉絲熙來攘往。

HMV&BOOKS SHIBUYA

地址：東京都渋谷区神南1-21-3 渋谷 modi 内 5F,6F
如何抵達：JR山手線・埼京線、東京Metro「澀谷」站徒步約4分
營業時間：10:00～21:00
網址：https://www.hmv.co.jp/store/BTK/

比起另外兩家，位在澀谷modi商場中的「HMV&BOOKS」規模較小一些，只有2層樓，但麻雀雖小，五臟俱全。店內集合書籍、漫畫、唱片及影視作品，並劃分好不同區域。貨架上可看到藝人親筆簽名留言板，也有人形立牌和簡單的展示。店內還有舞台及活動空間，很多藝人的寫真集簽名會都在這裡舉行。

上：店內到處貼滿藝人照片。
下：偶像雜誌商品豐富。

澀谷車站 B7 出口附近的大海報

營業時間：車站會依電車的運行時間而開關出入口，建議在這段時間內拍照即可。

其實，這個地方並不是正式的景點或設施，但在傑尼斯粉絲之間卻是一個被默許的聖地。在東京Metro澀谷車站的B7出口附近，連接Shibuya Scramble Square商場的地下通道，經常會張貼傑尼斯偶像的大海報宣傳他們的最新作品。每次一貼上海報就會吸引大批粉絲前來拍照，甚至會出動工作人員來控制現場，雖然人很多卻有秩序的排隊。因為就位在我的公司樓下，好幾次在上班前大概9點左右跑去看，沒想到一大早就已有很多粉絲聚集，真的不能小看他們的行動力！

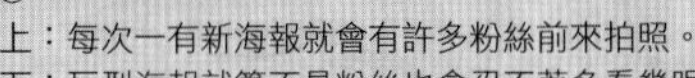

上：每次一有新海報就會有許多粉絲前來拍照。
下：巨型海報就算不是粉絲也會忍不著多看幾眼。

chapter.

代々木上原｜Yoyogiuehara
↕
代々木八幡｜Yoyogihachiman

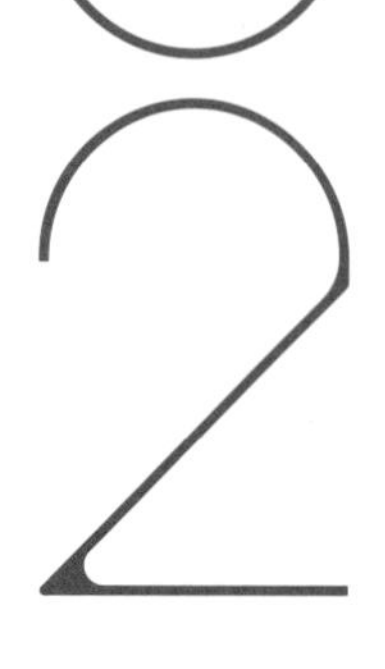

日本老饕的美食寶地

代代木上原 ↕ 代代木八幡

網路上日本旅遊資訊氾濫，東京景點似乎已被探索得差不多了，但，其實還有一片美食寶地不太為人所知。位在澀谷周邊的代代木上原至代代木八幡一帶，與代代木公園相鄰，乍看是個平平無奇的閒靜住宅區，街上卻是一家家名聲顯赫的餐廳。

還記得第一次到訪是公司老闆的邀請，說要請吃壽司慰勞我們幾位員工。原以為只是去吃連鎖店的我來到代代木上原，走進商店街還不以為意，沒想到目的地竟是家高級壽司店，這也是人生第一次吃超過一萬日幣的壽司。才知道一分錢一分貨，味道跟迴轉壽司根本不在同一境界。

回去後立刻搜尋「代代木上原～代代木八幡」是什麼樣的地方，發現這裡的餐廳大多曾在米其林指南摘星，平常在食評網站 Tabelog 中獲得 3.5 分已算高分，豈料此區的高分餐廳比比皆是，若想要在日本吃得內行，來這裡準沒錯。

↘地圖請掃我！

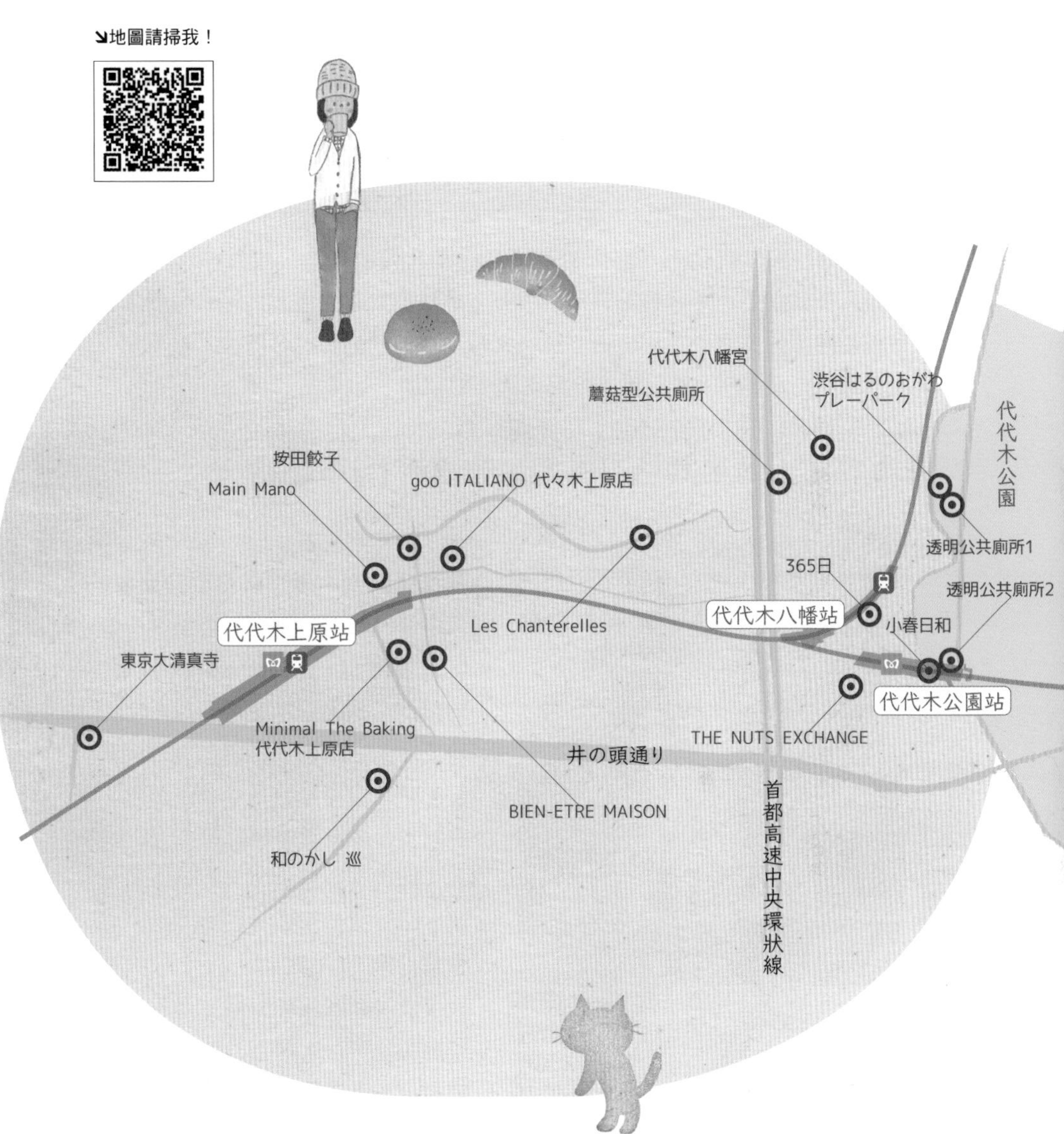

One Day Trip 推薦行程

1 ▫ 小春日和體驗素食午餐 ▶ 2 ▫ 代代木八幡宮 ▶ 3 ▫ 東京大清真寺

▶ 4 ▫ BIEN-ETRE MAISON / Minimal The Baking 代々木上原享受甜點下午茶

不傷荷包又好吃的特色餐廳

代代木上原~代代木八幡確實有很多鼎鼎大名的餐廳，只是價格也很驚人，動輒一餐就要花費好幾萬日幣。平凡上班族如我暫時沒能力光顧，但作為東京首屈一指的美食地區，想要不用花大錢享用，依然有很多選擇。接下來，將為大家介紹幾家極具特色且好吃的餐廳。

連續 6 年入選米其林的原創口味水餃 ▓ 按田餃子

- 地址：東京都渋谷区西原3-21-2 1F
- 如何抵達：小田急小田原線・東京Metro千代田線「代代木上原」站西口徒步3分
- ¥ 費用：￥1,000～￥1,999
- 營業時間：平日10:00～22:00，週末及假日9:00～22:00。定休日：無
- 網址：https://www.instagram.com/andagyoza/

1 2
3 4

1. 簡約又帶點復古風的店面。
2. 按田優子小姐所著的食譜書。
3. 每種口味的水餃一碗5顆。
4. 小小的店舖裡坐滿了顧客。

難得到日本遊玩，水餃應該不是首選必吃名單，但看到連續6年入選米其林美食指南的名銜，不禁好奇想要試試到底有多厲害。「按田餃子」是由日本料理家兼保存食研究家的按田優子小姐創立，以為女士帶來精神及變得更美為概念，設計出各種創意中華料理。

店內復古氣氛讓人想到中式餐館，招牌水餃有四種口味：白菜與生薑、香菜與青瓜、白蘿蔔與搾菜，以及咖哩風味與胡蘿蔔。水餃外皮顏色帶灰，是混入帶穀磨製而成的台灣薏苡粉末，據説能美肌和有淨化血液的效果。厚厚的外皮帶有彈性，包裹濃郁味道的肉餡。

名字最普通的白菜與生薑口味，是以大山地雞肉混合著鹽漬白菜、生薑及魚露等食材，吃起來竟有種泰式風情，讓人出乎意料。

藝術品等級的精緻聖代

BIEN-ETRE MAISON

BIEN-ETRE是以聖代聞名的甜點烘焙坊，若不事先預約是無法吃到的。2022年5月，於同區再展新店「BIEN-ETRE MAISON」專門提供可內用的甜點及輕食（本店只提供外帶的蛋糕及點心）。新店設置更多座位，柔和淡彩色調的裝潢十分可愛，加上美味的甜點，就是女孩們喜愛的組合。

說到聖代，可能會先想到的是在冰淇淋上撒下玉米片、巧克力醬的家庭餐廳版本。以前我也疑惑，不過就是冰淇淋，但遇上BIEN-ETRE後才知道聖代也能很精巧。每個月的聖代口味皆不同，以一種當季水果為主角，搭配各種食材，這個月錯過了就無法再吃到。櫃檯前會有一張手繪圖介紹聖代的構成，店員在上菜時也會說明一次，由於使用的食材實在太多，就算會日語也可能跟不上，但不要緊，總之每一口都很美味。

初秋時，我點了葡萄口味的聖代，雖然已不是第一次光顧，還是會被那外表驚艷到。以玻璃酒杯盛裝著誘人甜點，用蛋白餅營造挑空分層的效果，美得讓人不捨得開動。上層是清甜的巨峰雪酪搭配青提葡萄與巨峰葡萄，加上充滿奶香的鮮奶油，並以鬆脆的蛋白餅豐富口感。下層是濃厚的開心果冰淇淋與騷香的羊乳起司蛋糕，與葡萄一同品嘗時讓人聯想到紅酒與起司的滋味。BIEN-ETRE就像為食材施了魔法，每一口聖代都可感受到細膩的調配，是別處絕對無法模仿的味道。

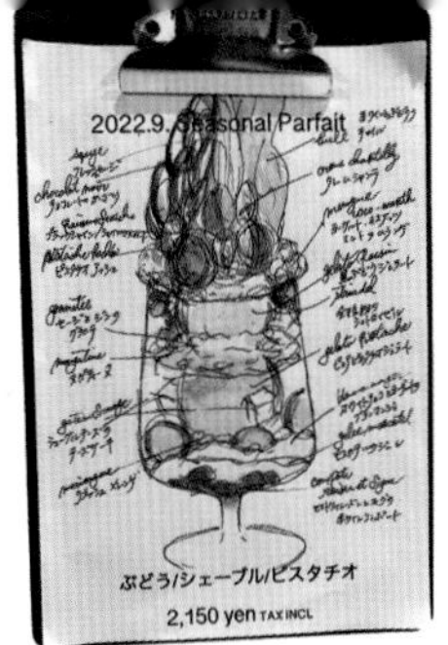

以手繪圖介紹聖代所用食材。

上：坐在吧檯可看到甜點製作過程。
下：新店舖空間更寬敞舒適。

聖代從不同角度都超好拍。

- 地址：東京都渋谷区上原1-17-11 3F
- 如何抵達：小田急小田原線・東京Metro千代田線「代代木上原」站徒步2分
- 費用：￥2,000～￥2,999
- 營業時間：11:00～19:30。定休日：無
- 網址：https://www.instagram.com/bienetre.maison/
- 建議：在網上可事先預約甜點及付款。

每一口都經過精密計算的創新麵包

365 日

地址：東京都渋谷区富ケ谷1-2-8
如何抵達：小田急小田原線「代代木八幡」站徒步2分
¥ 費用：～¥999
營業時間：7:00～19:00。定休日：無
網址：https://ultrakitchen.jp/brands/#b365

← 不似一般麵包店的低調店面。

東京的麵包店多如繁星，要突圍而出並不容易。「365日」從代代木八幡一家寂寂無名的小店，憑著對麵包製作的講究，短短幾年間開了多家分店成為麵包界的明星。曾在電視上看到老闆兼麵包師傅「杉窪章匡」先生的訪問，提到了他如何打破常規創作出獨特的麵包，例如平常紅豆麵包的餡料都包在中央，365日卻放在麵包底下；或是將可頌做成半月對開的造型，為了讓客人第一口咬下去便能嘗到餡料或香脆的部分而費盡心思。

走進店裡，琳瑯滿目的麵包讓人難以選擇，每個都小巧可愛，忍不著會多買幾個。口味和造型固然獨特，味道也是一流，麵包有著軟彈的口感、在齒頰間散發出麵粉香氣。

杉窪先生還說到，自己的終極目標是透過麵包達到世界和平。聽起來很像癡人說夢，但吃著「365日」的麵包，那份美味會令人忘卻所有鬱悶、煩躁的心情，說不定世界和平或許真的會實現。

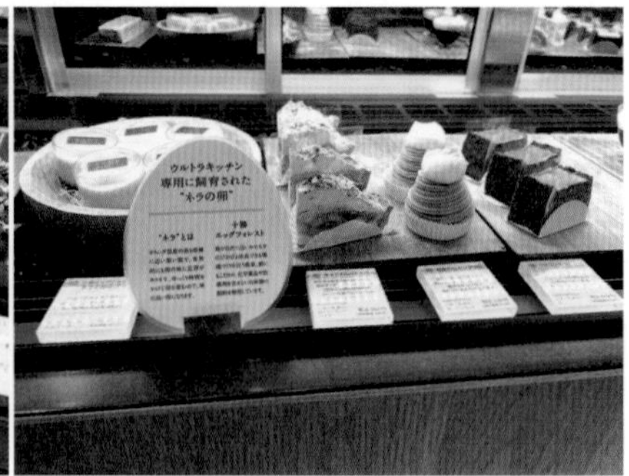

↑
左：往麵包插著橄欖油，造型吸睛。
右：蛋糕也看起來好好吃。

巧克力蛋糕七變化 Minimal The Baking 代々木上原

地址：東京都渋谷区上原1-34-5
如何抵達：小田急小田原線・東京Metro千代田線「代代木上原」站南2出口徒步2分
¥ 費用：¥1,000～¥1,999
營業時間：11:00~19:00。定休日：無
網址：https://mini-mal.tokyo/

位在代代木上原的「Minimal The Baking」是一家巧克力蛋糕專門店，其本店「Minimal」專門於Bean to Bar從可可豆烘焙開始製作巧克力，可以想像到他們對巧克力有多講究。店舖藏在小巷中，只有幾個座位，平日下午依然是擠滿了客人。

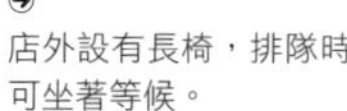
店外設有長椅，排隊時可坐著等候。

上：店內享用限定的三種口味套餐。
下：外帶的巧克力蛋糕每條分量十足。

巧克力蛋糕有多種口味選擇，外帶的話需要整條購買，但在店內能享用小塊蛋糕的特別套餐，可自由選擇三種口味，兩人同行更可以點六款，擺在一起格外吸睛。到訪當天有七款口味，我選擇檸檬、堅果與和栗口味，涵蓋了清爽到濃郁的滋味。最讓人驚喜的是，巧克力蛋糕不只是加入各種配料，每款口感也有分別，檸檬口味扎實如磅蛋糕、堅果口味帶著濕潤、和栗口味軟滑混著栗子顆粒，即使全是巧克力蛋糕卻像是吃了三款不同甜點。

蛋糕口味還會隨季節及節日改變，例如聖誕節會推出果乾蛋糕，情人節則會用上當季的草莓。對季節限定沒抵抗力的我，聽完店員的介紹，心裡默默已想好下次什麼時候要再訪了。

偶爾為之的輕奢侈法式料理 Les chanterelles

地址：東京都渋谷区元代々木町24-1 アブニール元代々木 1F
如何抵達：小田急小田原線「代代木八幡」站徒步5分
¥ 費用：¥10,000～¥14,999
營業時間：平日18:00～21:30、週末午餐時段12:00～14:00。定休日：星期一
網址：https://chanterelle.jp/

1 2 3

1. 店面裝潢十分優雅。
2. 店名來自雞油菇的名字。
3. 裝潢簡潔讓人放鬆自在。
4. 廚師親自拿著鍋子來展示燉煮得軟嫩的蘆筍。

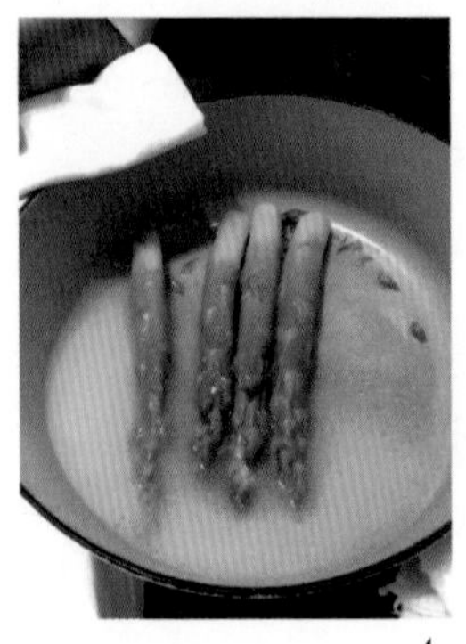

4

有一次為了祝賀好友的生日預約了這家法國餐廳，美其名是為了慶祝生日，卻是一個可以稍微奢侈一點去高級餐廳的好藉口。自己吃法式料理的經驗不多，對這類餐廳總有端莊拘謹的印象，莫名感到緊張，然而「Les chanterelles」店內氣氛溫馨、店員友善，整個用餐體驗都十分愉快舒適。

午餐和晚餐都以套餐為主，7,700日幣的有5~6道菜、11,000日幣則有約7~8道菜，作為曾拿到米其林一星的餐廳，這個價位已屬實惠。選用最時令的食材，再由曾在法國名店修業的大廚烹調。店名是來自珍貴的雞油菇名稱，大廚喜愛亦擅長於蘑菇料理，前菜的蘑菇醬與餡餅香氣馥郁，為晚餐拉開完美序幕。冷湯、舒肥蘆筍、烤牛肉等等，直到甜點每一道都讓人回味無窮。不好吃的料理再便宜也沒用，真正的美食貴一點都是物有所值。

5 6
7 8
9

5. 外脆內軟的炸魚配山菜小魷魚與蕃茄湯。
6. 主菜的小牛排煎烤得剛剛好。
7. 鰹魚排佐以酸甜的黑醋醬汁。
8. 火炙魚肉與鮮甜多汁的蘆筍。
9. 甜點的舒芙蕾鬆軟而帶柑橘清香。

這次不吃肉，來吃素食吧！

隨著現代人追求健康、重視環保問題等，加入素食行列的人愈來愈多。在日本，素食亦漸漸受到注目，近年新增了許多提供素食的餐廳，彷彿吃素也是一種時尚的象徵，讓追求高品質的男女趨之若鶩。

我自己是個不折不扣的「肉食女子」，加上本來就不太愛吃蔬菜，素食從不在我的美食清單上。碰巧朋友卻是個素食專欄寫手，就這樣開始接觸日本的素食，才知道代代木上原~代代木八幡竟是個小小的素食天堂。若你也是喜愛素食的人，就更不能錯過下列這些餐廳。

豐盛日式素食小菜 小春日和

- 地址：東京都渋谷区富ヶ谷1-8-3 志田ビル 1F
- 如何抵達：小田急小田原線「代代木八幡」站徒步2分
- ¥ 費用：￥1,000～￥1,999
- 營業時間：星期二至五 11:00～19:00、星期六 8:00～19:00、星期日及假日 8:00～17:00。定休日：星期一
- 網址：https://koharubiyoritokyo.com/

小春日和是間提供素食與葷食的咖啡廳，明亮的藍色外牆讓很多女生都停下腳步拍照打卡，店內也是文青感滿滿的樸實風格。其午餐的「季節豆皿定食」也是Instagram貼文常客，可選擇做成素食或葷食。

素食很容易給人清寡的印象，但這裡的定食卻在宣告：「只有蔬菜也可以很豐富」，包含味噌湯、米飯與9道小菜，如鬆脆的素炸雞、顏色鮮艷的涼拌豆子、炒雜菇等等。每道分量雖少，豐富小菜能轉換口味，這盤試完試那盤，很有新鮮感。除了以蔬菜為主，所有食材都特意挑選有機或不含農業及化學肥料成分，即使點肉食也可吃得健康。

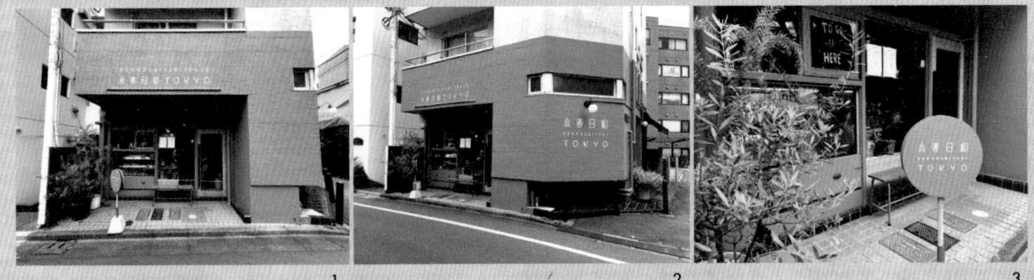

1 2 3

4

1. 引人注目的鮮藍色外牆。
2. 很多人都會特地在店外拍照。
3. 可愛的站牌讓人想要停下腳步到店內用餐。
4. 開放式廚房與自助水吧。
5. 9種小菜風味各不同。

5

品嘗鮮榨果仁奶稍歇一會

THE NUTS EXCHANGE

- 地址：東京都渋谷区富ヶ谷1-51-1 1F
- 如何抵達：小田急小田原線「代代木八幡」站徒步1分
- ¥ 費用：～¥999
- 營業時間：星期二 9:30～18:00、星期三至五 11:30～21:00、週末 10:00～18:00。定休日：星期一
- 網址：https://www.instagram.com/the_nuts_exchange/

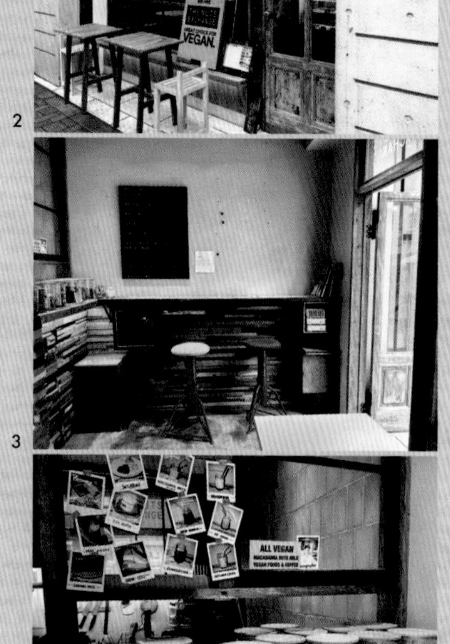

1. 手工餅乾與果仁奶樸素美味。
2. 店面裝潢走美式風格。
3. 座位不多但氣氛悠閒。
4. 多款手工餅乾與燕麥片可外帶或在店內享用。

從店名便可以猜到這是一家與果仁相關的咖啡廳，主打夏威夷果仁奶與各種素食甜點及輕食。夏威夷果仁奶是店內現榨，且不加糖及任何調味，客人可依自己喜好加糖漿；還有以果仁奶為基底的咖啡拿鐵、草莓奶、果昔等多款選擇。

平常我有喝杏仁奶的習慣，夏威夷果仁奶卻是第一次嘗試，由於是新鮮現榨，擔心會有堅果的青澀味。沒想到入口後味道柔和順滑，果仁香氣在口腔中綻放，伴隨著淡淡甜味，沒有任何調味就很好喝。搭配一塊鬆脆的燕麥巧克力餅乾，坐在時尚的店內稍作休息，讓果仁天然的味道療癒身心。

自然素材的精品和菓子 ## 和のかし 巡

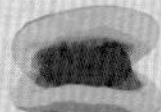

⌂ 地址：東京都渋谷区上原3-2-1

如何抵達：小田急小田原線・東京Metro千代田線「代代木上原」站南口徒步5分

¥ 費用：～¥999

營業時間：10:30～18:00。定休日：星期一

網址：http://www.wa-meguri.com/

← 有點隱蔽的店面。

1

2

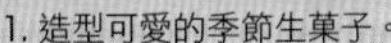

1. 造型可愛的季節生菓子。
2. 大福拿起來沉甸甸的很有分量。
3. 軟嫩外皮包著滿滿細滑的紅豆泥。

3

這是一家主打不使用蛋、奶、麵粉及添加物的和菓子店，在素食界與甜點界都享負盛名，很多日本雜誌都曾介紹過。小小的店鋪空間，設有幾個吧檯位置，也可外帶享用。

店頭擺放了大福、銅鑼燒等幾款和菓子，我挑了最有名的雜穀豆大福。仔細想想，以糯米及紅豆製作的大福本來就是素食，不過紅豆餡料是把整顆紅豆壓成絲滑口感，保留帶有營養的豆殼，與坊間和菓子店會去掉豆殼的做法不同。以玄糯米製作的外皮帶著獨有的烘炒米香，紅豆餡又不會太甜。撇除可以佔進體內血液運行的健康效用，單純作為甜點也很好吃。

友善的店員得知我是素食初心者，還熱情地介紹了素食的好處和代代木上原周邊的素食店，溫馨的招待使得心頭也覺得甜甜的。

不一樣的景點——兩大宗教聖地巡禮

這次來一點文化體感之旅，走訪兩大宗教聖地！代代木上原與代代木八幡相隔一站，各自坐擁神聖的宗教場所。在日本難得一見的清真寺與可看到繩文遺跡的神社，充滿歷史文化價值，無論你有沒有宗教信仰都值得前去參觀。

祈求出人頭地 代代木八幡宮

1

2 3 4

1. 被樹木圍繞的繩文時代遺跡。
2. 代代木八幡宮的本殿。
3. 充滿神秘感的出世稻荷八幡宮。
4. 在祭典期間掛滿燈籠很有氣氛。

地址：東京都渋谷区代々木5-1-1
如何抵達：小田急小田原線「代代木八幡」站徒步5分
營業時間：9:00～17:00。定休日：無
網址：http://www.yoyogihachimangu.or.jp/index.php

在日本常常看到八幡神社或八幡宮，其實這是指祭祀日本天皇的神社，而代代木八幡宮供奉著應神天皇。境內佔地廣闊，種滿了樹木與各種植物，宛如走進一座小森林。在中央還可看到一間以稻草堆砌而成的尖頂小屋，竟是約4500年前繩文時代人類曾居住的遺跡，很具歷史意義。

不過更多人是為了境內的「出世稻荷八幡宮」而來，顧名思義就是「保佑出人頭地」的神社，據說很多藝人也會特地來參拜。穿過鳥居來到神社跟前，高聳的樹木與多座狐狸石像更添神聖感，祈求的願望似乎真的會實現。

夢幻異國風情
#東京大清真寺

- 地址：東京都渋谷区大山町1-19
- 如何抵達：小田急小田原線・東京Metro千代田線「代代木上原」站徒步6分
- 營業時間：10:00～18:00。定休日：無
- 網址：https://tokyocamii.org/ja/

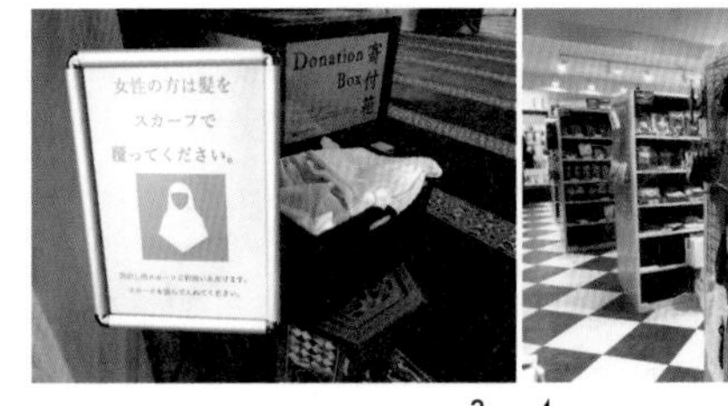

3 4

1

2

由東京土耳其人協會建造的東京大清真寺，是日本最大的清真寺，同時設有土耳其駐日本大使館，館內擺放了很多書籍傳播伊斯蘭文化和土耳其文化。

自己對穆斯林的認識不深，一開始是衝著美麗的建築而拜訪，寺方特別請來土耳其的建築師墨哈萊姆．希爾米．塞納爾普設計，而且大部分建築材料和裝飾品都是從土耳其運過來，呈現出華麗精美風格，被譽為東亞洲最美的清真寺。

走進寺內會被莊嚴肅穆的氣氛所震懾，抬頭望著圓頂天花板與大吊燈，細緻的幾何圖形及鑲嵌裝飾美得讓人屏息。每根柱子、每一扇花窗都想要細細欣賞，在這優美的空間會讓人忘卻自己身在日本。

女性參觀時需要避免過度暴露的服裝，而且需要將頭髮覆蓋住。寺內有提供頭巾可免費借用。此外，寺內正進行禮拜時請禁止拍照，務必尊重文化與規則。

1. 華麗的外觀在東京街頭上鶴立雞群。
2. 精美的裝潢讓人看得入迷。
3. 提供給女士借用的頭巾。
4. 寺內設有清真食品商店。

原來也有這樣的景點！隱藏在街角的趣味

以前去日本旅行都會把行程塞得滿滿，一天不走上幾個景點就好像會吃虧，跟著行程走馬看花，但在日本住久了開始體會到散步的樂趣。雖然可以在網路上蒐集很多資訊，始終比不上穿梭於大街小巷之間，親身發掘到的驚喜與樂趣。代代木八幡一帶的街頭很多是專為旅客開設的店舖和設施，但散步時遇到這些讓人會心一笑的B級景點，更能留下深刻印象。

「不負責任」的有趣公園
渋谷はるのおがわプレーパーク（Shibuya Haru no Ogawa Play Park）

上：很有手工感的告示牌。
下：公園規則明文表示會「不負責任」。

地址：東京都渋谷区代々木5-68-1
如何抵達：小田急小田原線「代代木八幡」站徒步5分
營業時間：10:00～17:00。定休日：星期四
網址：https://harupure.net/

第一次經過這個公園時心想也太髒亂了，根本就是一片泥地，在日本竟然有如此缺乏修備的公園。然而門口的一面木牌瞬間吸引我的注意，第一句就寫著「這是自己要承擔自由玩耍責任的公園」，讓孩子盡情嘗試想做的事情，還註明「發生任何事故都是自己要負責」，如此開宗明義地表示責任歸屬的設施還是第一次遇見。不過，公園內仍有看管孩子的人員長駐，維持安全。

公園裡除了一大片泥地，還有一家小木屋放著木板和樹枝，及一些手工感十足的遊戲設施。沒有溜滑梯和鞦韆，但小朋友跑來跑去，弄得滿身泥濘玩得不亦樂乎，讓我這個大人也有點羨慕起來，獲得快樂或許很簡單。

① 曾在網絡掀起話題的透明公廁。

② 從小山坡方向看到遠處孩子們正在嬉戲。

③ 簡陋的木製遊具。

④ 提供木材給孩子們自由發揮。

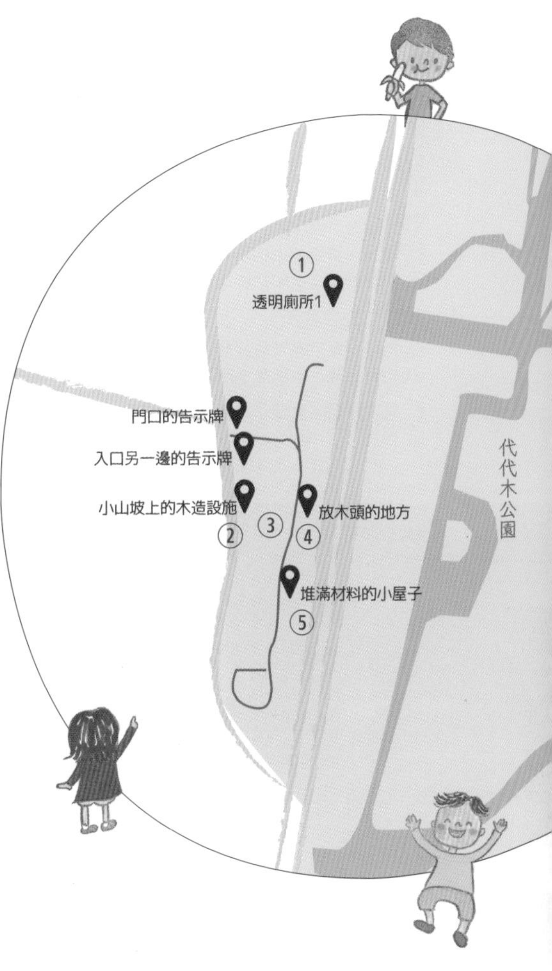

⑤ 材料很多大家可以自由使用。

公廁也變成藝術品 THE TOKYO TOILET

透明公共廁所1(はるのおがわ コミュニティパークトイレ)
地址：東京都渋谷区代々木5-68-1
如何抵達：小田急小田原線「代代木八幡」站徒步5分

透明公共廁所2(代々木深町小公園トイレ)
地址：東京都渋谷区富ヶ谷1-54-1
如何抵達：小田急小田原線「代代木八幡」站徒步1分

蘑菇型公共廁所
地址：東京都渋谷区代々木5-1-2
如何抵達：小田急小田原線「 代代木八幡」站徒步5分

營業時間：全日。定休日：無
網址：https://tokyotoilet.jp/

沒人使用時可從外面看到廁所內部。

左：代代木深町小公園的另一所透明廁所。
右：配合神社傳統與自然環境的蘑菇型公廁。

說到公共廁所，馬上會想到骯髒與異味，即使在以潔淨聞名的日本也難逃這個印象。而在2020年8月開始的「THE TOKYO TOILET」計劃就是要一洗污名，特別請來安藤忠雄、隈研吾、佐藤可士和等多位名設計師，打算把澀谷區17處的公廁改頭換面，讓洗手間變成景點。

其中最引起話題的，莫過於由被譽為「建築界的奇才」的坂茂設計的透明洗手間，以彩色玻璃建造，從外面可看到裡面的設備，當有人進去會馬上亮燈維護隱私，讓人嘖嘖稱奇，開幕時還獲得世界各地媒體報導。這兩個公廁就位在代代木八幡，在前文介紹的「渋谷はるのおがわプレーパーク」和咖啡廳「小春日和」周邊，就算沒有需要也可以進去體驗一下。

區內還有一個主題公廁設在代代木八幡宮入口旁，由伊東豊雄所設計，以蘑菇為靈感迎合神社與森林的自然氣氛，十分吸睛。

日劇《大豆田永久子與三個前夫》聖地巡禮

2021年松隆子主演的日劇《大豆田永久子與三個前夫》在臺港播出後也獲得不少觀眾喜愛。劇情圍繞建築公司女社長大豆田永久子與三位個性各異的前夫的日常故事，劇情幽默且含有各種讓人反思的深層意義，是部成年人取向的喜劇。

充滿格調的高級住宅區代代木上原便是這部日劇的取景地之一。雖然劇中沒有明言女主角永久子是住在這裡，但很多場景都在這裡拍攝。走在路上可以想像笨拙而活得坦蕩的永久子生活的模樣，粉絲們可以來親身感受劇集獨特的世界觀。

永久子前往的麵包店 Main Mano

地址：東京都渋谷区西原3-6-5 ＭＨ代々木上原1F
如何抵達：小田急小田原線・東京Metro千代田線「代代木上原」站北2口徒步1分
費用：～￥999
營業時間：8:00～19:00。定休日：星期二
網址：https://mainmano.jp/

著名烘焙師製作的麵包很高水準。

在第一話中，永久子做晨操後穿著一身運動服走進這家「Main Mano」買麵包，還因為不擅長手機支付而弄得有點尷尬。這家麵包店是區內的人氣店，在食評網站Tabelog高達3.75分。烘焙師毛利先生曾是巴黎五星級飯店「克里雍大飯店」首位日本人麵包主廚，古典而優雅的店面也以巴黎十六區為靈感，可以在這裡品嘗可頌與各種麵包，幻想自己是劇中主角。

劇情伏線的咖哩可樂餅 goo ITALIANO 代々木上原店

地址：東京都渋谷区西原3-2-2 久保田ビル 1F
如何抵達：小田急小田原線・東京Metro千代田線「代代木上原」站東口徒步1分
費用：￥1,000～￥2,999
營業時間：平日17:00～23:00、週末及假日11:30～16:00、17:00～23:00。定休日：無
網址：https://www.instagram.com/goo_italiano_yoyogi/

在劇集中讓人留下深刻印象的咖哩可樂餅。

劇中永久子的好友綿來惠愛到這家義大利餐廳買咖哩可樂餅，還表示好吃到想要當最後的晚餐。很可惜，這個餐廳附設的小菜區在2022年6月已結束營運，雖然餐廳繼續營業，但無緣再嘗到咖哩可樂餅的滋味，只能看著店面懷緬劇情。順帶一提，我很常去他們的澀谷本店，義大利麵味道不錯，吃不到可樂餅也可試試！

chapter.

原宿｜Harajuku
&
表參道｜Omotesando

03

不變的時尚潮流發信地 原宿 & 表參道

記得大約 10 年前日本女歌手「卡莉怪妞」以奇特的打扮與洗腦的音樂在日本樂壇嶄露頭角，成為引領原宿時尚文化的代表。那時候的「原宿」對還是學生的我來說，像是憧憬之地，第一次踏足竹下通吃可麗餅的時光成為了青春美好回憶。

可惜，花俏又充滿個性的原宿風時尚已不復見，但這個地方仍走在日本潮流的尖端。從以女高中生為中心的竹下通到被精品名牌覆蓋的表參道，鑽進大街小巷盡是特色小店與潮牌，彰顯日本的時尚就是如此多元，每個人可以忠於自己所喜歡的，找到自己的所需。

↘地圖請掃我！
明治神宮
明治神宮外苑
代代木公園
WITH HARAJUKU
竹下通
Design Festa Gallery
原宿站
華達琉美術館
Laforet原宿
BE:SIDE表參道店
Luck Rack
東急プラザ表参道原宿店
@cosme TOKYO
明治神宮前
表參道Hills
UPI 表参道
TokiiRo 文具X時計 表參道店
The Label Fruit（ラベルフルーツ）
3COINS
麵散
White Atelier by Converse 原宿店
表參道站
迴転鮨 銀座おのでら 本店
GARIGUETTE -ガリゲット-
茶洒 金田中
tonkatsu.jp表参道
（トンカツドットジェイピー表参道）
call cafe 家と庭
根津美術館
AMAM DACOTAN Omotesando store
岡本太郎紀念館

一點小建議！原宿～表參道怎樣逛？

1 2
3 4

1. 原宿地標之一Laforet。
2. 竹下通經典小吃可麗餅。
3. 多元化的原宿時尚風格。
4. 名店林立的表參道。

可以坐到JR原宿車站、東京Metro明治神宮車站，以及東京Metro表參道車站，就能來到原宿~表參道一帶逛逛，從距離最遠的原宿車站步行到表參道車站也不過15分鐘的時間。

以下整理出3個車站的附近區域特色：

I JR原宿車站 I 周邊景點的娛樂性較高，適合不同年齡層，可方便前往明治神宮參拜，以及年輕人的熱點竹下通。

I 東京Metro明治神宮車站 I 地理位置在這3個車站中間，除了有購物中心Laforet，也有較多時尚的服飾店，可以盡情購物。

I 東京Metro表參道車站 I 其周邊至青山一帶，則以表參道Hills的精品名牌商店為主，亦有氣氛舒適的咖啡廳，比較面向成熟大人。

竹下通的入口。

原宿車站新風貌！遇見新設施 WITH HARAJUKU

東京都渋谷区神宮前1-14-30
如何抵達：JR山手線「原宿」站東口徒步1分
營業時間：7:30 - 23:30 (各店舗營業時間不一)。定休日：無
網址：https://withharajuku.jp/

1924年建成的舊原宿車站擁有近百年歷史，曾是東京最古老的木造車站。由於老朽的建築不符合現代的防火標準，隨著新站舍在2020年3月開幕後，舊原宿車站於2020年8月開始拆卸正式落幕。

新原宿車站採用現代摩登風格，設有多面落地玻璃，帶來先進開闊的意象。站內新增了一個月台，分別停靠山手線兩個方向的列車，解決以往月台及通道擁擠的問題。另外，「表參道口」出口變化最大，空間更為寬敞，還設有時尚的猿田彥珈琲供遊客休息。

隨著新原宿車站的開幕，車站周邊也迎來新氣息。同樣在2020年開業的「WITH HARAJUKU」就在原宿車站的對面，並連接竹下通。目前有十多家店舖及餐廳進駐，以UNIQLO、SNOWPEAK等連鎖品牌

1. 全新原宿車站變得洗練時尚。
2. 面向明治神宮的出口以植物裝飾融入周邊自然環境。
3. 新設施WITH HARAJUKU迎接來到原宿的遊客。
4. 設施內空間寬敞，充滿開放感。

為主，日本首家都市型IKEA店舖在開業當時備受關注。

「WITH HARAJUKU」中有不少供遊客休憩的地方，2樓設有能把原宿車站一覽無遺的平台，也提供有坐墊的戶外區域。

而在通往竹下通的出口，可找到史努比主題咖啡廳與商店「PEANUTS Cafe SUNNY SIDE KITCHEN」，可愛的裝潢、餐點及限定商品都值得粉絲來訪。

↑ PEANUTS Cafe SUNNY SIDE KITCHEN內到處都是史努比。

→ 客人可自行取用史努比玩偶陪伴一起用餐。

都市中心的能量綠洲 明治神宮

地址：東京都渋谷区代々木神園町1-1
如何抵達：JR山手線「原宿」站表參道口徒步1分
開放時間：5:00 - 18:00（每月開放時間不一）。定休日：無
網址：https://www.meijijingu.or.jp/

明治神宮是祭祀日本明治天皇與昭憲皇太后的神社，在寸土寸金的東京占地面積約70萬平方公尺，橫跨新宿與澀谷區，鄰接代代木公園，成為都市難得的綠地。

2022年，靠近原宿車站「第一鳥居」在睽違100多年後進行更換工程，並於7月正式亮相，新簇簇的鳥居在綠樹的襯托下顯得格外氣派。位在南參道入口的咖啡廳「杜のテラス」，正好可眺望大鳥居。其設施裝潢以「再生・循環」為主題，建築及家具都採用日本國產木材及明治神宮的枯損木，營造出自然、溫暖的氛圍，完美融入周邊環境。參拜後，可在這裡品嘗飲料與甜點。

1 2 3
1. 新開幕的第一鳥居。
2. 天氣好的時候可在戶外的座位休憩。
3. 坐在窗邊獨佔鳥居的美好景色。

從入口走到本殿約莫10分鐘左右。

從「第一鳥居」走到本殿需穿過一段森林小路，沿路被高聳入雲的樹木所包圍，聽著鳥叫蟬鳴的大自然交響曲吸收芬多精，讓人心情也隨之沉穩下來。

明治神宮被認為保佑姻緣戀愛、商務繁盛、及第合格等，是很有名的能量景點。在本殿旁有兩株神木夫婦楠樹，以注連繩連在一起，象徵感情和睦的明治天皇夫婦，可以向樹木祈求夫妻同心或是戀愛良緣。在這裡也可購買御守祈福除厄，或是在繪馬上寫下心願。

明治神宮境內還有收藏明治天皇各種使用物品的寶物殿、介紹明治神宮歷史的明治神宮博物館、種滿花草樹木的庭園明治神宮御苑、舉行祭典的神樂殿，以及讓旅客能夠休憩的FOREST TERRACE。

上：本殿瀰漫著神聖莊嚴的氣氛。
下：保佑姻緣戀愛、家庭和諧的夫婦楠樹。

走訪表參道最新打卡咖啡廳

表參道除了是時尚天堂，也是甜食寶庫，一直引領日本的甜點潮流。日本的熱潮來得快、去得也快，例如鬆餅、珍珠奶茶等都曾經大排長龍，轉眼間就門可羅雀。每隔一年左右表參道上的店舖就會換過一輪，正因如此這個地方總是充滿新鮮感，每次到訪都有新的發現。

單手拿著吃的現烤千層酥
GARIGUETTE

1

3

在2021年開業的GARIGUETTE，帶來千層酥的全新享用方式。採用三明治方式以兩片香脆的酥餅，夾著各種口味的卡士達奶油和水果，或是起司、酪梨等鹹食口味，把千層酥變成可以單手拿著吃的輕便小吃，也方便外帶回家享用。

店舖內瀰漫著誘人的奶油香氣，所有千層酥都是現點現做。從店內的開放式廚房可以看到整個製作過程，從烤焗到擠上卡士達奶油，看著就已垂涎欲滴。千層酥到手時還是熱烘烘，層層酥脆的口感讓人一吃愛上。

1. 烤得金黃的千層酥夾著各種食材。
2. 簡約的店面。
3. 看到店員手腳俐落地烤製千層酥。

2

- 地址：東京都港區北青山3-7-2 FPG links OMOTESANDO II 1F
- 如何抵達：東京Metro銀座線「表參道」站徒步3分
- ¥ 費用：¥1,000～¥1,999
- 營業時間：11:00 - 19:00。定休日：無
- 網址：https://gariguette.jp/

開店前就在排隊，來自福岡的大人氣網美麵包店

amam dacotan 表參道店

地址：東京都港区北青山3丁目7-6
如何抵達：東京Metro銀座線「表參道」站B2出口徒步1分
¥ 費用：～￥999
營業時間：10:00～19:00。定休日：無
網址：https://amamdacotan.com/
建議：開店前約9點開始排隊的話，大概1.5~2小時可進店，10點開店後有機會要排上2小時以上。

1

2

熟悉日本人的話就會知道他們很愛排隊，隨便排個幾小時都沒問題。從福岡首次登陸東京的「amam dacotan」，可說是表參道最必要排的店舖，從開店前兩小時已現人潮，不排上一小時是無法入店的。然而讓日本人排到腿軟還是想進店也是有原因的。

由廚師平子良太打造的amam dacotan，麵包口味創新且用料實在，鬆軟的麵包夾著大塊肉與滿滿蔬菜，看著就很刺激食慾。以乾燥花裝飾的店內，總是陳列著130~140多款麵包，叫人眼花繚亂無從選擇，最後手上會捧著一大盤麵包結帳。

店內外都設有少許座位供現場享用（需點一杯飲料），必吃的招牌商品「明太子蒜香辣椒法棍」，香脆的法棍麵包中夾著明太子蒜香辣椒奶油，鹹香滋味很過癮。其中，義式奶油麵包除了抹上鮮奶油，還有各式水果，據說2021年這道甜點之所以流行就是源自他們家！

3

4

1. 店外總是看到排隊的人。
2. 店名標誌十分時髦感。
3. 以大量乾燥花、枯樹枝裝飾，打造獨特世界觀。
4. 種類繁多的麵包讓人每款都想買。

百年和菓子老店船橋屋的20分鐘賞味期限水葛餅 # BE:SIDE

地址：東京都渋谷区神宮前3丁目14-6
如何抵達：東京Metro銀座線「表參道」站徒步7分
¥ 費用：¥1,000～¥1,999
營業時間：11:00 - 18:00。定休日：無
網址：https://www.beside-natural.com/

日本老店之所以令人佩服，不只是因為能傳承多年，還有即使是業界龍頭仍會勇於挑戰新事物。有著200年以上歷史的和菓子店「船橋屋」，在2021年開設了以發酵和乳酸菌為主題的日式咖啡廳「BE:SIDE」，把招牌商品葛餅與美容結合，在咖啡廳內可品嘗到甜點，還有美容沙龍服務。

店舖主打的限定甜點水葛餅，因為含較多水分，而有著爽彈的口感，搭配黑糖蜜與黃豆粉享用，味道香濃卻不會甜膩。由於水葛餅會較快溶化，建議要在20分鐘內品嘗完，想拍照也要把握時間。

上：店舖裝潢結合和風與現代風格。下：水葛餅味道清爽與香甜的黑糖蜜搭配。

沉醉在日本視覺藝術家的世界觀 # 家と庭 Call Cafe

由日本現代設計大師「皆川明」打造的時尚品牌minä perhonen，把其手繪圖案轉化成衣服上的印花或餐具圖案，盡顯自然清新風格。而其中一家分店「Call」就位在南青山SPIRAL大廈內，還併設咖啡廳，店內瓷磚拼花圖案的圓頂十分搶眼，很多人為了拍照特地到訪。

戶外座位區也意外地舒適，廣闊的平台種了不少綠色植物，感受微微涼風，品嘗簡單的輕食或甜點，在高樓大廈之間稍稍喘息。盛著食物的餐具都是品牌商品，可愛的圖案使得餐點看起來更好吃了。

上：精緻的圓頂天花板是店內人氣打卡位置。
下：簡單的三明治以可愛餐盤盛裝。

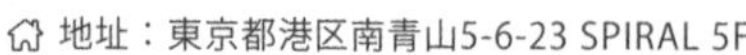

地址：東京都港区南青山5-6-23 SPIRAL 5F
如何抵達：東京Metro銀座線「表參道」站B1出口徒步3分
¥ 費用：¥1,000～¥1,999
營業時間：11:00～20:00。定休日：無
網址：https://www.mp-call.jp/

隱藏在表參道的庭園日式咖啡廳 茶洒 金田中

左：座位面向著雅致的庭園。
右：都會中難得的和風景致。

東京料亭老舖「金田中 新橋」的全新業態，把因門檻過高而讓人望之卻步的懷石料理，以咖啡廳形式打進日本年輕人市場。店內由日本藝術家杉本博司打造出和風空間，兩張木造長桌面向雅致的綠苔庭園，一時之間以為自己從表參道瞬移到京都。

招牌甜點蕨餅，使用稀少的本蕨粉製成，有著柔軟濃稠的口感，沾上香醇的黑糖蜜與黃豆粉，風味極具深度。喝著抹茶，再來一口和菓子，會暫時忘卻生活的煩擾。另外，也可在這裡享用日式料理的午餐與多道料理的套餐。

美味的蕨餅搭配濃醇抹茶。

店內也瀰漫著高級氛圍。

地址：東京都港区北青山3-6-1 oak omotesando 2F
如何抵達：東京Metro銀座線「表參道」站A1出口徒步1分
¥ 費用：午餐¥2,000～¥2,999、晚餐¥10,000～¥14,999
營業時間：11:30 - 22:00。定休日：無
網址：https://www.kanetanaka.co.jp/restaurant/sahsya/

偶像粉絲另類打卡店#THE LABEL FRUITS

1

日本出現了很多商品客製名字服務，原意是讓客人加上自己的名字做到獨特性，沒想到卻被粉絲用來印上偶像的名字，變成自創的偶像周邊。「THE LABEL FRUITS」正是無心插柳成為日本追星族的愛店。

這是一家主打無人服務的水果歐蕾飲料店，客人要先在至官網選購飲料，並且選擇貼在瓶子上的標誌貼紙圖案及出現的文字，再利用信用卡或電子支付結帳。下單後約20~30分鐘便可自行到店舖裡領取飲料。

店內有一面置物櫃，在掃瞄手機上的QR code後，櫃門的螢幕會播放一段影片顯示飲料的所在位置，接著解鎖櫃門就可拿到飲料，整個過程會點燃客人的興奮感。雖然是外帶店，但店內也設有一些桌子和可愛的裝飾，粉絲們當然會好好利用，自備一堆偶像照片與周邊來和飲料拍照，玩得不亦樂乎。

自己也以粉絲身分親自體驗過，最初只想印出名字，但和粉絲朋友一起擺設周邊和拍照，不知不覺玩了一小時，飲料都不冰了，但快樂依然高漲。

1. 自備偶像周邊與飲料一起拍照。
2. 店外的螢幕會顯示飲料做好了沒有。
3. 大部分客人都是動漫或偶像粉絲。
4. 自行從置物櫃領取飲料的全自助服務。

2

3

4

地址：東京都渋谷区神宮前6-3-5 NCビルディング1F
如何抵達：東京Metro千代田線・副都心線「明治神宮前」站徒歩2分
¥ 費用：～¥999
營業時間：10:00 - 20:00。定休日：無
網址：https://fruit.the-label.jp/

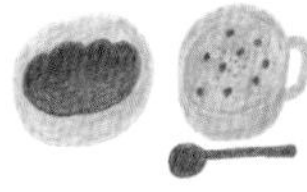

吃完甜食,來點正餐的推薦清單

每次來到原宿與表參道一帶，我時常流連在不同咖啡廳用甜點餵飽自己，但偶爾想轉換一下口味，改點分量十足的午餐、晚餐，就會鑽進小巷裡尋找美食。以下推薦幾家好吃又不貴的餐廳，吃飽後補充體力繼續逛街。

自選名牌豚肉炸豬排 tonkatsu.jp 表參道

地址：東京都渋谷区神宮前5-1-6イルパラッツィーノ表参道1F
如何抵達：東京Metro銀座線「表參道」站B2出口徒步3分
費用：午餐￥1,000～￥1,999、晚餐￥2,000～￥2,999
營業時間：平日／11:30～15:30、17:30～21:00
週末及假日／11:30～15:30、17:00～21:00。定休日：星期一
網址：https://tonkatsu.jp/
建議：每天提供豚肉品種不同，可事先在官網了解。

1

位在小巷中、連同戶外座位只有13席的小店，成功吸引日本老饕來訪，為的就是那片香脆而不油膩的炸豬排。作為一家炸豬排專門店，「tonkatsu.jp」對素材極講究，嚴選12種名牌豚肉，還在菜單上進行詳細分析。濃厚味道、偏清淡味道、結實而帶有彈力，還是柔軟肉質，客人可以按自己的喜好挑選。

點菜後，大廚馬上在面前拿出厚切的豬排沾上雞蛋與麵粉，然後下鍋油炸，為每位客人呈上熱騰騰的炸豬排。鬆脆的外衣包裹著充滿肉汁的豬排，按店家所推薦沾上岩鹽品嘗，肉味更加突出。炸豬排有飽足感卻不會過分油膩，難怪可以征服表參道的肉食男女。

1. 設有小小戶外座位。
2. 店家推薦以岩鹽調味。
3. 炸得剛剛好的豬排。

2

3

超人氣特色現打烏龍麵
麵散

店內客人以年輕人為主。

在逛到累了想要快速解飢時，腦海裡立即浮現出「麵散」的名字。這是一家烏龍麵專門店，從玻璃可以窺看到師傅在打麵條，全部現打現煮，下單後才會開始製作，保證每一根麵條都充滿咬勁。

烏龍麵口味從基本的熱湯或冷吃都有，其中創新口味培根蛋麵最為人氣。以一般的醬油雞蛋烏龍麵為基底，表面放上一片奶油、起司與烤得焦香的厚切培根，再灑上黑椒。拌勻後既有醬油的日式風味，味道會更加柔和，形成和洋合壁的完美協奏。

烏龍麵伴以培根、起司等洋風食材。

培根下隱藏著生雞蛋，混合起來就會成為培根蛋麵口味。

must know

關於烏龍麵的小知識！

烏龍麵的吃法有很多種，而且名稱不像拉麵那麼易懂，就算懂日語的我每次看著菜單都有點搞不懂，以下將為大家簡單介紹：

かけ(kake)：在烏龍麵澆上鰹魚風味高湯，可溫吃或冷吃。
ぶっかけ(bukkake)：把煮好的烏龍麵先泡冷水保持口感，再澆上以高湯為基底的日式醬油，可溫吃或冷吃。
釜揚げ(kamaage)：把煮好的烏龍麵直接提供，澆上醬油享用，只能溫吃。
釜玉(agetama)：把煮好的烏龍麵直接提供，放上生雞蛋，然後澆上醬油享用，只能溫吃。
ざる(zaru) ：把煮好的烏龍麵先泡冷水保持口感，放在竹籠上提供，再把麵條沾冷的日式醬油享用，只能冷吃。

地址：東京都渋谷区神宮前6丁目13-7
如何抵達：東京Metro千代田線・副都心線「明治神宮前」站7號出口徒步5分
費用：￥1,000～￥2,999
營業時間：11:30～23:00。定休日：星期二
網址：https://menchirashi.com/

高級銀座壽司變身迴轉壽司 迴転鮨 銀座おのでら 本店

地址：東京都渋谷区神宮前5-1-6イルパラッツィーノ表参道1F
如何抵達：東京Metro銀座線「表參道」站A1出口徒步1分
¥ 費用：¥3,000～¥3,999
營業時間：11:00 ~ 22:00。定休日：無
網址：https://onodera-group.com/kaitensushi-ginza/
建議：在官網可看到目前候位人數及領取候位號碼牌，節省現場等候時間。

曾獲得米其林指南三星評價的銀座おのでら，首次營運迴轉壽司餐廳，由總店料理長坂上曉史監修，以相對實惠的價格帶來江戶前壽司。不像在銀座一定要點套餐或廚師發辦（Omakase，又稱無菜單料理），動輒一餐就要一萬日幣，在這裡可以隨心點自己喜歡的品項及數量，把握好預算，對於想要嘗試高級壽司味道的人會是很好的入門店。

↑ 帆立貝厚到幾乎遮蓋著米飯。
→ 海膽、鮭魚子與蟹肉的奢侈組合。

雖然叫作迴轉壽司，並不會將壽司放在迴轉帶上，主要以平板電腦點餐，然後由師傅親手遞上，有種莫名的高級感。別於一般連鎖店，這裡的壽司用料新鮮且大方，來自豐洲市場的鮪魚大腹肉充滿油香，帆立貝鮮甜肉厚，每個壽司都是海鮮比飯多，差點一口吃不下。嘴挑的我除了高級壽司店提供的海膽，其餘都不會吃，這裡果然不負米其林之名，海膽清甜不帶腥臭，雖然價格比一般迴轉壽司稍高，但物有所值。

← 上：併設在旁的立食壽司店。
下：每個座位上都有點餐的平板電腦。

在迴轉壽司旁邊還有立食壽司店「立喰鮨 銀座おのでら本店」，適合想快速解決口腹之欲的人。

↑ 鮭魚呈新鮮光澤。
← 軍艦壽司上放滿了鮪魚。

吃飽喝足,大買特買的購物推薦

在原宿、表參道一帶購物買衣服，其實根本不用特別指路，因為街上全是大大小小的品牌。商場內可以逛連鎖品牌，表參道兩邊則是精品名牌，小巷裡更有著各式街頭潮牌。在此特別精選了一些新開幕或充滿特色的店鋪，給喜歡嘗鮮的你有不一樣的選擇。

在店內直接體驗露營的戶外用品商店 UPI 表參道

地址：東京都渋谷区神宮前4-9-3
如何抵達：東京Metro銀座線「表參道」站A2出口徒步3分
營業時間：11:00 ~ 20:00。定休日：無
網址：https://upioutdoor.com/
建議：部分露營商品如野營刀、打火機等不能放在隨身行李攜上機艙或託運。

表參道的路上突如其來的自然野外風格。

左：店內重現真實的露營環境。
右：戶外用品種類豐富。

疫情改變了人們的生活方式，其中一項是使得戶外活動大受歡迎，在日本也一樣。此外，日本Youtuberヒロシ（齊藤健一）的露營影片人氣爆發，「ソロキャンプ」（一人露營）一詞更入圍2020年日本流行語大賞候選。

UPI 表參道店是家體驗型戶外用品商店，店內竟然有潺潺流水的小河與植物，仿照大自然環境。每個月都有工作坊課程，由戶外活動專家親自教授如何使用各種工具。此外，還有販售多種背包、衣服、廚具等日本國內外品牌的戶外用品，商品設計都帶有時尚感。

小資雜貨旗艦店 # 3COINS 原宿本店

地址：渋谷区神宮前6-12-22 秋田ビル1F
如何抵達：東京Metro千代田線・副都心線「明治神宮前」站出口徒步3分
營業時間：11:00 ~ 20:00。定休日：無
網址：https://www.3coins.jp/harajuku/

3COIN是在日本全國各地展店的連鎖生活雜貨商店，以「為您提供少許幸福」為概念，商品價位顧名思義以「三個硬幣」300日幣為主。除了各種實用的收納與廚房用品，近年更著力於時尚家居單品、美容產品及玩具等，因為價廉物美而在日本主婦及小資女生間掀起話題。

雖然在東京很多地方都可找到它的分店，但如果行程計劃會到原宿的話，建議可以來逛逛。2021年1月開幕的「3COINS 原宿本店」是品牌首家旗艦店，倉庫主題裝潢的廣闊空間中，不只陳列了各種熱賣商品，還有只能在這裡才買到的限定商品與服務。

①.GOOD MOOD FOOD：原宿本店原創的食品系列，包括色彩繽紛的爆米花、醬油米菓等可口的零食。包裝設計是與4位日本插畫家合作，時尚又充滿特色。

②.數量限定發售的環保袋，三個大圓點表現出品牌名稱3COINS。

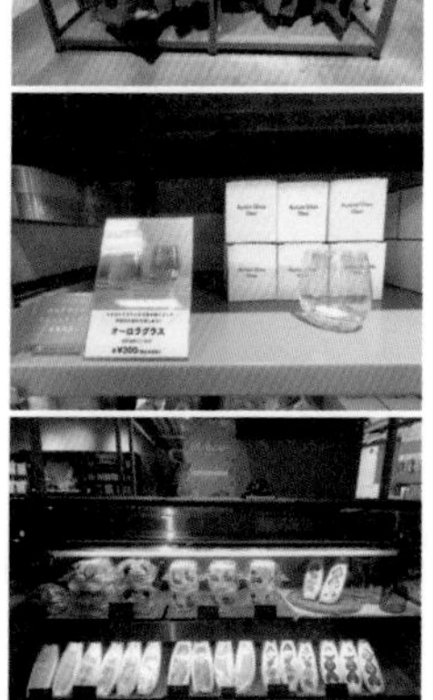

③.平日限定提供的客製服務，只要購買商品並加付300日幣加工費，便可在熱賣商品極光玻璃杯、無線藍芽耳機等印上名字或簡短字句。

④.與島根縣人氣水果三明治店「fufufu IZUMO」合作，除了一般水果三明治，還特別發售一盒324日幣的迷你版。

高級彩妝護膚品隨便試 @ cosme TOKYO

地址：東京都渋谷区神宮前1丁目14-27
如何抵達：JR山手線「原宿」站、東京Metro千代田線・副都心線「明治神宮前」站2・3號出口徒步1分
營業時間：11:00 ~21:00。定休日：無
網址：https://www.cosme.net/flagship/

左：兩層樓高的超大彩妝賣場。
右：店內會展示高評分商品方便挑選。

「@cosme」是日本最大彩妝及護膚品評論網站，並且經營線上及實體商店，而「 @cosme TOKYO」是在2020年1月於東京開幕的旗艦店。樓高2層的店面集合國內外的知名品牌，從藥妝店常見的開架彩妝，到高級百貨的彩妝專櫃都一應俱全，甚至包括了目前在台灣還沒有引進的Valentino Beauty和Dolce&Gabbana Beauty。

「@cosme TOKYO」店內有一大特色是設有與評論網站連動的推薦專區，1樓的 「@cosme THE BEST COSMETICS AWARDS」展示綜合網站評分而獲獎的高分商品；2樓的「@cosme WEEKLY RANKING」展示每周的最新人氣商品。如果在店內感到花多眼亂，不知從何入手，可以直接參考日本人的高評價商品。

此外，無論開架或高級品牌全都開放商品試用，無須像百貨公司要走進專櫃，沒有櫃姐的打擾，可以更自在選擇合適的商品。如果需要幫忙，店員也會提供化妝及護膚的諮詢，例如同時使用多個品牌商品在臉上試妝等。由於商品

1

2

1. 市場新趨勢的男性彩妝專區。
2. 男性用的彩妝與護膚品也有很多選擇。
3. 台灣尚未引進的Valentino Beauty品牌。
4. 與自家評論網站連動的@cosme WEEKLY RANKING。
5. 各種商品都有提供樣本給客人試用。

3

4

5

實在太多，我曾試過中午前往看看，走出店家竟然已經天黑，當然手上也提著兩大袋東西！

店內還有男性彩妝及護膚品專區。在推動無性別時尚的背景下，男性的彩妝商品（如粉底、唇膏、指甲油）近年受到日本市場注目，不只是女士，男士也可找到合適的商品。

客製獨一無二帆布鞋 White atelier BY CONVERSE

⌂ 地址：東京都渋谷区神宮前6-16-5 HOLON-III B1F・1F
如何抵達：東京Metro千代田線・副都心線「明治神宮前」站出口徒步5分
營業時間：12:00～20:00。定休日：無
網址：http://whiteatelier-by-converse.jp/

「White atelier BY CONVERSE」是知名運動鞋品牌匡威CONVERSE的商店，也是日本唯二可以客製化鞋子的店舖（另一家在福岡）。1樓是販售鞋子的店面，地下1樓設有客製工房。在這裡購入純白的鞋子後，可從官方提供的圖案或字樣中，自由選擇印在鞋身或鞋舌上，還能增加小配飾，約2個小時就能拿到屬於你的CONVERSE鞋。穿著這雙鞋子在日本旅行，必會留下更美好的回憶。

↑ 一系列設計樣本及布料讓客人挑選。
← 讓人聯想到經典白鞋的純白店面。

低價購買名牌商品還可對環境友善 Luck Rack 東急プラザ表參道原宿店

日本有很多二手名牌店或Outlet暢貨中心，而Luck Rack提供了300多個品牌的商品，全部都打7折~2折，價格不輸Outlet，有些甚至更便宜，而且全都是新品。會這麼划算的原因，是因為他們與品牌合作，專門收集特殊商品、庫存出清與過季商品，再以特價轉售。讓客人既能享受優惠價之餘，同時也為環保出一分力，減少衣服的廢棄。

店內很多商品最低數百日幣就能買到，而且還可一次購買不同品牌的商品，是個尋寶的好地方。

↑ 時尚品牌服飾全部低價販售。
↓ 賣場很大很好逛。

⌂ 地址：東京都渋谷区神宮前4丁目30番3号 東急プラザ表参道原宿4F
如何抵達：東京Metro千代田線・副都心線「明治神宮前」站出口徒步1分
營業時間：11:00～20:00。定休日：無
網址：https://luckrack.com/

復古風文具 x 客製手錶 TokiiRo 文具×時計 表參道店

TokiiRo是一家結合文具與手錶的雜貨商店，店內提供多項與以彩色蠟筆商品知名的「櫻花彩色文具」的合作商品，例如蠟筆盒設計的包包、可以自組顏色的蠟筆型橡皮擦等等。最特別的是，提供高達100種顏色的矽膠手錶，七彩繽紛的錶盤與錶帶可任君選擇，教人目不暇給。

另外，還可自選筆管顏色，客製獨一無二的原子筆。也有各種充滿復古又可愛的日本文具及雜貨，好看又不貴，會讓文具控逛到不願離開。

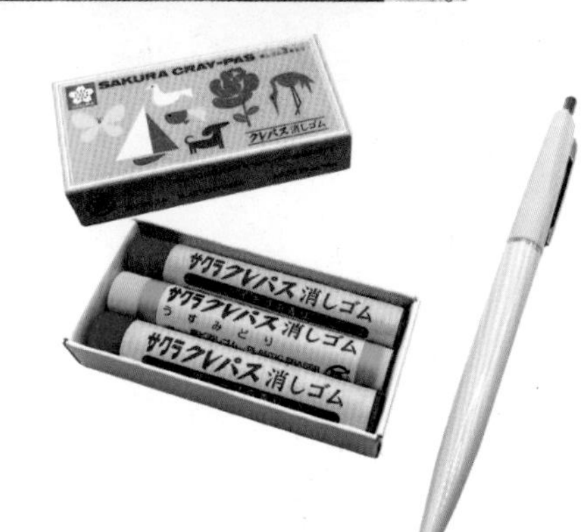

1 2
3 4

1. 林林總總的文具雜貨適合尋寶。
2. 與彩色蠟筆品牌合作的手錶展示櫃。
3. 選擇筆管顏色組合專屬自己的原子筆。
4. 可愛的橡皮擦組和原子筆每項都是幾百日幣而已。

地址：東京都渋谷区神宮前4-4-7 1F
如何抵達：東京Metro銀座線「表參道」站A2出口徒步3分
營業時間：11:00 ~ 20:00。定休日：無
網址：https://tokiiro.shop/

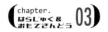

在原宿與青山享受藝術之美

除了購物和享用甜點之外，還有什麼事情可以做呢？要不要來一場藝術之旅呢？這一帶設有許多美術館、畫廊及活動空間，能夠進行深度遊探索日本的現代藝術。

欣賞現代藝術個展 ## 華達琉美術館

地址：東京都渋谷区神宮前3-7-6
如何抵達：東京Metro銀座線「外苑前」站3號出口徒步7分
¥ 門票：按展覽而不同
營業時間：11:00～19:00。定休日：星期一
網址：http://www.watarium.co.jp/
建議：館內不能拍照。

1

2

3

「華達琉美術館」是一家私人的現代美術館，由瑞士建築師瑪利歐．波塔所設計，獨特外觀在青山的街道上鶴立雞群。一進去左邊是展覽的櫃台，這裡經常邀請日本國內外的藝術家設展，來訪前可先在官網了解，以免遇上展覽轉換期吃了閉門羹。

另一邊則是商店及咖啡廳，店舖內陳列了日本藝術家的創作或與藝術相關的豐富商品，從時尚的明信片及T恤到手作陶瓷餐具，地下室更有大量書籍，包括美術館自家出版的藝術刊物與日本藝術雜誌等等。旁邊設有咖啡廳提供輕食與飲料，可以在藝術品包圍下點餐品嘗，閱讀剛購買的書本。

1. 走下樓梯會看到書店及餐廳。
2. 藝術主題商品豐富。
3. 不定期舉行各種主題展覽。

自由奔放的小小藝術村 Design Festa Gallery

地址：東京都渋谷区神宮前3丁目20-18 2 EAST館 WEST館
如何抵達：東京Metro千代田線・副都心線「明治神宮前」站出口徒步5分
門票：免費入場
營業時間：11:00～20:00。定休日：無
網址：https://designfestagallery.com/

被繽紛色彩壁畫所覆蓋的「Design Festa Gallery」完美融入原宿街頭中，是一所讓藝術家自由表現的展覽場地。不分國籍、不分年齡，只要是原創作品都可以申請在這裡展出或販售，也免費開放給遊客參觀，成為文化交流的地方。因此，每次到訪都會有新的體驗，也可在這裡認識到更多日本新進的藝術家。

1 2
3 4

1. 亮麗的粉紅色外牆與裝飾十分吸睛。
2. 展示了多位藝術家的作品。
3. 可買到設計獨特的商品。
4. 外牆開放遊客塗鴉和留言。

前衛抽象的裝置藝術 ⁝⁝ 岡本太郎紀念館

地址：東京都港区南青山6-1-19
如何抵達：東京Metro銀座線「表參道」站出口徒步8分
¥ 門票：一般￥650、小學生或以下￥300
營業時間：10:00～18:00。定休日：星期二
網址：https://taro-okamoto.or.jp/

1. 岡本太郎代表作之一的太陽之塔。
2. 把岡本太郎的藝廊工作室原封不動保留下來。
3. 周邊商品設計時尚。

1

2

3

岡本太郎是日本著名藝術家，最為人熟知的作品，就是位於大阪萬博紀念公會的太陽之塔，是1970年大阪萬博會的象徵。而他的其中一家美術館，就藏於青山的街道中。小小的「岡本太郎紀念館」是由岡本太郎原來的藝廊工作室館改建而成，館內一室完美保存了當時的模樣，讓人見證到許多藝術品誕生。此外，還展出多項畫作與立體雕刻造型作品，能從中了解那前衛而抽象的世界，感受他的名言「藝術就是爆炸」。

在清幽閑靜庭園欣賞日本國寶 根津美術館

地址：東京都渋谷区神宮前3-7-6
如何抵達：東京Metro銀座線「表參道」站A5出口徒步8分
¥ 門票：特別展覽線上預約￥1500、現場購買￥1600；企劃展覽線上預約￥1300、現場購買￥1400
營業時間：10:00～17:00。定休日：星期一，展覽更換期間不開放
網址：https://www.nezu-muse.or.jp/
建議：館內、展覽不能拍照。若要逛完美術館與庭園、在咖啡廳喝茶需3~4小時，不想走馬看花的話請盡早入場。

位在南青山的「根津美術館」由曾參與經營東武鐵道的實業家「根津嘉一郎」所創立，改造其住宅並展出日本、東洋古美術品，當中有多件日本國寶及重要文化財，館內也洋溢著清雅的和風氣息，適合對日本古美術品感興趣的人到訪。

從入口走進由竹子打造的長廊時，讓人瞬間沉靜下來，準備迎接藝術的洗禮。館內樓高2層，不定期舉辦各種展覽，也設有商店販售與美術品相關的商品。最令人驚艷的是，戶外有一個占地廣闊的日式庭園，可以一邊散步一邊欣賞各種石造建築。館內設有咖啡廳NEZU CAFE，從落地玻璃眺望著四周的自然景色，靜靜地享用咖啡或甜點，想要坐一個下午也沒問題。若能在秋季拜訪，楓葉轉紅相信會更美。

1. 濃厚軟滑的起司蛋糕。
2. 美術館門口就已感受到自然與和風。
3. 以竹子裝飾的長廊是熱門打卡點。
4. 庭園中可看到鳥居與佛像。

1

2

3

4

chapter.

中目黑｜Nakameguro

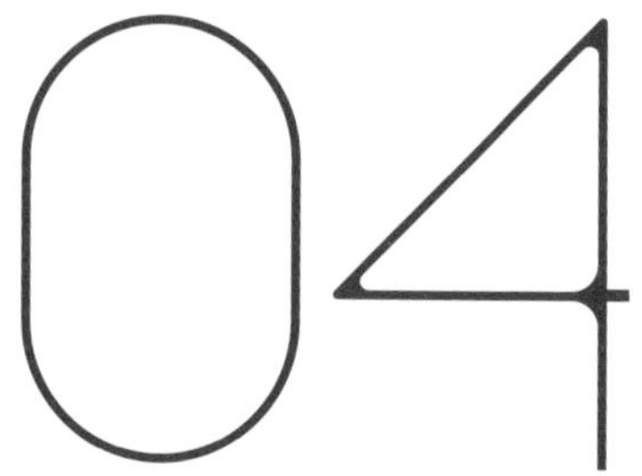

年輕人新熱點 ▷ 中目黑

位於代官山或惠比壽周邊的中目黑，是東京的時尚地區之一。各種服飾店、雜貨店、咖啡廳遍佈在目黑川的沿岸，連街上路人都像是參加時裝周，特別會打扮，在這裡逛一圈就像閱讀了一本時裝雜誌。每次來這裡時，我都會走進每家小店看看，就可以知道日本最新潮流。

↘地圖請掃我！

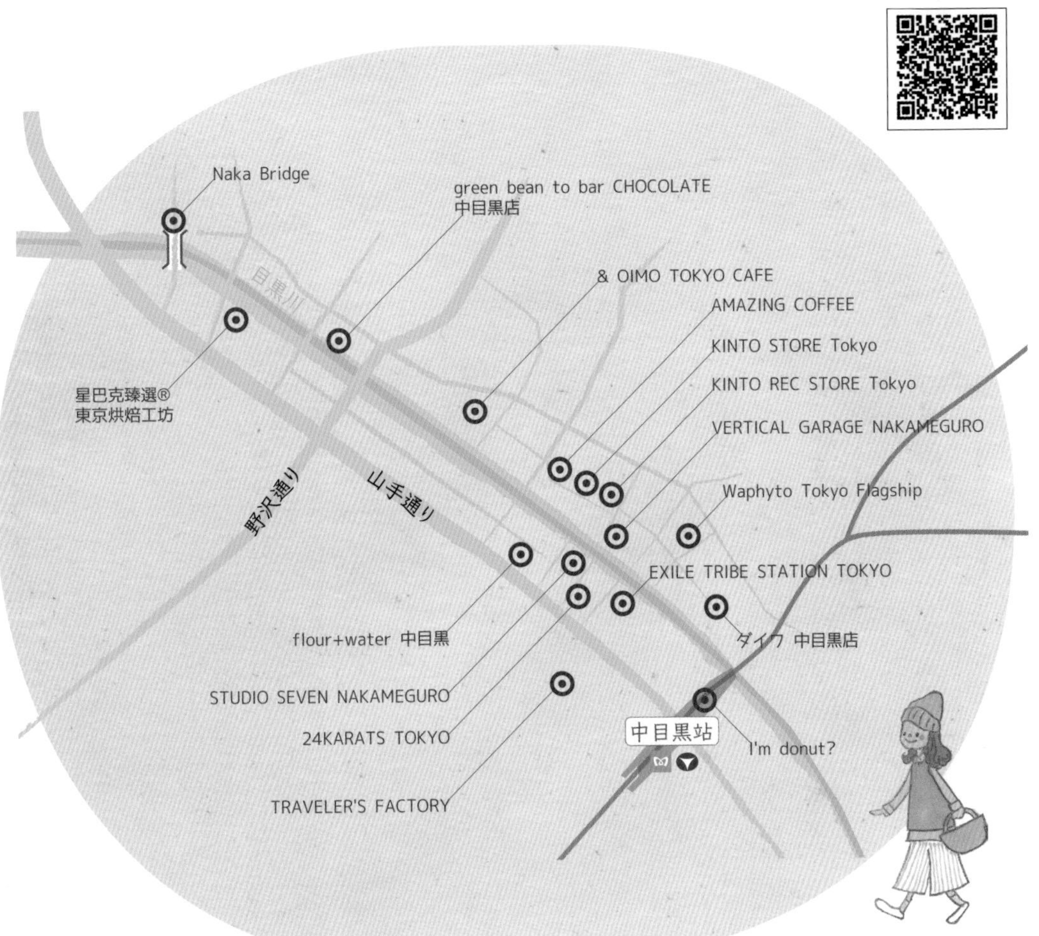

白天街道上悠閒寧靜適合散步逛街，晚上酒吧與居酒屋營業後熱鬧歡騰，再加上賞櫻聖地目黑川這個響噹噹的招牌，使得這裡成為很多日本年輕人趨之若鶩的地方。

因此，中目黑所在的目黑區近幾年都打進「關東最想居住人氣地區」排行榜前 10 名，很多日本人為了「住在中目黑」這名號，就算房租高、面積小也不惜要搬到這區，可見中目黑已成為一個名牌的存在。

春櫻盛開時，當然不要錯過來這裡拍照的機會，即使非櫻花季也值得來散步，少了擁擠的觀光客更能慢慢探索中目黑的美。

美麗的櫻花在目黑川
河岸兩旁滿開。

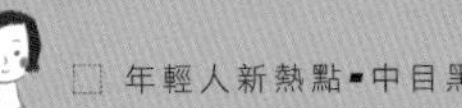

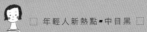

賞櫻景點目黑川

夜晚點燈映照下，櫻花景致更顯夢幻。

⌂ 地址：東京都目黒区大橋～下目黒
如何抵達：東京Metro東急東横線・日比谷線「中目黑」站徒步1分

作為中目黑的象徵，目黑川也是日本數一數二的賞櫻名勝。每到3月下旬～4月上旬，約800株染井吉野櫻花會沿著河川一同盛開，粉嫩的花瓣隨風飄落在河面上，形成充滿詩意又優美的景象。櫻花祭期間，兩旁店舖更會擺賣小吃與飲料，是中目黑每年一大盛事。

目黑川不似其他賞櫻景點可以坐在公園裡野餐聊天，從車站走到河邊拍照，整個過程可能花不到15分鐘。這份便利反而更吸引了匆忙的日本人，在下班後特意來看看櫻花，紀念這年春季的到來。更有不少人則是醉翁之意不在「櫻」，而是來路上喝一杯享受那熱烈的祭典氣氛。

我會跟隨著大家的腳步前來拍照，建議拍照的時間，可以從早上拍到晚上。早上適合拍攝櫻花與藍天的相互輝映；到了晚上，路旁的粉紅燈籠點亮後也別有一番風情。

如果只是想拍攝櫻花在河邊兩岸盛開的場面，從車站走5分鐘左右在橋上，就能捕捉不錯的構圖。更多內行人會再往前走約10分鐘左右，可拍到紅橋與櫻花鮮明的對比，走得愈遠遊客愈少，不想拍到滿滿人頭的話便要多花點腳力。不過，周邊店舖林立，途中可能就會被吸引進去，但除了賞櫻還能逛街也是目黑川的魅力之一。

travel notes

在日本賞櫻，該如何準備？

第一次到日本賞櫻有需要準備的東西嗎？如果只是單純觀賞和拍拍照，其實是沒有需要準備的東西。但如果想學習日本人那樣在櫻花樹下野餐的話，那便要準備野餐墊、食物與飲料，以及垃圾袋。因為大部分景點都不會設有垃圾筒，賞櫻後要把所有垃圾帶回飯店扔棄。在櫻花季期間，日本百元商店都會販售很多野餐商品，可以輕鬆購買。

賞櫻時，切記不能觸碰櫻花樹，當然也適用在觀賞各式花卉上，不要為了拍攝美照而摘下花朵或折樹枝等傷害植物。

最後，如果很不幸在賞櫻時出現花粉症徵狀（如流鼻水、眼睛癢等），輕微的話可以自行在藥妝店購買到花粉症藥物、眼藥水等可舒緩症狀。據說當人體內累積一定數量的花粉便容易引發過敏症狀，筆者在來日5年後也成為一個不吃藥不行的花粉症患者，也算是一個在日本生活的「證明」了。

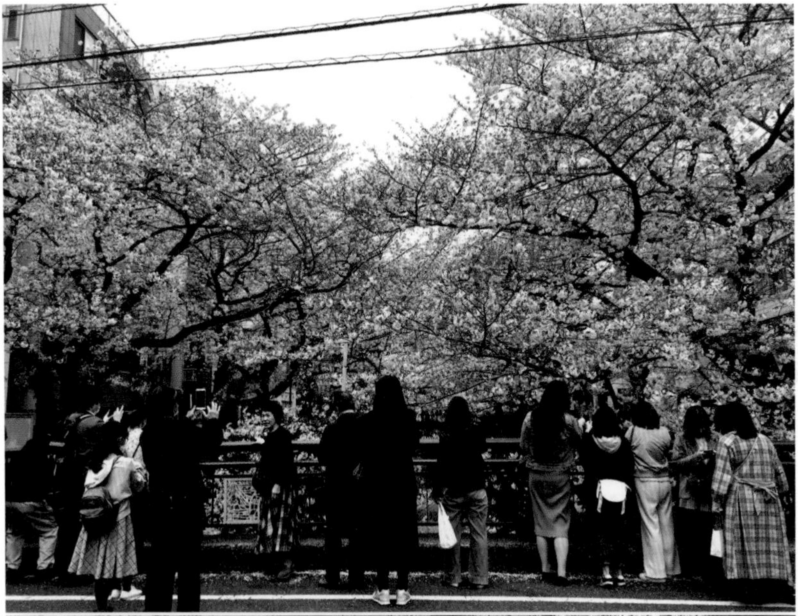

上：每年櫻花滿開期間橋上都會擠滿拍照的旅客。
下：櫻花與目黑川旁的建築互相映襯。

網美甜點及咖啡廳特輯

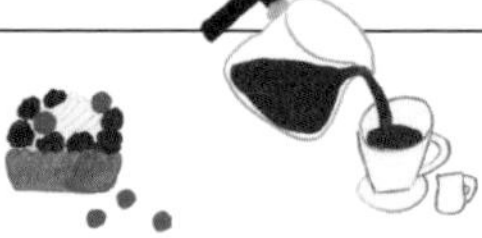

網美從早餐開始，麵包店結合義大利餐廳
flour+water 中目黒

於2022年3月開業的「flour+water」是由著名餐飲集團經營，結合了麵包店、咖啡廳和義大利餐廳。早上9點提供麵包外帶，10點咖啡廳開放早午餐內用、下午2點則有精緻的三層架下午茶，傍晚5點過後搖身一變成為義大利餐廳「DRA7」，主打窯爐現烤的披薩，讓人早午晚三餐都想來一趟。

其中以早午餐最受歡迎，開店前已有顧客在店外排隊等候。1700日元的套餐包含沙拉或湯，四樣麵包與紅茶喝到飽。點餐後，店員會率先端出一大盤麵包，簡單逐一介紹後讓客人選出四款，挑選後還會幫忙加熱。接著送上三款果醬與橄欖油可塗抹在麵包上享用，搭配沙拉或湯，十足十的飽足感。以乾燥花裝飾的店內氣氛悠閒很適合聊天，分量足夠的食物和店員不時會主動添加的紅茶，一不注意便坐上數小時。

麵包如果吃不完可以請店員包裝好帶回家，而早午餐提供的麵包與麵包店面販售的款式也不同，即使在店內享用過後還是會很想再買一些帶走。

1 2 3

1. 簡約而時尚的店面。
2. 店內設計十分典雅有型。
3. 店員捧著各式麵包逐一推薦。

地址：東京都目黒区青葉台1-30-10

如何抵達：東京Metro東急東横線・日比谷線「中目黒」站徒步5分

¥ 費用：麵包店與咖啡廳¥1,000～¥1,999、下午茶與義大利餐廳¥4,000～¥4,999（只接受非現金的電子支付方式）

營業時間：麵包外帶9:00～16:00、早午餐10:00～12:00、下午茶14:00～16:00、義大利餐廳「DRA7」17:00～22:30。定休日：麵包店與咖啡廳休星期一，義大利餐廳「DRA7」無休

網址：https://www.instagram.com/flour_water.nakame/

中目黑的咖啡廳真的多不勝數，隨便走進一家都不會踩到地雷。但如果不只想喝喝咖啡，也想要順道品嘗美食的話，這次特別精選了一些有販售美味麵包及甜點的特色店舖，所有都是近年新開幕，可以了解日本人正在瘋什麼甜點！

左：只供外帶的麵包也小巧精美。
右：早午餐套餐二人份的麵包。

日本著名安納芋全年吃到 地瓜甜點專門店
& OIMO TOKYO CAFE

左：咖啡廳店外設有少量座位。
右：一列面向著廚房的吧檯區，一個人也可自在享受甜點。

地瓜甜點專門店&OIMO在東京的首家咖啡廳，使用糖度與黏度極高的地瓜名牌「安納芋」，提供各種美味料理及甜點。店內最受歡迎的是地瓜蒙布朗聖代，碗裡盛載著地瓜布丁、鮮奶油及香草霜淇淋，再澆上滿滿的地瓜蒙布朗奶油，點綴地瓜粒及香脆地瓜片。滿瀉的地瓜看著就刺激食慾，與冰涼的霜淇淋就是絕配，吃到最後還有鬆脆蛋白霜與莓果醬中和了地瓜的甜膩，各種口感與味道交織在一起，充滿驚喜。

店內還有提供外帶的地瓜起司蛋糕、地瓜巧克力凍糕，也是伴手禮的好選擇。

地瓜蒙布朗聖代配料豐富，香滑的地瓜泥滿瀉到盤子上。

- 地址：東京都目黒区青葉台1-14-4 CONTRAL nakameguro 1F
- 如何抵達：東京Metro東急東橫線・日比谷線「中目黑」站徒步8分
- 費用：￥1,000～￥1,999（只接受非現金的電子支付方式）
- 營業時間：8:00～22:00。定休日：星期三
- 網址：https://www.and-oimo-tokyo.com/

從鄉下超市變成日本最火熱的水果三明治店
ダイワ 中目黒店

以兩片白麵包夾著鮮奶油及新鮮水果的水果三明治早在明治時代就已出現，但繞了一圈近年又成為日本人的網紅美食。點燃這股熱潮的正是來自愛知縣的「ダイワ」(DAIWA)。「ダイワ」原本只是位在鄉下地方寂寂無名的小蔬果店，面對經營上的困難，於是想到利用自家水果的優勢，製作出水果三明治，毫不吝嗇地放上大塊水果，使得三明治看起來更為吸睛。商品照片在網路上一傳十、十傳百，很多縣外人士還會特地開車去買，終於在2020年進駐東京的中目黑。

「ダイワ 中目黒店」是外帶專門店，店舖小巧，一進去就看到七彩繽紛的水果三明治陳列在冰櫃中，另外也可點果昔、霜淇淋等。他們的水果三明治使用了宮崎芒果等高級水果，而且分量十足，幾乎每一口都可以吃到水果，搭配不會太甜的鮮奶油，更能突出水果原有的香甜。雖然店內沒有座位，但在目黑川旁有很多椅子，天氣晴朗的日子可以坐在路邊品嘗，不怕奶油會化掉。

左：各種口味的水果三明治整齊排列在冰櫃中。
右：購買後，可在目黑川旁的椅子坐下馬上享用。

簡潔的店面以書法毛筆字為標誌。

- 地址：東京都目黒区上目黒1丁目13-6
- 如何抵達：東京Metro東急東横線・日比谷線「中目黑」站徒步3分
- ¥ 費用：¥1,000～¥1,999
- 營業時間：10:00~20:00。定休日：無
- 網址：https://358daiwa.com/
- 建議：提供收費的保冷袋、保冷劑，即使外帶數小時也沒問題。

店舖正對中目黑車站出口，從早到晚都有人在排隊。

人氣麵包店的鮮奶油甜甜圈專賣
I'm donut ?

圓乎乎的鮮奶油甜甜圈是2022年日本的流行甜點之一，而「I'm donut ?」是當中最有名的一家甜甜圈專門店。作為人氣麵包店「amam dacotan」的姊妹店，他們的甜甜圈從麵糰就十分講究，用上兩種北海道產麵粉的特製配方，在長時間低溫發酵後再加入南瓜泥，形成QQ又鬆軟的口感。

甜甜圈口味也很多樣，除了一般的糖霜、巧克力，還有開心果、檸檬，最特別的是「プロシュート」（Prosciutto，帕爾瑪生火腿），甜甜圈中混入奶油起司，表面再放上生火腿，鹹甜滋味讓人一吃難忘。特別推薦卡士達奶油口味，甜甜圈中雖然有滿滿奶油，但甜度剛剛好，不小心就會吃上好幾個。

8款特色甜甜圈口味。

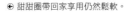

甜甜圈帶回家享用仍然鬆軟。

travel notes

最近日本女孩在瘋什麼甜點？

近年在日本流行的甜點多半都來自國外，如韓國或歐美，甚至台灣，再加以改良符合日本人口味及增加網美元素。繼2021年的義式奶油甜麵包Maritozzo風潮後，不少日本美食雜誌都認為，歐美傳統甜點會掀起下一個旋風。

① **義大利炸彈甜甜圈Bombolini：**把不開洞的甜甜圈麵糰拿去油炸，再塞進鮮奶油，咬下去鬆脆，奶油滿溢出來的感覺超幸福。

② **可麗露：**在很多麵包店都可以看到的法式甜點經典款，近年開了很多專門店提供不同口味選擇，表面淋上各種顏色的糖漿，甚至在小巧的蛋糕中放進奶油。

③ **奶油夾心餅乾：**這也不是什麼新創甜點，但現在進化成奶油加倍，香脆的餅乾夾著幾公分厚的奶油，看起來更誘人。

地址：東京都目黑区上目黑1-22-10
如何抵達：東京Metro東急東横線・日比谷線「中目黑」站徒步1分
¥ 費用：～¥999
營業時間：11:00～20:00。定休日：無
網址：https://www.instagram.com/im.donut_factory/
週末會需排隊一小時，平日下午排隊時間較短，但約18點左右就會全部售罄。

星巴克迷必去的旗艦店 星巴克臻選®東京烘焙工坊

多款美味點心可搭配咖啡享用。

外觀充滿名師隈研吾一貫風格，在中目黑街頭上很吸睛。

星巴克這個知名的咖啡品牌在全球都有不少粉絲，日本也不例外。在很多日本人心中星巴克是個時尚的象徵，拿著美人魚標誌的杯子走在街上似乎臉上有光。不過，日本的星巴克也確實討人喜愛，在很多觀光地區都可找到融合當地特色的店舖裝潢設計，也時常推出各種季節新口味。像筆者這種腦波弱的人，看到「限定」兩字就會忍不住購入，而這家「星巴克臻選®東京烘焙工坊」光是打著全球6家僅有一家的名號就充滿吸引力。

它可不是空有虛名，「星巴克臻選®東京烘焙工坊」規模有別於一般的店舖，設有高級咖啡豆的烘焙、麵包烘焙工房等等。由日本著名建築師隈研吾使用日本柳杉所設計的店面，外觀自然地融入中目黑洗練的街道。內裝猶如主題樂園一樣，看到從咖啡豆烘焙到包裝的生產線，每層有不同的區域提供各式各樣飲料，讓咖啡迷感到雀躍興奮。原本就是星巴克粉絲的人絕對要去朝聖，就算本來不太偏好星巴克的咖啡也應該要去嘗嘗，因為他們提供的咖啡品質再升級，或許會顛覆人們對星巴克的刻板印象。

- 地址：東京都目黒区青葉台2-19-23
- 如何抵達：東京Metro東急東横線・日比谷線「中目黑」站徒步14分
- 費用：￥1,000～￥1,999
- 營業時間：7:00～22:00。定休日：無
- 網址：https://www.starbucks.co.jp/reserve/roastery/
- 建議：在櫻花季或需要排隊領號碼牌才能入店。

星巴克臻選店舖限定的威士忌酒桶熟成冷萃咖啡。

1樓| STARBUCKS RESERVE、PRINCI

一進入店內即是商品販售區域，盡是各種限定周邊商品及與中目黑當地品牌合作的產品。再往內走是咖啡豆販售區，會有專業的店員講解每款特色，每天也有多次試飲時間。

店內中央設有巨型的銅版咖啡豆烘焙機，可看到現場烘焙的過程。

另一邊是購買飲料及輕食的MAIN BAR，除了一般星巴克的菜單，還有限定咖啡款式，例如在酒桶熟成、帶有威士忌香氣的冰咖啡，加入柑橘果汁的咖啡碳酸飲料等。穿過MAIN BAR後，是義大利烘焙工坊PRINCI，提供現烤的麵包與點心。

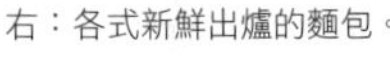

左：1樓的座位可看到咖啡師沖泡咖啡的過程。
右：各式新鮮出爐的麵包。

2樓| TEAVANA

TEAVANA是星巴克的茶飲品牌，除了提供紅茶、水果茶，也少不了帶有日本特色的石臼抹茶及店舖限定的冰淇淋抹茶蘇打。此外，這裡也有販售茶葉和相關商品。

3樓| ARRIVIAMO BAR

ARRIVIAMO BAR提供結合咖啡與酒精的特色雞尾酒，適合成熟的大人。這層還有露天平台，在櫻花季時是絕佳的賞櫻景點。

4樓| AMU INSPIRATION LOUNGE

店內設有不少座位，會不定期舉行工作坊或講座。

特色店舖

I SEE!

中目黑作為時尚地區，路上卻不見高級精品名店或連鎖大品牌，而是一家家小店帶來日本製作的優質商品或精選好物，充滿個性又有質感。不過服飾店實在太多無法盡錄，而且除了衣服以外還有什麼好逛呢？特別介紹幾家專門商店，可別忘了拐進小巷尋找它們！

品嘗極致工藝的巧克力

green bean to bar CHOCOLATE 中目黑店

- 地址：東京都目黒区青葉台2-16-11
- 如何抵達：東京Metro東急東横線・日比谷線「中目黑」站徒步10分
- 費用：咖啡廳￥1,000～￥1,999
- 營業時間：11:00～21:00。定休日：無
- 網址：https://greenchocolate.jp/

1

這是主打「Bean to Bar」的手工巧克力店，從烘焙可可豆到製成巧克力的過程，全都在店內純手工進行，因此每一塊巧克力的製程都需要花費超過45天的時間。「green bean to bar CHOCOLATE」還特別講究於原物料，所有巧克力只使用嚴選可可豆和有機砂糖，因此入口時會品嘗到可可特有的香氣，有著與眾不同的濃醇風味。

除了販售巧克力，也有各式巧克力甜點，可在店內的咖啡廳區域享用。

2

3

4

1. 以植物點綴的店面格外優雅。
2. 店內可購買從挑選可可豆開始製作的巧克力塊。
3. 精緻的手工夾心巧克力。
4. 各式巧克力蛋糕能在店內享用。

旅遊主題文具雜貨店
TRAVELER'S FACTORY

地址：東京都目黑区上目黒3-13-10
如何抵達：東京Metro東急東横線・日比谷線「中目黑」站徒步3分
營業時間：12:00～20:00。定休日：星期二
網址：https://www.travelers-factory.com/

以旅遊為主題的文具雜貨品牌「TRAVELER'S FACTORY」的旗艦店，純白色的房子內一樓是商店，二樓則是咖啡廳。商店區帶有淡淡復古氛圍，各種明信片、筆記本、文具不只成為旅人的記念品，也會是旅程的好伙伴，記下旅途的點點滴滴。

店內還設有代寄服務，在這裡購買明信片後可到咖啡廳書寫，貼上店內販賣的郵票並投到紅郵箱後，便能寄出信件。郵箱旁邊還提供大量可愛的郵章免費使用，客人也可蓋在自己的本子上留念。

1. 兩層樓高的店鋪，1樓是雜貨店，2樓是咖啡廳。
2. 大量郵章供客人免費使用。
3. 商品上都印著飛機等象徵旅遊主題的圖案。
4. TRAVELER'S FACTORY原創的咖啡商品系列。

平民價格時尚餐具

KINTO STORE Tokyo 及 KINTO REC STORE Tokyo

1

2

KINTO STORE Tokyo

地址：東京都目黒区青葉台1-19-12
如何抵達：東京Metro東急東横線・日比谷線「中目黑」站徒步6分
營業時間：12:00～19:00。定休日：星期二
網址：https://kinto.co.jp/pages/kinto-store-tokyo

KINTO REC STORE Tokyo

地址：東京都目黒区青葉台1-20-5 1F
如何抵達：東京Metro東急東横線・日比谷線「中目黑」站徒步5分
營業時間：12:00～19:00。定休日：無
網址：https://kinto.co.jp/pages/kinto-rec-store-tokyo

3

4

「KINTO」是起源於滋賀縣彥根市的餐具品牌，以高品質的素材製作讓生活更舒適富足的商品。被大量綠葉包圍的KINTO STORE Tokyo看起來瀰漫著高級感，玻璃杯及茶具等商品價格卻從一千日幣起跳非常適合小資族。店鋪內還有販售點綴家居的盆栽植物。

1. 店面被綠色植物覆蓋非常神秘。
2. 佇立在街角的小店。
3. 裝潢瀰漫著高貴感，商品價格卻很實惠。
4. 店內還有販售仙人掌等植物。

左：水瓶及保溫瓶商品可客製化圖案。
右：餐具設計簡約好看。

離KINTO STORE Tokyo約1分鐘步程的KINTO REC STORE Tokyo則是走自然路線，帶來簡約時尚的設計。除了合成樹脂的盤子與餐具，還有多種款式的水瓶及保溫瓶，方便戶外活動使用，商品價格同樣實惠。店內還有雷射刻印服務，還會送上防水貼紙讓客人可以裝飾自己的瓶子。

植物療法的自然派保養品 Waphyto Tokyo Flagship

1

地址：東京都目黒区上目黒1-11-7ソルーチェ中目黒1F
如何抵達：東京Metro東急東橫線・日比谷線「中目黑」站徒步5分
營業時間：星期一・三～六：12:00～20:00
星期日・公眾假期：11:00～19:00。定休日：星期二
網址：https://waphyto.com/

Waphyto是由植物療法士森田敦子小姐創立的無添加保養品品牌，以愛知縣無農藥栽培的桑、菊、壺草、魁蒿及問荊為主要成分。所有商品都使用90%以上天然植物，對肌膚友善之餘也能發揮植物機能性，達致各種功效。

Waphyto在台灣還沒有專門店，而旗艦店位於中目黑，可以找到最齊全的商品。店員會友善講解每款產品特色並提供客人試用，人氣的美髮產品與護膚品都帶有清新草本香氣，自然成分讓敏感肌膚人士也用得放心。

2

1. 簡潔的店面配合自然主題。
2. 招牌護膚品系列選用柔和的日本傳統色作包裝。

迷妹請注意！LDH 大本營巡禮

在時尚取勝的中目黑地區竟然座落了一間知名演藝經紀娛樂公司，那就是以男子團體放浪兄弟Exile為首的「LDH」。其不只在日本娛樂圈佔據重要一席位，也積極發展餐飲及服裝事業，在這裡可以一次去到多家店舖與公司本社，成為粉絲朝聖必訪之地。

放浪兄弟Exile是一個男子唱跳團體，由多位主唱及跳舞為主的表演者組成，成員包括TAKAHIRO、AKIRA（同時也是台灣藝人林志玲的老公）等十多人。同樣形式的男子團體還有三代目J Soul Brothers、GENERATIONS等。另外，以演戲為主的劇團EXILE，當中町田啓太及鈴木伸之都在台灣小有名氣。LDH的藝人在歌影視方面多棲發展，日本及海外都有很多粉絲。

LDH旗下還有LDH Kitchen、LDH apparel等多個品牌，將影響力擴展至餐飲及服裝行業。由於藝人會偶爾到訪這些店舖、使用商品或是進行合作活動，成功吸引粉絲消費，形成一個獨特的LDH經濟圈。

1. LDH公司大樓外的標誌。
2. 中目黑的便利商店貼著大幅Exile成員TAKAHIRO海報。
3. 在中目黑的粉紅燈籠活動中，粉絲捐款為LDH藝人町田啓太宣傳。

must know

在日本追星，不可不知的守則教學

在日本，最注重肖像權及隱私權，即使是一般路人都有拒絕被拍攝或照片被公開的權利，更遑論藝人。因此，在日本追星不似其他國家，粉絲會追緊緊、貼身跟拍明星，而是會與藝人保持禮貌的距離，不會隨便拍下藝人的照片，給予更多私人空間與尊重。

日後要前往日本追星的話，務必注意：

- 不要在經紀公司、藝人住所、活動場地出入口等待藝人。
- 如沒有官方允許，在活動上不能拍攝，路上偶遇也不能偷拍。

正因日本藝人並不是那麼容易辦見面會，當地的粉絲也有很多自娛自樂的方式。例如先前提到的「推し活」（我推活）又或是到訪偶像曾去過的地方進行「聖地巡禮」，跟隨著他們的足跡，感受同樣的空氣已覺滿足。

① EXILE TRIBE STATION TOKYO

綜合所有LDH旗下藝人的官方周邊商店，店內播放著團體的舞曲，牆上貼滿海報，琳瑯滿目的商品會讓粉絲逛到捨不得離開。其中店舖限定的扭蛋最受歡迎，用500日幣一試手氣看看是否能抽中喜歡的成員周邊。

地址：東京都目黒区上目黒1-17-4
如何抵達：東京Metro東急東横線・日比谷線「中目黑」站徒步3分
營業時間：12:00～19:00。定休日：無　網址：https://www.exiletribestation.jp/
建議：店內不能拍照，人多時會需排隊領號牌等候入店。

② AMAZING COFFEE 中目黒店

此為LDH Kitchen營運的咖啡店，中目黑店以外帶為主，戶外僅設有少量桌子供站食享用。除了自家調配咖啡，還不可錯過濃郁香甜的招牌巧克力牛奶飲料「チョコモ～モ～」。有時候也會與自家藝人合作推出主題飲料及商品，因為鄰近LDH本社大樓，所以藝人也會來店，幸運的話或許能遇到明星！

地址：東京都目黒区青葉台1-18-7カスタリア中目黒1F6区画
如何抵達：東京Metro東急東横線・日比谷線「中目黑」站徒步5分
營業時間：12:00～19:00。定休日：無　網址：https://www.amazingcoffee.jp/

③ 24KARATS TOKYO

由設計給LDH旗下藝人在表演綵排時的運動套裝開始起家的「24KARATS」，發展成為以「STREET SPORTS」（街頭運動）為概念的服裝品牌，設計結合跳舞文化，推出各式適合運動時使用的商品，包括T衪、連帽T、鴨舌帽。商品雖以男裝為主，但女性穿著也格外有型。他們也常與Peanuts、KANGOL等不同品牌合作。

地址：東京都目黒区上目黒1-16-10 FSビル1F
如何抵達：東京Metro東急東横線・日比谷線「中目黑」站徒步4分
營業時間：12:00～19:00。定休日：無　網址：https://verticalgarage.jp/24karats

④ STUDIO SEVEN NAKAMEGURO

由EXILE及三代目J Soul Brothers的「NAOTO」擔任創意總監的時尚品牌。把從音樂及跳舞文化受到的啟發融合在設計中，保持流行性之餘兼備幽默感及前瞻性，帶來一系列服裝與飾品。店舖裝潢請來日本著名服裝設計師NIGO®參與，純白的店面與櫥窗的彩色膠帶形成強烈對比，吸引人們想進入店內一探究竟。

地址：東京都目黒区青葉台1-22-3
如何抵達：東京Metro東急東横線・日比谷線「中目黑」站徒步4分
營業時間：12:00～20:00。定休日：無　網址：https://www.seven-official.jp/

⑤ VERTICAL GARAGE NAKAMEGURO

VERTICAL GARAGE是綜合 LDH apparel多個服裝品牌24KARATS、J.S.B.的精選店，在大阪、名古屋等地也有分店，也經常舉辦POP-UP SHOP或合作活動。在店舖前可找到藝人設計的商品，有時還會展示舞台服裝，吸引粉絲來訪。

地址：東京都目黒区上目黒1丁目15-11
如何抵達：東京Metro東急東横線・日比谷線「中目黑」站徒步5分
營業時間：12:00～19:00。定休日：無　網址：https://verticalgarage.jp/

chapter.

新宿｜Shinjuku

05 舊的不去，新的不來 新宿

新宿，作為東京繁榮的商業中心遠近馳名，就算沒來過日本的人，肯定聽說過這個地方。新宿與年輕人熱點的澀谷、次文化集中地的池袋並列為東京三大副都心，但要比較起來的話，老實說新宿確實欠一點特色。

新宿的最大特點，應該就是「方便」吧！因為新宿車站連接多條前往東京或近郊的鐵路路線；附近的商場與百貨也夠多，雖然這些店鋪在其他區域也有，但這裡卻一口氣聚集起來，不用花太多時間四處奔找。對於只有數天遊玩時間的旅客，安排半天就能買齊購物清單上的品項，絕不浪費旅程每一分每一秒。

不再迷路！解析新宿的車站、商場與百貨

坐擁多條鐵路路線與購物中心的新宿確實很便利，但同時也讓人眼花繚亂，容易搞不清方向。不想走冤枉路，必須事先了解新宿車站及周邊的商場與百貨，妥善規劃好購物路線，就是制霸新宿的第一步。

⬆ 象徵到了新宿東口的3D貓咪廣告招牌。

世界第一繁忙的交通樞紐 新宿車站

新宿車站可說是全世界最繁忙的車站也不為過（曾因每日使用人數達353萬人獲得2017年金氏紀錄認證），在旅客之間被稱為「最強地下迷宮」，因為站內連接JR、京王電鐵、小田急電鐵、東京地下鐵及東京都交通局共10條路線，站內共36個月台，超過200個出口，看到數字就已經頭昏腦脹。200個出口實在無法逐一介紹，一般會分為東口、南口、西口來判斷自己要前往的方向。每個出口也有指標性的商業設施，可以按此來決定新宿行程的起點。

以前常給來日朋友建議「在月台上先確認出口後，再搭手扶梯或走樓梯」。走在人擠人的月台上，很多人都會先到車站大廳再找路，然而，新宿站的東口、南口及西口並不完全連結在一起，南口設於2樓，而東口及西口則位在地下B1樓，一旦離開月台就有可能離目標出口更遠。如果已經出閘，甚至還要繞一大圈才能到達原本想要前往的出口。

㊟ 本章僅以新宿站內出口作旅遊規劃，可搭乘自己方便的鐵路抵達該站。

不過，2020年7月，新宿車站東西自由通路正式開通，連接東口與西口兩個出口，不需要進入閘內也可來往兩邊，更加方便。

➔ 絡繹不絕的旅客在廣闊的通道中往來。

東口

1 2 3

≪ LUMINE EST 新宿 ≫

與新宿車站東口連接的LUMINE EST，是面向10~30代的購物商場，連同地下廣場共11層的設施，集合日本多家連鎖女性時裝品牌，也有獨立男裝及餐廳樓層。服裝風格相對年輕，價格也在數千至1萬日幣為主。

1. 商場與車站東口完全結合。
2. 可找到不少休閒風格的日系女裝。
3. 渡邊直美的時尚品牌「PUNYUS」也有設店。

地址：東京都新宿区新宿3丁目38番1号
如何抵達：「新宿」站中央東口徒步約1分
營業時間：商店平日11:00～21:00、週末及假日10:30～21:00、餐廳11:00～22:00。定休日：無
網址：https://www.lumine.ne.jp/est/

≪ 西武新宿站 ≫

在西武新宿車站可搭乘西武鐵道新宿線來往埼玉縣的所澤、川越等地方。附設的西武新宿PePe & Brick St.商業設施內有無印良品、GU等大型連鎖店。

➔ 比起JR車站人流會較少一點。

地址：東京都新宿区歌舞伎町1-30-1
如何抵達：「新宿」站東口徒步約4分
網址：https://www.seiburailway.jp/railways/tourist/chinese/ride/station_map/seibu_shinjuku.html

≪歌舞伎町一番街≫

從新宿車站東口徒步約7分可來到這個大名鼎鼎的日本紅燈區，有各式居酒屋、夜總會、牛郎店，愈夜愈熱鬧。街上混沌糜爛的特有氛圍吸引很多日本或好萊塢電影取景；對於電玩迷來說，更是黑幫主題遊戲《人中之龍》的經典場景。因此，不少旅客都會特意來街口的紅色牌坊拍照，有種「到此一遊」的感覺。

左：歌舞伎町中最具代表性的紅色牌坊。
右：街道上可看到形形色色的居酒屋與夜總會招牌。

地址：東京都新宿区歌舞伎町1
如何抵達：「新宿」站中央東口徒步約7分、「西武新宿」站徒步約2分

≪新宿三丁目站≫

東京Metro的丸之內線、副都心線以及東京都交通局的新宿線都停靠此站，可來往澀谷、明治神宮前（原宿）、池袋、銀座等地，最遠可一線直達神奈川縣橫濱、埼玉縣和光市，車站使用人次也非常多。

新宿三丁目站與新宿站只有幾分鐘步程，可考慮車程、車資和想要前往的新宿範圍來判斷使用哪個車站。

新宿三丁目站也有很多出口，通常設在商業大樓中。

⊙實際算給你看⊙

JR池袋→新宿，車程5~9分鐘，車資157日幣。
東京Metro池袋→新宿三丁目，車程6~9分鐘、車資168日幣。
JR橫濱→新宿，車程35分鐘、車資561日幣。
東急電鐵橫濱→新宿三丁目，車程35~50分鐘、車資440日幣。

地址：東京都新宿区新宿3-14-1
如何抵達：「新宿」站東口徒步約4分
網址：https://www.tokyometro.jp/station/shinjuku-sanchome/index.html

≪ 伊勢丹新宿店 ≫　　此為新宿最高級的百貨公司，本館總共有9層，Gucci、Prada、Loewe等耳熟能詳的國際精品名牌都聚集在此。併設伊勢丹男士館，是日本少數的男裝專門百貨，大部分日本商場及百貨都以女裝為主，男裝只能分到1~2層。在男士館同樣也有名牌商店。

伊勢丹新宿店的點心及甜點賣場也相當豐富，甚至有其他百貨公司不常見的品牌，貼近美食潮流。

1 2 3　1. 在昭和時代開業伊勢丹新宿店，外觀充滿復古感。
2. 男士館的GUCCI分店。
3. 流行的奶油夾心餅乾可在這裡買到。

⌂ 地址：東京都新宿区新宿3-14-1
如何抵達：「新宿」站徒步約4分、「新宿三丁目」站徒步約1分
網址：https://www.mistore.jp/store/shinjuku.html

≪ OIOI ANNEX ≫　　與新宿中心地帶稍有距離，是區內少數以御宅系為中心的商場。5樓整層都是二手動漫商品專門店「駿河屋」，其他樓層則有扭蛋專門店、Lolita蘿莉塔時裝品牌等，對於購買衣服沒興趣的朋友，在這個商場也可享受逛街購物的樂趣。

➜
左：乍看之下是個普通商場，竟意外隱藏很多御宅系商店。
右：駿河屋販售各種二手動漫模型、遊戲機、偶像周邊等。

⌂ 地址：東京都新宿区新宿3-1-26
如何抵達：「新宿」站東南口徒步約5分、「新宿三丁目」站徒步約2分
網址：https://www.0101.co.jp/005/

南口

≪ LUMINE 新宿 1 & 2 ≫

同樣都是LUMINE，但南口的「LUMINE 新宿」比東口的「LUMINE EST 新宿」相對高級一點，價格範圍大約在1~2萬日幣。LUMINE新宿還分1館及2館，1館共10層，以成熟及休閒風格的服裝品牌為主，適合30~40代人士；2館共7層，以流行日本品牌為主，可找到不少優雅日系洋裝，適合20~30代人士。

1 2 3 4

1. LUMINE 1的入口設在JR車站內。
2. 主打全部MADE IN JAPAN的服裝品牌「PUBLIC TOKYO」。
3. 橫跨整個車站南口的LUMINE 2。
4. 商品服飾風格偏向都會女性。

1館地址：新宿区西新宿1-1-5
2館地址：新宿区新宿3-38-2
如何抵達：「新宿」站南口徒步約1分
營業時間：商店11:00～21:00、餐廳11:00～22:00。定休日：無
網址：https://www.lumine.ne.jp/shinjuku/

≪ 新宿 Mylord ≫

同樣以連鎖女裝品牌為主的商場，與「LUMINE EST 新宿」有不少重複的店舖。論店舖數量，我會推薦逛LUMINE EST 新宿，但MYLORD人流較少，購物過程比較舒適。

左：服飾與生活雜貨都價廉物美的連鎖日牌LAKOLE。
右：也有酷炫的街頭風格服飾。

地址：東京都新宿区西新宿1-1-3
如何抵達：「新宿」站南口徒步約1分
營業時間：2F~6F商店 11:00～21:00、餐廳11:00～23:00。定休日：無
網址：https://www.odakyu-sc.com/shinjuku-mylord/

≪ 新宿高速巴士總站 ≫　新宿高速巴士總站與新宿車站南口只相隔一條馬路，是很多高速巴士路線的起點站，可前往日本全國不同地方，包括京都、廣島、福岡、名古屋。另外，也可前往東京近郊的山梨、靜岡、群馬等進行一日遊。高速巴士雖然車程較長，但車費較新幹線便宜，適合想要節省旅費的人。

左：4樓的入口。
右：高速巴士的下車處。

地址：東京都新宿区西新宿1丁目9
如何抵達：「新宿」站新南口連結、南口徒步約2分
網址：http://shinjuku-busterminal.co.jp/zh-tw/

≪ NEWoMan SHINJUKU ≫　商業設施NEWoMan與新宿高速巴士總站結合，設有不少餐廳及商店。整體格調時尚，加上人流較少，是個不錯的用餐及購物地點，也適合在等候巴士到達前打發時間。

左：與JR車站及巴士總站結合在一起非常方便。
右：店舗主打高質感服飾與雜貨。

地址：東京都新宿区西新宿1丁目9
如何抵達：「新宿」站新南口連結、南口徒步約2分
營業時間：1F～7F(星期一至六) 11:00～20:30、(星期日及假日)　11:00～20:00
JR車站內Ekisoto區域：7:00～22:00
食物(星期一至六) 8:00～21:00、(星期日及假日)11:00～20:00
甜點(星期一至六)9:00～21:00、(星期日及假日)9:00～20:30
活動(星期一至六)8:00～20:30、(星期日及假日)8:00～20:00
Food Hall餐廳 7:00～23:00
定休日：無
網址：https://www.newoman.jp/shinjuku/

≪新宿高島屋≫

新宿另一大型百貨公司，本館樓高14層，以精品名牌為首，男女服飾、化妝品、雜貨到超級市場都一應俱全。而且平日下午人流極少，部分樓層只有寥寥幾人，相對其他百貨公司更好逛。本館中還有7層的手創館（原東急手創館），提供種類繁多的生活雜貨，加上家電店Nojima、UNIQLO，購物選項豐儉由人。在南館還有日本連鎖家具店宜得利及書店。

在新宿中，是最多樓層的百貨公司。

西口

≪京王百貨≫

面向40代以上及長者的百貨公司，11層集合各式男、女服裝品牌、餐廳、伴手禮商店。可找到不少日本老字號的點心品牌，例如和菓子的榮太樓總本舖、鶴屋八幡、文明堂東京等。

1 2
3 4

1. 建在京王電鐵車站上的百貨公司。
2. 女裝品牌偏向成熟女士。
3. 伴手禮賣場擠滿旅客。
4. 便當與熟食也有很多選擇。

地址：東京都新宿区西新宿1-1-4
如何抵達：「新宿」站西口徒步約1分
網址：https://www.keionet.com/info/shinjuku/

左：機器人LOVOT的專門店。
右：適合紳士的男士西裝賣場。

地址：東京都渋谷区千駄ヶ谷5丁目24番2号
如何抵達：「新宿」站新南口徒步約2分
營業時間：商店10:30～19:30。定休日：無
網址：https://www.takashimaya.co.jp/shinjuku/

≪小田急百貨店、新宿西口 HALC≫ 偏向40~50代人士的百貨公司，由於新宿西口的再開發計劃已於2022年10月結束營業，部分商店遷至周邊的HALC商場，將在下文詳細介紹。

1 2
3 4 5

1. 小田急百貨店舊址已步入歷史。
2. 地下街的商店也已歇業或搬遷。
3. HALC的大廈可看到小田急百貨店標誌。
4. 高級燒肉店KINTAN的便當店。
5. 著名和菓子與洋式點心品牌可一次購入。

地址：東京都新宿区西新宿1丁目5番1号
如何抵達：「新宿」站西口徒步約3分
網址：https://www.odakyu-dept.co.jp/shinjuku/index.html

精準購物！新宿百貨公司、商場總整理

為了方便大家在短時間能購入想要的商品，特別整理了兩張表格，分別是百貨公司、各大商場的評比，可以依照自己所需前往喔！

◎怎麼買？百貨公司大評比

	伊勢丹新宿店	新宿高島屋	京王百貨	小田急百貨店
年齡層	30代~	40代~	50代~	40代~
商店量	多	多	多	少
男裝樓層	有	有	有	沒有
伴手禮賣場	新品牌較多，貼近日本點心潮流	以一般常見品牌為主	以一般常見品牌為主	有新品牌
人流繁忙度	全館客量偏多	全館客量較少	伴手禮賣場擁擠，其餘樓層一般	伴手禮賣場擁擠，其餘樓層一般
特色	精品名牌多，有獨立男裝館	精品名牌多，附設7層手創館	連接JR車站西口	附設5層家電店Bic Camera

◎怎麼逛？各大商場大評比

	LUMINE EST	LUMINE 1	LUMINE 2	Mylord	NEWoMan	OIOI ANNEX
年齡層	10代~30代	30代~50代	20代~40代	10代~30代	20代~40代	20代~40代
商店量	多	多	多	多	中等	中等
男裝	有	有	有	沒有	有	有
餐廳	有餐廳樓層	有餐廳樓層	只有少量餐廳及咖啡廳	有餐廳樓層	有多家餐廳及咖啡廳	有餐廳樓層
人流繁忙度	高	一般	高	一般	低	低
特色	連接東口	連接南口	連接南口	連接南口	連接新南口及新宿高速巴士總站	以御宅系商店為主，設有電影院

㊟ 少是30家以下，中等是30～50家，多是50家以上。

再見了，我們的回憶！結束營業總整理與開發計劃

左：BICQLO原本的店面，現在已剩下Bic Camera的招牌。
右：水果店百果園已改頭換面。

一場疫情讓整個世界全變了樣，日本也如同很多以旅遊業為經濟支柱的國家一樣，不少商店因沒有遊客到訪，生意慘淡而黯然結束營業。另一方面，東京許多地區正積極進行開發計劃，為了迎接各種新設施，使得多個著名景點都要先關閉。無論如何，對於久違數年沒來日本的人，東京街頭景色可能會變得有點陌生。

新宿是東京其中一區有多所大型設施結束營業的地方，在此整理如下，免得大家白跑一趟。

新宿Metro食堂街：位於新宿車站，擁有54年歷史的地下美食街在2020年9月30日結束營業。

BICQLO 新宿東口店：UNIQLO與電器販量店Bic Camera必酷結合的大型商店，在2022年6月19日隨著UNIQLO分店撤出而改為Bic Camera新宿東口店，地下3樓至6樓的Bic Camera及7樓的GU會依舊營業。

百果園 新宿店：位在新宿車站東口對面，以販售水果串聞名的水果店，在2022年7月結束營業，改為美食設施「新宿屋台苑」。

小田急百貨本館：位在新宿車站西口，擁有55年歷史的小田急百貨本館在2022年10月2日結束營業。以地下熟食美食街的便當商店及點心商店為首，部分商店在10月4日進駐新宿西口HALC商場，加上新加盟商店，作為全新的小田急百貨營業。

新宿Mylord：2樓與名為Mosaic通的聯絡通路預計在2023年3月結束營業，其餘樓層則在2025年4月結束營業。

以上新宿Metro食堂街、小田急百貨本館及新宿Mylord都是因為「新宿車站西口地區再開發計劃」而結束營業，不過，預計在2029年建成48層、260米高的全新商業設施。另外，京王百貨店與LUMINE1商場也有預定清拆計畫，並在2040年前建設新設施，但結束營業時間尚未正式公布。

must know

還有哪些東京景點也結束營業？

上：正在清拆中的台場Venus Fort商場。
右：在秋葉原會看到很多歇業或清空的店鋪。

台場：溫泉設施「大江戶溫泉物語」因租約問題已於2021年9月關閉。商場「VenusFort」、汽車博物館「MEGAWEB TOYOTA城」、「Palette Town」大摩天輪、Live House「Zepp Tokyo」及數位藝術美術館「MORI Building DIGITAL ART MUSEUM：EPSON teamLab Borderless」因再開發計劃在2021年至2022年8月期間陸續關閉。teamLab美術館將會在2023年移師至虎之門之丘森大樓重新開幕。

秋葉原：御宅天堂秋葉原大量人氣商店，在2020年至2022年間相繼結束營業，包括鋼彈主題咖啡廳「GUNDAM Cafe TOKYO BRAND CORE」、同人漫畫店「虎之穴 秋葉原A店及B店」、遊戲中心「GiGO秋葉原4號館」、「SEGA秋葉原2號館」等等。

旅遊魂再次燃燒，全新開幕景點與商店！

接二連三的結束營業消息讓人感到惋惜，等待再開發計劃落成前，這幾年間已有數個新景點及商店在新宿開幕，重新燃起旅客挖掘新店的熱情。

廣告看板也變成打卡景點 新宿東口の猫

2021年7月，JR新宿東口對面的大廈設置了4K大型LED彎曲屏幕，打頭陣的是以貓咪為主題的影像。巨大三花貓在大廈間探頭和睡覺的可愛動作、逼真的視覺效果，吸引世界各地傳媒爭相報導及旅人前來打卡。能把一個廣告看板捧成當地景點，日本公司的宣傳手段著實令人佩服。

之後，看板開始全天播放不同類型廣告，而貓咪的身影則是在每小時的0分、15分、30分及45分才會出現。新宿東口貓已成為新宿地標之一，每次經過這裡，我總會抬頭看看希望能遇到可愛的牠。

- 地址：東京都新宿区新宿3-23-18
- 如何抵達：「新宿」站東口徒步約1分
- 網址：https://twitter.com/xspace_tokyo
- 建議：官方推特會發布特色廣告及貓咪影像的播放時間表。

↑ 巨型貓咪探頭看路人的姿態超級萌。

日本最大型迪士尼旗艦商店
Disney Flagship Store Tokyo

1. 樓梯上也裝飾著迪士尼的圖畫。
2. 門口的大螢幕播放著迪士尼動畫吸引路人目光。
3. 店內可客製印有名字的玩偶。
4. 顧客可以使用平板電腦設計T恤圖案。
5. 限定發售的高飛狗玩偶。
6. 印著人氣角色的限定商品。
7. 2樓的米奇裝飾是粉絲必打卡的地方。

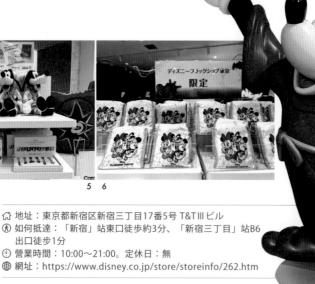

地址：東京都新宿区新宿三丁目17番5号 T&TⅢビル
如何抵達：「新宿」站東口徒步約3分、「新宿三丁目」站B6出口徒步1分
營業時間：10:00～21:00。定休日：無
網址：https://www.disney.co.jp/store/storeinfo/262.htm

8 9
10 11

8. UniBEARsity系列商品也很豐富。
9. 小熊維尼的各式商品。
10. 玩偶整齊排列看起來更加可愛。
11. 與時尚品牌JILL by JILLSTUART合作的帆布包包。

從小到大我並沒有特別鍾愛某個卡通角色（明星倒是追了一堆），不過，在日本的主題角色商店就是有種魅力，即使並非是該作品的粉絲也會想進去瞧瞧。號稱是日本國內最大型的迪士尼旗艦商店，在2021年12月於新宿開幕，樓高3層網羅迪士尼旗下大部分角色的周邊商品，店內擠滿購物的顧客。

旗艦店除了比一般迪士尼商店的面積更大，商品及服務也更全面。包括人氣TSUM TSUM系列、男士也想收藏的Marvel，以及STAR WARS星際大戰主題商品、與各大品牌的聯名合作，從幾百塊的小飾物到數萬日幣的精品名牌包包都一應俱全，當然還少不了只能在這裡買到的店舖限定商品。

首先不能錯過旗艦店主題商品，印著米奇、米妮、唐老鴨等五位主要角色活潑而歡樂的圖案。另外，在地下B1樓的「D-Made」可客製T恤等服飾，還可在玩偶進行文字刻印，製作獨一無二的迪士尼精品。商店內還設置了一些角色藝術裝置、映像展示空間等等，如果沒有安排去迪士尼樂園玩的話，在這裡也能感受類似氛圍，短暫投入迪士尼獨有的夢幻世界中。

各式運動包羅萬有的戶外用品旗艦店
Alpen TOKYO

地址：東京都新宿区新宿3丁目23-7 ユニカビル
如何抵達：「新宿」站東口徒步約1分
營業時間：平日11:00～22:00、週末及假日10:00～22:00。定休日：無
網址：https://store.alpen-group.jp/alpentokyo/CSfTokyoTop.jsp

上：日本人氣戶外用品品牌snow peak的賣場。
下：掀起一人露營風潮的YouTuberヒロシ(Hiroshi)。

樓層介紹

- 8F ▎高爾夫球用品特賣場
- 7F ▎高爾夫球、高爾夫球杆及相關用品
- 6F ▎高爾夫球服務與鞋子
- 5F ▎露營品牌(Snow Peak、Coleman、Logos等)
- 4F ▎露營商品
- 3F ▎戶外服飾品牌、女裝及童裝 (Nike、THE NORTH FACE、Patagonia等)
- 2F ▎足球、男裝
- 1F ▎跑步、籃球
- B1F ▎網球、羽毛球、桌球、排球、游泳
- B2F ▎棒球、壘球

要說疫情帶來什麼正面影響，就是掀起了一波運動及戶外活動熱潮。在日本政府呼籲人們遠離「三密」（密集、密接、密閉）環境時，廣闊又人煙稀少的大自然，似乎成為了家中以外的唯一去處，其中以露營特別盛行。豪華露營設施也一家接一家開幕，在日本傳媒的大肆推廣下，使得我這個戶外活動絕緣體也心癢癢想要試一次露營。

隨著愈來愈多人愛上戶外活動，以至於相關商店也開始冒出來。曾是旅客們熟悉的大型家電店YAMADA LABI新宿東口館，在2022年也改頭換面成為戶外用品品牌Alpen的旗艦店。樓高10層，每層皆有不同主題，無論喜愛什麼主流運動都能在這找到相關用品，也有Adidas、THE NORTH FACE等多個戶外服飾品牌進駐，賣場散發時尚洗練的感覺。

還清楚記得自己第一次逛Alpen TOKYO，才知道現在的運動服與露營用品的設計都很美觀，明明沒有運動打算的我，也忍不住被好看的服飾所吸引。難怪日本的戶外用品在台灣也很吃香，很多人花運費也要代購回去。

↑
仔細一看會發現紙窗上有仿照藝伎的投影。

古民家與倉庫改造居酒屋街
ほぼ新宿のれん街

- 地址：東京都渋谷区千駄ヶ谷5丁目20-10
- 如何抵達：JR、都營地下鐵「代代木」站東口約1分、「新宿」站南口徒步約5分
- 營業時間：每家店舖不同。定休日：無
- 網址：https://www.hobo-shinjuku.com/

東京近年出現了新式居酒屋横丁設施，集中多家餐廳與居酒屋方便客人選擇，也一洗以往居酒屋老氣庸俗的感覺。「ほぼ新宿のれん街」的中文名字是「近乎新宿暖簾街」，其實它位於JR代代木站旁邊，但與JR新宿車站南口也不過5分鐘步行的距離，被納入新宿區域好像也行。這微妙的地理位置讓它成為新宿的隱藏版美食設施，是避開人潮的好去處。

改造10所古民家的本館，木造建築的懷舊感結合搶眼的裝飾及招牌，瀰漫著獨特風情。尤其晚上燈火通明，讓人莫名想起熱鬧的祭典。而在旁邊的別館於2022年開幕，改建自倉庫，豔麗的塗鴉與霓虹燈相當時尚。兩所設施各有特色，進駐的餐廳也很多元，馬肉專門店、壽司居酒屋、窯烤披薩等等，晚飯時段可先來這裡覓食，總會找到想吃的一家。

↑
別館內有多家餐廳進駐。

←
熱呼呼的關東煮適合秋冬享用。

↓
厚切烤牛舌很下酒。

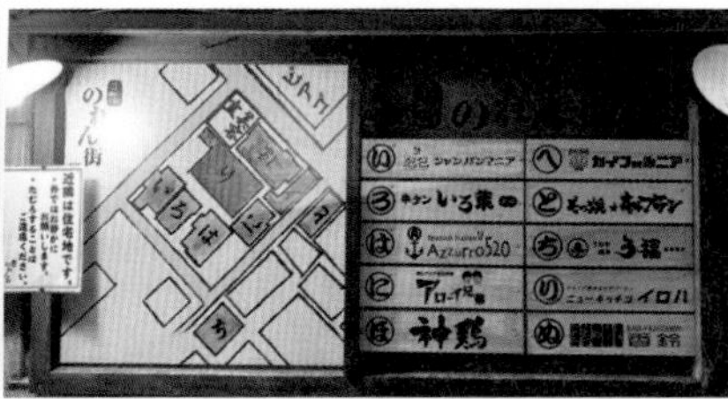

←
左：改造倉庫而成的別館，色彩繽紛的燈牌照亮夜空。
右：居酒屋街的指示路牌也有和風感。

體驗日本Z世代流行的網美野餐

↑
粉絲們很喜歡帶偶像周邊來拍照。

為拍照打卡而生的「網美」文化，深入滲透我們這個世代，本來就很著重包裝及儀式感的日本人也受其影響。在東京不難找到各種網美咖啡廳及景點，甚至連到公園野餐都要美美的。

日語「おしゃピク」（osyapiku）是把「おしゃれ」（osyare，時尚）及「ピクニック」（pikunikku，野餐）兩字結合的新興網路用語，在Instagram上一搜就可找到數十萬張好看的野餐照片。網美野餐的做法很簡單，就是使用漂亮的野餐墊、盤子，把食物及飲品擺好，再加上花朵、書本等裝飾，以綠油油的草地為背景，拍出一張令人嚮往的野餐照片。

要在日本買到野餐用品不難，反而是搜尋設計好看的用品所花費的時間，還有特地帶去公園的功夫，應該會讓不少人打退堂鼓。於是，聰明的商家就想到提供網美野餐用品的租借服務，正好吸引到怕麻煩又愛拍照的我。

←
左：在Instagram上會看到很多類似構圖的野餐照片。
右：就這樣隨意一擺就很網美風。

兩手空空就能去野餐，可租整套用具的咖啡廳

nuibox

地址：東京都新宿区新宿1-12-8
如何抵達：「新宿御苑前」站2號出口徒步約1分
營業時間：12:00～18:00。定休日：無
網址：https://nuibox-picnic.jimdosite.com/
建議：兩小時很快過去，請事先購買好食品及飲料，領取野餐用品後隨即到公園進行野餐。

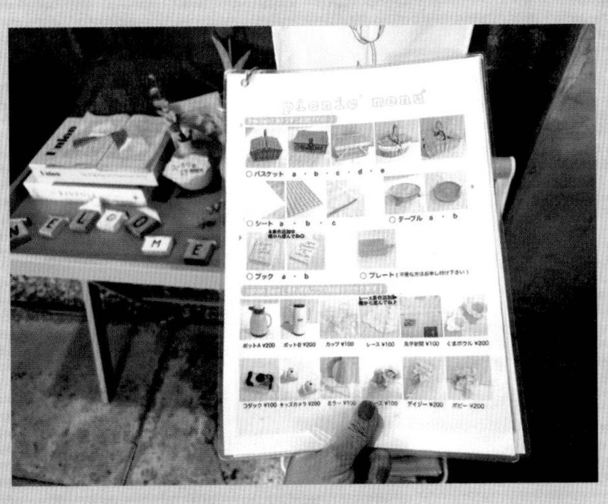

1. 可借用的野餐用品清單。
2. 店內一角擺放飾物方便客人拍照。
3. 在咖啡廳休息的客人也很多。
4. 所有野餐用品都放在架上讓客人挑選

nuibox是時下流行的韓系咖啡廳，以淡色為主調，店內擺滿各種乾燥花、相框等裝飾品，隨手一拍都是美照。他們提供的野餐套組3200日幣可租借120分鐘，包括野餐墊、野餐藤籃、矮桌、書本及木餐盤各一。另外，每人至少要點一客飲料或甜點，也可追加各種小飾物。在店內選好用品並付款後便可出發去野餐。

nuibox有個良好的地理優勢，離新宿御苑只有5分鐘步程，不用拿著笨重的用品走太多路。在公園內的草地隨意找個位置就能開始擺拍，與朋友一邊調整物品的位置，然後拿出手機左拍拍右拍拍，等到正式開吃時，蛋糕的奶油早已化掉了。不過，對於「重度網美患者」來說，拍出美照的喜悅才是一切。不消一會，兩個小時的野餐就結束，把用品帶到咖啡廳返還，緊接著在新宿購物逛街。為了這份輕鬆便利，覺得那幾千日幣租金十分划算。

能在繁華都市中稍作喘息 新宿御苑

1

地址：東京都新宿区内藤町11
如何抵達：「新宿御苑前」站徒步約5分
¥ 入場費：一般¥500、65歲以上與學生（高中生以上）¥250、孩童（初中生以下）免費
營業時間：10/1～3/14 9:00～16:00，3/15～6/30、8/21～9/30 9:00～17:30，7/1～8/20 9:00～18:30。定休日：星期一
網址：https://fng.or.jp/shinjuku/

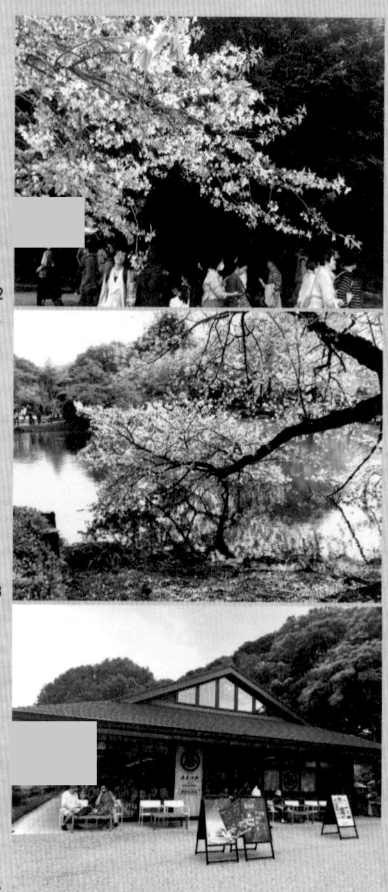
2
3
4

5

在新宿這片人口及設施密集的地方，竟有一片占地58.3公頃的公園。曾是戰國時代德川家康家臣的住宅土地，後來輾轉交由宮內省管轄，最後在1949年作為國民公園開放給民眾使用，因此名字中帶有「御苑」兩字特別氣派。

新宿御苑具備了日本庭園及英格蘭風景式庭園，加上大型溫室、休憩用的草地，可以用不同方式享受大自然。這裡最有名的莫過於賞櫻聖地，我還記得多年前曾經在櫻花季到訪，寬廣的草皮上坐滿賞花的人們，想在櫻花樹下找個位置也不容易。若是想要享受寧靜悠閒的野餐時光，或許避開櫻花季會比較好。

1. 大木戸門入口。
2. 春季時可在園內賞櫻。
3. 湖邊的櫻花垂枝很有詩意。
4. 園內也有咖啡廳讓旅客休息。
5. 空曠的草地與遠處的高樓大廈形成對比。

以木材建築融入大自然 星巴克 新宿御苑店

地址：東京都新宿区内藤町11
如何抵達：「新宿御苑前」站徒步約8分
費用：～¥999
營業時間：9:00～16:00。定休日：星期一
網址：https://store.starbucks.co.jp/detail-1838/
建議：進入新宿御苑需付500日幣入場費。

1. 連門牌都使用木材製作。
2. 店面被樹木所包圍卻絲毫不突兀。
3. 面向景色的座位，陽光太猛烈使得客人都拉下窗簾。
4. 杉木散發出溫暖自然的氛圍。

2020年，因為一家星巴克的開幕，使得歷史悠久的新宿御苑再次受到旅客們注目。日本國內有上千家星巴克，但這家勝在景色怡人，裝潢也刻意下功夫融入周邊自然環境。從外牆到店內一桌一椅都使用日本國內木材，而且積極採用福島杉木，作為對東日本大震災復興的支援。一排面對風景的落地玻璃座位擁有開闊視野，喝著咖啡把綠草茵茵的景色盡收眼底，在炎熱的夏天或寒冷的冬天尤其享受。

chapter.

池袋｜Ikebukuro

適合一家大小、次文化集中地

池袋

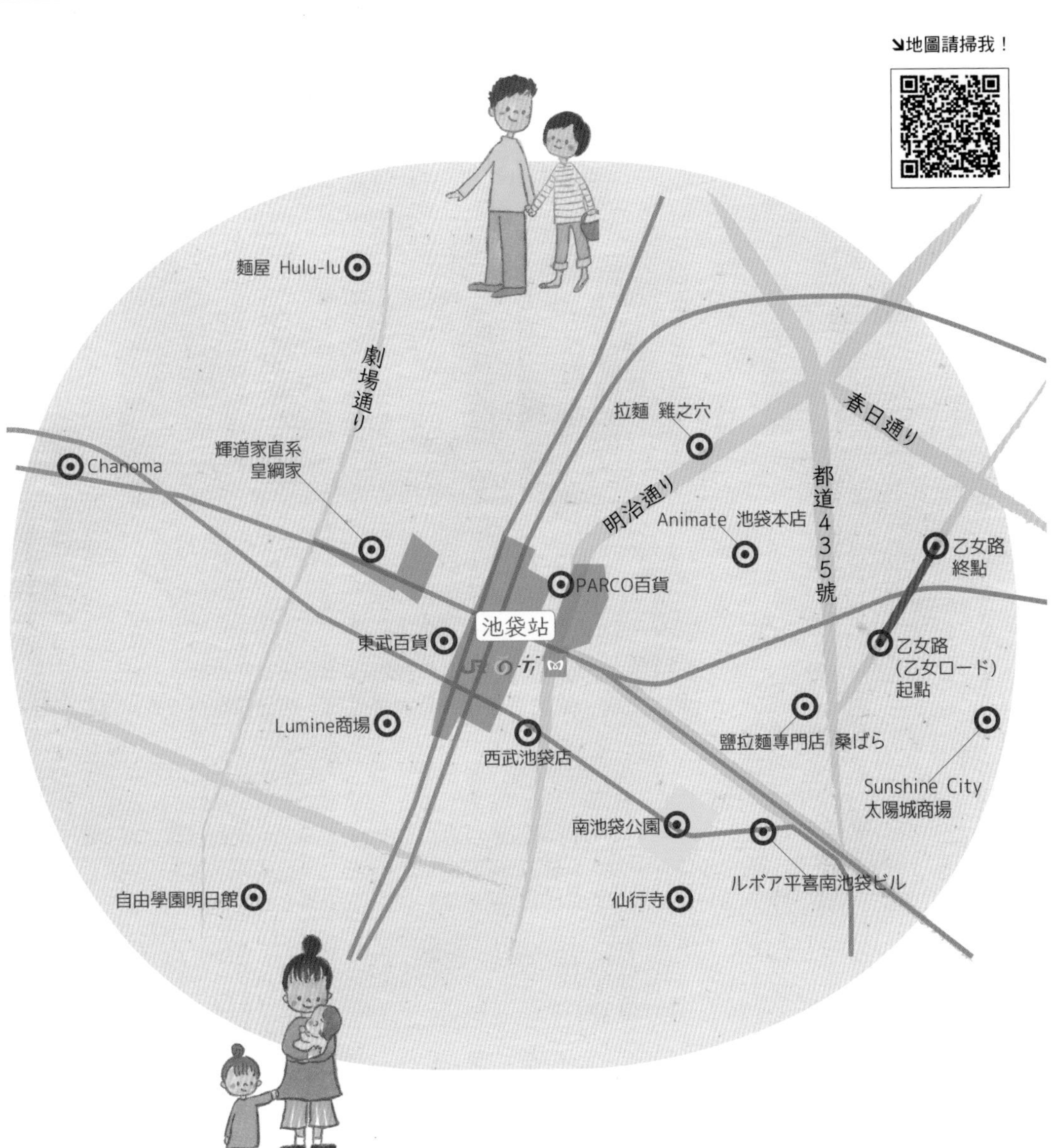

説到御宅天堂，很多人會立刻想到秋葉原，但，池袋絕對是一個不可低估的次文化中心，而且更加面向大眾。不只有官方與同人動漫商店，也有多家人氣卡通角色主題商店，適合各個年齡層人士。而且，熱鬧的街道背後隱藏了一些有趣的文青景點，十分值得四處穿梭去探索。

一點小建議：池袋到底如何逛？

↑
左：東武百貨門口可看到搶眼的精品廣告。
右：女裝品牌相當豐富的Lumine商場。

結合JR、東武鐵道、西武鐵道及東京Mero四家鐵道公司共8條路線的池袋車站，是僅次於新宿站的第二大站。車站中連接多棟商業設施，加上四面八方的出口，總讓很多旅客迷失其中。

事實上，每個出口都有指標性的設施，首先要記著「東口是西武、西口是東武」，在東口有精品名牌進駐的西武百貨、年輕人取向的PARCO百貨，從Sunshine通一直延伸可到達Sunshine City太陽城商場；而在西口就有偏精品的東武百貨、著名的池袋西口公園；南口有集合多家服裝品牌的Lumine商場；北口則以居酒屋、中國物產店較多。先搞清自己想去的目的再找對方向，就不會一直在池袋車站中繞圈了。

One Day Trip 推薦行程

◎ 動漫迷的一日遊

1 ▫ 請集中在東口！因為有安利美特本店 ▶ 2 ▫ 太陽城商場 ▶ 3 ▫ 乙女路 ▶ 4 ▫ PARCO 百貨

◎ 文青的一日遊

1 ▫ 自由學園明日館

▶ 2 ▫ 南池袋公園午餐 / 休息 (可在「RACINES FARM TO PARK」享受輕食)

▶ 3 ▫ ルボア平喜南池袋ビル ▶ 4 ▫ 仙行寺

溜小孩的最佳地點
——Sunshine City 太陽城商場

這座早在1978年就開幕的複合式商業設施，對於很多東京旅行老手來說早就不陌生。結合飯店、購物中心、水族館、天文館等多項設備於一身的太陽城商場，近年開設了一些老少咸宜的主題商店，特別適合全家大小來訪。以下就來一一介紹。

三麗鷗主題咖啡廳 SANRIO CAFE 池袋店

地址：東京都豊島区東池袋1-28-1 サンシャインシティアルパ B1F
如何抵達：東京Metro丸之內線・JR山手線・埼京線「池袋」站東口出口徒步8分
營業時間：10:00～21:00。定休日：無
費用：～¥999
網址：https://stores.sanrio.co.jp/8152100

從主入口搭乘長長的電梯來到地下1樓，可愛的三麗鷗主題咖啡廳率先來迎接旅客。店內裝潢有著三麗鷗一貫的夢幻童話氣息，在不同角落可找到凱蒂貓、布丁狗等人氣角色的蹤影。咖啡廳併設外帶專門店，提供各種角色造型的甜點與飲料，還有店舖限定商品讓粉絲想要收藏。

1. 店裡有可愛的拍照打卡位置。
2. 各種三麗鷗角色造型的甜點。
3. 外帶甜點也有很多選擇。

首家蠟筆小新電影主題商店

クレヨンしんちゃん シネマパレード（CRAYON SHINCHAN CINEMA PARADE） THE MOVIE OFFICIAL STORE

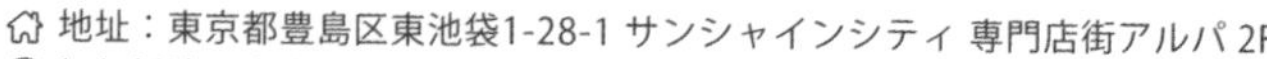

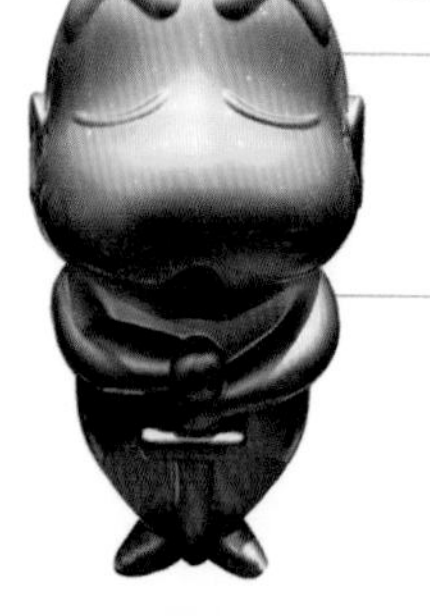

地址：東京都豊島区東池袋1-28-1 サンシャインシティ 專門店街アルパ 2F
如何抵達：東京Metro丸之內線・JR山手線・埼京線「池袋」站東口徒步8分
營業時間：10:00～20:00。定休日：無
網址：https://www.shinchan-app.jp/goods/detail/futabasha220630/

搞笑逗趣的蠟筆小新是日本國民動漫之一，每年也會上映新的電影。而這家在2022年7月開幕的主題商店，正是聚焦於蠟筆小新電影上，提供大量角色商品，從最新款到限定版，肯定會讓粉絲買到手軟。店內還有重現電影名場面的擺設、播放電影片段等，看點十分豐富。

黃金小新像吸引粉絲們排隊拍照。

日本最大航海王主題商店 ## ONE PIECE 麦わらストア

地址：東京都豊島区東池袋1-28-1 サンシャインシティ 專門店街アルパ 2F
如何抵達：東京Metro丸之內線・JR山手線・埼京線「池袋」站東口徒步8分
營業時間：10:00～20:00。定休日：無
網址：https://www.mugiwara-store.com/store/1426

《ONE PIECE》（航海王）是受到日本國內及海外動漫迷喜愛的長青作品。其實在日本各地有多家主題商店，而池袋店被喻為史上最大！店內放置了魯夫、喬巴等人氣角色的立像，販售一萬件以上角色商品，當然少不了只能在這裡買到的店舖限定商品。

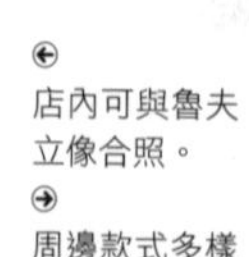

店內可與魯夫立像合照。

周邊款式多樣又好看。

上：店裡有各種圖畫與影片展示。
下：軟綿綿的玩偶讓人想要抱回家。

立體擺設還原電影中的名場面。

世界最大型的扭蛋中心 ガシャポンのデパート

- 地址：東京都豊島区東池袋1-28-1 サンシャインシティ 専門店街アルパ 2F
- 如何抵達：東京Metro丸之內線・JR山手線・埼京線「池袋」站東口徒步8分
- 營業時間：10:00～20:00。定休日：無
- 網址：https://bandainamco-am.co.jp/others/capsule-toy-store/

做工精巧、題材獨特有趣的日本扭蛋是消耗零錢的好娛樂，2021年開幕的「ガシャポンのデパート」（扭蛋的百貨）是號稱世界最大的扭蛋專門店。在入口處會先看到撥放影像的新科技扭蛋機，再往裡面走有3,000所機台按主題分類排列，甚至還有一次要價1000日幣的高級扭蛋等罕見台型，總有一台會引起你的興趣。店內也設有座位及攝影區，方便客人扭蛋後可以為小玩具拍照。

高級扭蛋的機台看起來也比較厲害。

店內還設有「一番賞」官方商店。一番賞是用抽獎方式來取得獎品，這裡有數量超多又最新的一番賞遊戲等著大家來玩，遇上人氣動漫主題可能還會大排長龍。

精靈寶可夢粉絲的天堂 拼
Pokémon Center MEGA TOKYO & Pikachu sweets

地址：東京都豊島区東池袋1-28-1 サンシャインシティ 專門店街アルパ 2F
如何抵達：東京Metro丸之內線・JR山手線・埼京線「池袋」站東口徒步8分
營業時間：10:00～20:00。定休日：無
網址：https://www.pokemon.co.jp/shop/pokecen/megatokyo/

在2020年開幕的精靈寶可夢主題設施為所有分店中最大，還包含了卡片遊戲中心、手機遊戲據點及甜點專賣店，非常全面且集中。

≪ Pokémon Center ≫ 此為精靈寶可夢主題商店，入口處就有多座精美的角色立像，店內也常舉辦各種遊戲活動，猶如小型主題樂園一樣，就算不購物也能逛得開心。商品種類從玩具到實用的日用品及文具都有，其中最受歡迎絕對是寶可夢娃娃系列，上百隻不同角色的娃娃擺在面前，一定可以找出最喜歡的一隻。

≪ Pokémon GO Lab. ≫ 手機遊戲「Pokémon GO」在全世界掀起了熱潮，而「Pokémon GO Lab.」是首家官方主題設施。純白帶科幻感的裝潢、一比一的維羅博士立像，在宛如「道館」的空間中享受玩遊戲的樂趣，並與其他玩家交換寶可夢，還能買到主題商品。

↑
上：入口的角色立像很搶眼。
下：精靈球包裝的玩偶商品。

↓
左：仿照遊戲世界觀的空間。
右：在日本仍有很多Pokémon GO玩家。

左：日本最大的寶可夢集換式卡牌遊戲中心。
右：玩家都投入遊戲，店內瀰漫認真緊張的氣氛。

≪ Pokémon Card Station MEGA TOKYO ≫ 這是寶可夢集換式卡牌遊戲的設施，店內設有多張座椅讓玩家可在這裡對戰，每天也會舉行各種活動，還有工作人員指導新手如何玩。若你是玩家的話，不妨帶著卡牌來跟日本玩家對決吧！

≪ Pikachu Sweets by Pokémon Cafe ≫ 逛累了可以在這裡的甜點專門店補充糖分稍作休息。這裡的甜點與飲料是以外帶為主，也可在店內站著享用。各種角色造型的蛋糕、拉花印有圖案的咖啡拿鐵等等，可愛的樣子會讓人捨不得享用。

左：店舖裝潢也走甜美風格。
右：週末很多人排隊購買。

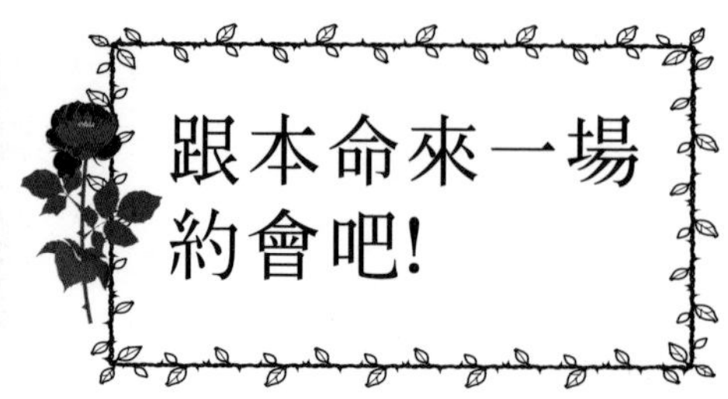

跟本命來一場約會吧!

若是資深的動漫迷，肯定不會錯過這塊寶藏之地。在這裡可以遇見同好，又能盡情地散發對本命的愛意，彷彿走在通往店舖的路上，都在閃閃發亮呢！

PARCO 百貨新登場的女性向手遊專門店 coly more!

- 地址：東京都豊島区南池袋1丁目28－2 池袋パルコ本館5F
- 如何抵達：東京Metro丸之內線・JR山手線・埼京線「池袋」站東口徒步1分
- 營業時間：11:00～21:00。定休日：無
- 網址：https://coly-more.com/

PARCO百貨不只有很多面向年輕人的服飾品牌與雜貨商店，營運《募戀英雄-Stand My Heroes-》、《&0》等多款女性向戀愛手機遊戲的日本公司coly，其首家常設周邊專門店也在2022年4月於這裡開幕。集合多款遊戲的周邊商品，店內也掛上了帥氣的角色插畫，粉絲們會逛到不願離開。

左：店內可看到畫作裝飾。
右：時尚的店面根本看不出是御宅系專門店。

must know

同場加映！另一個燃燒動漫魂的地點

池袋PARCO百貨本館與別館也經常開設很多動漫的POP-UP商店，例如在「coly more!」旁邊就有動漫《影子籃球員》的10周年紀念周邊商店「KUROBAS OFFICIAL STORE」（營業至2023年3月31日）。到訪日本時，不妨上池袋PARCO百貨官網查查自己喜歡的動漫作品是否在這裡設店唷！

《影子籃球員》的期間限定商店。

動漫迷的聖地 ## 安利美特（Animate）本店

地址：東京都豊島区東池袋1-20-7
如何抵達：東京Metro丸之內線・JR山手線・埼京線「池袋」站東口徒步5分
營業時間：平日：11:00～21:00、週末及公眾假日：10:00～20:00。定休日：無
網址：https://www.animate.co.jp/shop/ikebukuro/

池袋有很多動漫商店，首先不得不提到安利美特（Animate）本店。安利美特也是號稱日本最大型的動漫、遊戲作品及周邊精品商店，在國內及海外都有多家分店，而池袋是這之中最大的一家。樓高9層，而且每層都有不同主題，可以買到各種日漫、角色周邊、聲優唱片、輕小說等，也常跟作品合作舉行小型展覽和活動，是所有動漫迷來到東京必須朝聖的地方。

有著40年歷史的安利美特池袋本店，在2021年開始進行翻新，希望透過擴展目前賣場的規模，以提供更多商品，也想帶來更為舒適的購物空間，已在2023年3月重新開幕。

同人或二手商品的寶庫 ## 乙女路（乙女ロード）

1

2

3

地址：豊島区東池袋3丁目にあるサンシャイン60の西側

1. 執事咖啡廳Swallowtail與K-BOOKS同人館。
2. 這邊的動漫商店以女性顧客為主。
3. 以動漫偶像為主題的K-BOOKS SELECT館。

乙女路是太陽城商場西面一帶街道的通稱，因為有多家女性向的動漫商店與執事咖啡廳而聞名。這裡以同人誌專賣店及二手店為主，例如Mandarake（まんだらけ）、Lashinbang（らしんばん），也有角色扮演商品專門店ACOS。其中，K-BOOKS在這條路上就有6家主題分館，像是少年漫畫角色為主的「キャラ館」、同人作品為主的「同人館」、二次元偶像為主題的「ライブ館」等，可以依自己喜歡的作品類型去逛。

名店林立的拉麵激戰區

池袋是東京都內數一數二的拉麵激戰區，據説區內有高達70家以上的拉麵店，任何口味的湯頭以及風格獨具的拉麵都能找到。

夏威夷風創意拉麵

麺屋 Hulu-lu

地址：東京都豊島区池袋2-60-7
如何抵達：東京Metro副都心線「池袋」站C6出口徒步5分
營業時間：星期一、三~六：11:30～15:00、18:00～21:00
星期日・公眾假日：11:30～15:30。定休日：星期二
¥ 費用：¥1,000～¥1,999
網址：http://hulu-lu.com/

↑
拉麵購票機器旁擺放著許多夏威夷風的裝飾品。
→
拉麵配午餐肉飯糰的獨特套餐。

誰説拉麵店一定是狹小又擁擠的！連續5年入選Tabelog百名店的「麵屋Hulu-lu」的店面走夏威夷風格，乍看之下還以為是咖啡廳。拉麵的口味也很有創意，除了一般的鹽味湯頭、醬油湯頭及味噌湯頭，每周五為專屬沾麵日，有各種限定口味，讓人每次到訪都有驚喜。限定款的味噌沾麵使用彈牙的粗麵，搭配偏甜的味噌湯頭，再加一個午餐肉飯糰，來一場與眾不同的拉麵體驗。

重口味邪惡家系拉麵 ❶ 輝道家直系 皇綱家

地址：東京都豊島区西池袋1-18-1 五光ビル 1F
如何抵達：東京Metro丸之内線・JR山手線・埼京線「池袋」站西口徒步1分
營業時間：11:00～15:45、17:30～23:45。定休日：無
¥ 費用：¥1,000～¥1,999
網址：https://twitter.com/kizunaya001

↑
女性限定菜單還會提供黑烏龍茶。
→
拉麵配料滿滿很豐富。

繼承了兩大人氣名店「輝道家」與「王道家」的特色，「皇綱家」以濃稠湯頭搭配京都九條蔥花，桌上還有蒜蓉及薑條可以自行添加，喜歡重鹹濃味的人一定會欲罷不能！內行的拉麵迷更會點白飯加蒜蓉與美乃滋，一口飯一口拉麵，把卡路里統統拋在腦後。

雖然店內九成顧客都是男性，但仍有專為女性推出限定菜單，麵條減半，還附上抑制脂肪吸收、去膩的黑烏龍茶，不怕吃不完浪費。

must know

家系拉麵小知識

發源自橫濱的家系拉麵，最初是由「吉村家」所創，之後衍生出許多店舖，就這樣一家傳一家，這些店名都會用「〇〇家」，於是產生了現在的家系拉麵派別。家系拉麵的特徵是以豚骨醬油湯頭搭配粗麵條、菠菜、叉燒及海苔，可以選擇麵條的硬度、油脂量及湯頭的濃淡。

濃而不膩的雞白湯 鶏の穴

- 地址：東京都豊島区東池袋1-39-20 慶太ビル1F
- 如何抵達：東京Metro丸之內線・JR山手線・埼京線「池袋」站東口徒步5分
- 營業時間：11:00～22:00。定休日：無
- 費用：～￥999
- 網址：https://torinoana.favy.jp/

↑ 赤雞拉麵名副其實湯頭也紅通通。

← 基本款的白雞拉麵。

如果你不愛豚骨或魚介（泛指以魚類、貝類等海鮮熬煮的高湯）的腥味，「鶏の穴」的雞湯拉麵會是不錯選擇。以雞骨熬煮的乳白高湯搭配滑溜的直麵條、雞絞肉以及滑嫩的雞肉叉燒，每口都是雞肉香濃鮮味。嗜辣者可選赤雞拉麵，辛辣滋味更過癮。

名副其實的鹽味湯頭 塩そば専門店 桑ばら

- 地址：東京都豊島区東池袋1-27-5 関口ビル 1F
- 如何抵達：東京Metro有樂町線「東池袋」站徒步5分
- 營業時間：11:00～19:00。定休日：無
- 費用：～￥999
- 網址：https://twitter.com/kuwabara_sio

說到鹽味拉麵，可能會有較清爽的印象。「桑ばら」的湯頭以兩種岩鹽調配，看起來清澈透明，入口時強烈的鹹味會刺激味蕾，配以偏硬的麵條和厚實的叉燒，跟市面主流的拉麵款式背道而馳，反而培養了一群忠實粉絲，就愛這種充滿個性的味道。

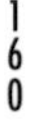

↑ 店頭只有幾個吧檯座位。

→ 拉麵看起來樸素卻很重口味。

文青風的深度旅遊

別以為池袋只有熱血的動漫時刻，當然也有一些悠閒散步的景點，如果想在緊湊的行程中，穿插一些舒緩心靈的沉靜時刻，可以參考下列地點唷！

在水泥大樓間的青翠綠意 南池袋公園

地址：豊島区南池袋2-21-1
如何抵達：東京Metro丸之內線．JR山手線．埼京線「池袋」站東口徒步5分
營業時間：8:00～22:00。定休日：無
網址：https://ikebukuropark.com/mip-greenblvd/

1

2

藏在高樓大廈之間的南池袋公園，為喧囂的都市帶來喘息的空間。廣闊的青草地開放給人們自由使用，小孩能盡情奔跑嬉戲，大人則可以悠閒地野餐或是躺下來休息一會兒。一旁併設了時尚咖啡廳「RACINES FARM TO PARK」，提供美味的三明治、甜甜圈等輕食，坐在戶外的座位對著蒼翠欲滴的草地喝口咖啡，也是十分寫意。

3

1. 挑高的店內氣氛時尚。
2. 室外有一片寬廣草地。
3. 甜甜圈款式多樣。

奇妙異空間大廈 ルボア平喜南池袋ビル

⊙密集的裝飾與昏暗燈光，讓人無法想像這是一般大廈的大廳。

地址：東京都豊島区南池袋2丁目29-16
如何抵達：東京Metro有樂町線「東池袋」站徒步3分
建議：由於是私人大廈，不宜長時間逗留，請勿到入口以外樓層，以免影響住戶。

→
上：整棟大廈外牆有著精緻的雕刻。
下：室內外氛圍截然不同。
↓
仔細一看燈的支柱都是手臂。

這棟大廈說不上是景點，卻吸引了很多日本建築迷前來朝聖。由被喻為日本的安東尼·高第的建築師「梵壽綱」所設計，白色的雕刻外牆在這條平凡的街道上顯得與眾不同。走進大樓裡更有一種神殿般的華麗與神秘感，帶有異國色彩的玻璃燈以昏暗燈光映照著磁磚牆壁，坐在手型的椅子上，抬頭一看是精美的彩色馬賽克圖案。設計的細節讓人目不暇給，像是走進了一個不可思議的異度空間。

藏在大廈裡的懸浮大佛 卄 仙行寺

地址：東京都豊島区南池袋2丁目20-4
如何抵達：西武池袋線「池袋」站西武南口、東京Metro有樂町線「東池袋」站1號徒步4分
營業時間：9:00～17:00。定休日：無
網址：http://www.sengyoji.jp/index.html

1. 感覺新派卻又莊嚴的佛堂。
2. 仙行寺供奉的雜司谷七福神之一。
3. 懷舊可愛的零食攤販。

在池袋也可以拜大佛？以銅架覆蓋、綠色植物穿透而生的這座大廈，若是路過還以為是前衛的辦公大樓，豈料內有乾坤。穿過如洞穴般的深灰色土牆，竟有一具木雕佛像懸浮在半空中。仙行寺的歷史可追溯至江戶時代，經過多次的合併與搬遷，最終座落在池袋的街道上。這裡供奉的是釋迦牟尼佛像與雜司谷七福神之一的福祿壽，經過時可以入內參拜，順道體驗莊嚴神聖的氣氛。

和風滿溢的古民家咖啡廳

chanoma

地址：東京都豊島区西池袋5-12-3 ニシイケバレイ
如何抵達：東京Metro副都心線「池袋」站C3出口徒步4分
營業時間：10:00～18:00。定休日：星期一
¥ 費用：¥1,000～¥1,999
網址：https://nishiikevalley.jp/area/

隨著都市重建與更新，古民家在東京愈來愈罕見，尤其在商業發達的池袋，傳統古民家建築更顯難得。「chanoma」活用了一間擁有70年歷史的木造房子，穿過門口後，充斥著懷舊而平靜的氛圍，店內裝潢採現代簡單風格，還設有榻榻米和室。招牌抹茶拿鐵與抹茶巧克力凍糕（terrine）味道濃郁而不會過甜，帶有微甘的茶澀味，在這片和風景致下品嘗，更是別有一番風情。

1. 很多客人會坐在室外的長椅上拍網美照。
2. 抹茶拿鐵與抹茶巧克力凍糕香甜美味。
3. 在鋪著榻榻米的和室喝茶吃甜點特別放鬆療癒。

近代建築巨匠設計的學校 ## 自由學園明日館

- 地址：東京都豊島区西池袋2-31-3
- 如何抵達：東京Metro丸之內線・JR山手線・埼京線「池袋」站メトロポリタン口徒歩5分
- 營業時間：10:00～16:00，每月第3個星期五夜間開放18:00～21:00。定休日：星期一
- ¥ 門票費用：純粹參觀¥500、參觀附喫茶¥800、夜間參觀附酒¥1200
- 網址：https://jiyu.jp/
- 建議：每天不一定會提供喫茶和開放入內參觀，請先查閱官網見學月曆。

1

2

3

4

被指定為日本重要文化財的「自由學園明日館」，超過百年歷史，是一所充滿文化價值的建築物。其前身是女校校舍，由被稱為「最偉大的美國建築師」法蘭克・洛伊・萊特設計，現在則作為文化設施開放給遊客參觀，也是人氣的婚禮場地。

館內洋溢著一股寂靜古典的氣氛，從屋頂到每一扇窗、門，甚至是校內的椅子都富含幾何學，有著獨特的對稱美。如果購買附喫茶的入場門票，可以在食堂兌換一份小點心與飲料。欣賞著精美的建築再喝一口咖啡，讓人思緒跟著沉澱下來。

1. 呈現對稱美學的講堂。
2. 連椅子也是特別設計來迎合建築主調。
3. 門票包含的小點心與冰咖啡。
4. 在池袋高樓大廈背景襯托下更顯美態。

chapter.

下北澤｜Shimokitazawa

高円寺｜Koenji

吉祥寺｜Kichijoji

古著Ｘ雜貨文青散步

下北澤、高円寺、吉祥寺

自己與古著店的相遇始於日本，一開始只是為了省錢，想找便宜的衣服以減少治裝費用，因而踏足了下北澤、高円寺。然而，在逛過古著店後，便對復古風的設計一見鍾情。每一件古著的相遇都是講求緣分的，衣服就只有那一件，此刻若沒有入手之後便有可能不再遇上。日文的「一期一會」就是一生中僅有一次的相會，需要珍惜當下，古著對我來說，就是這麼浪漫的存在。

下北澤、高円寺、吉祥寺是東京聞名的次文化聖地，這三個地方雖然本質上相似，卻能夠找到很多古著店及手作雜貨商店，有著完全不同的氛圍。即使排在同一個行程中，也不會覺得重複無聊。

しもきたざわ
√こうえんじ
きちじょうじ
TAKE OUT
HATTIFNATT
√しもきたざわ
こうえんじ
きちじょうじ
ポニピリカ
しもきたざわ
こうえんじ
√きちじょうじ
Café
BLUE SEAL
orion
人気の焼き鳥屋って
多満自慢
美舟

酷酷的次文化殿堂 → 下北澤 しもきたざわ

下北澤是個深度文化據點，有多家小劇場、Livehouse、電影院（以播放非主流電影為主），聚集了許多對音樂或演戲懷抱夢想的年輕人與藝術家。街道上充斥著強烈的個性，每個人都盡情展現自我，在 2019 年曾被英國雜誌《Time Out》評選為「世界最酷社區」第二名。

第一次到訪下北澤時，會感覺到一面無形的高牆，對當地的光怪陸離、不同流俗氣氛無所適從，是多來幾次之後才慢慢習慣。無論是否喜歡這種氛圍，不可否認的是，這裡的古著店所販售服飾樣式豐富且十分實惠，也有運動、悠閒風格的衣服，很適合男士前去挖寶。

↘地圖請掃我！

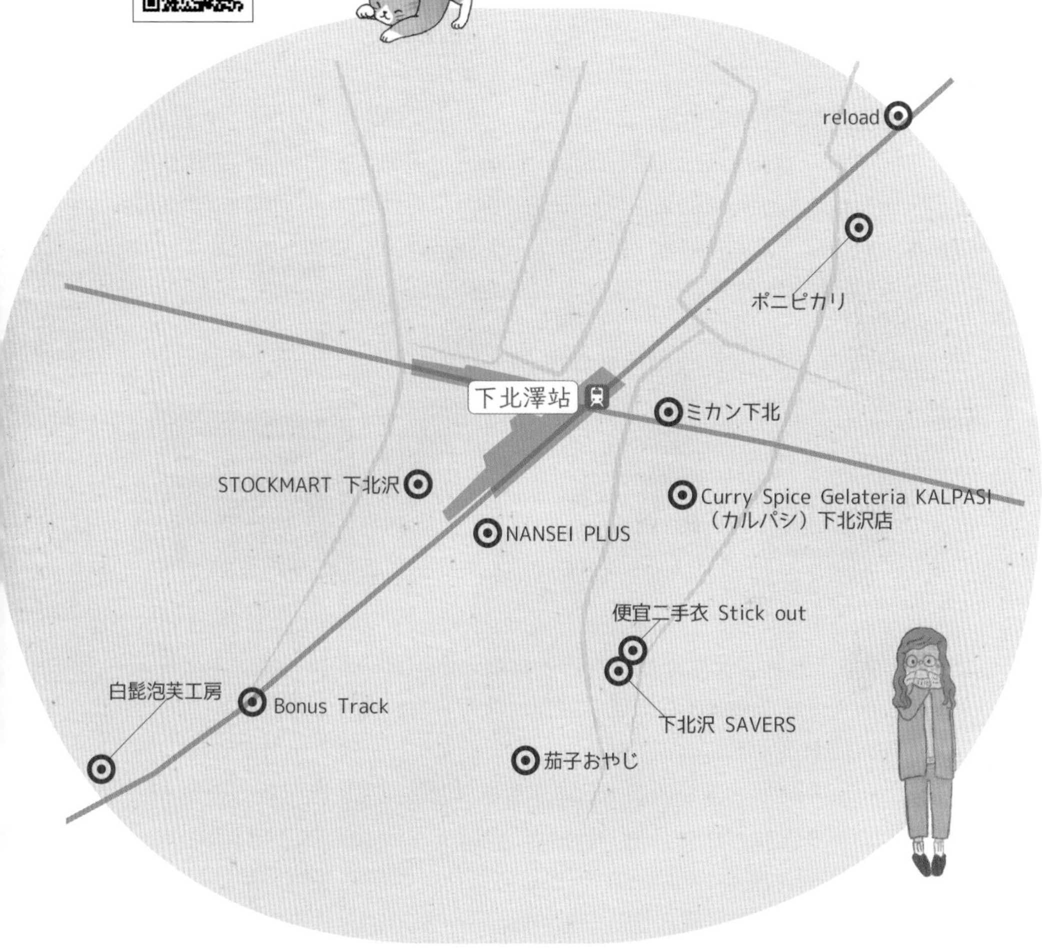

reload
ポニピカリ
下北澤站
ミカン下北
STOCKMART 下北沢
Curry Spice Gelateria KALPASI（カルパシ）下北沢店
NANSEI PLUS
便宜二手衣 Stick out
白髭泡芙工房
Bonus Track
下北沢 SAVERS
茄子おやじ

1 ▫ 午餐吃咖哩 / ミカン下北的餐廳 ▶ 2 ▫ Reload ▶ 3 ▫ 逛車站周邊的古著店 ▶ 4 ▫ BONUS TRACK ▶ 5 ▫ 白髭のシュークリーム工房下午茶

四大時尚設施新登場！

就如前文提及，之前對於下北澤一直抱持雜亂無章的印象，在2022年久違再訪，發現街頭變得光鮮亮麗。這幾年間，多家新設施開幕使得下北澤車站周邊開始井然有序。對於熱愛下北澤的人來說，可能會覺得變化很大，但對於初次造訪的旅人，或許會認為平易近人。

2022年秋季播出的戀愛日劇《Silent》講述目黑蓮飾演的男主角因病失去聽覺，與川口春奈所飾演的女主角在高中分手後又重遇的故事。劇集以畫面質感細膩、劇情感人而獲得好評。故事正以下北澤至代田為舞台，也常於下列四大文青感滿載的設施來取景，日劇迷也可順道踩點。

可以用來工作、休息的舒適場域

NANSEI PLUS

地址：東京都世田谷区北沢2-21-22
如何抵達：小田急小田原線「下北澤」站徒步1分
營業時間：每家店舖不同。定休日：無
網址：https://www.te-fu.jp/shimokita

與小田急線車站的南西口連接，充滿綠意的環境迎接每一位來到下北澤的客人。2樓的平台除了青翠草地還有不少植栽，也配置一些椅子供旅人休憩，只要假日經過此處，會有不少人聚在這裡聊聊天、喝飲料，十分愜意。

設施內的商店並不算多，以結合咖啡廳、共享工作空間及小型電影院K2的(tefu) lounge為中心。寬敞的咖啡廳以木質家具營造出復古而溫馨的感覺，既可外帶咖啡享用，也可選擇時租、日租或月租方案，最低支付750日幣能一小時盡情使用空間及飲料，電源和Wifi也是吃到飽。想像在這裡靜靜地品嘗咖啡，再埋頭於工作，累了就去看部電影放鬆一下，這樣的生活也很有態度呢。

左：小型電影院K2掛著上映作品的海報。
右：設施周邊有許多綠色植物，感覺舒適自然。

高架橋下的熱鬧美食街

卌 ミカン下北

地址：東京都世田谷区北沢2-11-15
如何抵達：京王井之頭線、小田急小田原線「下北澤」站徒步1分
營業時間：每家店舖不同。定休日：無
網址：https://mikanshimokita.jp/

東洋百貨店 別館
地址：東京都世田谷区北沢2-25-8 ミカン下北A街区1階
如何抵達：京王井之頭線、小田急小田原線「下北澤」站徒步1分
營業時間：11:00～20:00。定休日：無
網址：https://bekkan.k-toyo.jp/

在2022年3月開幕的「ミカン下北」，名稱中的「ミカン」是取自日語「未完」（mikan）的發音，意指各式各樣的文化融合在一起，經常保持著「未完」的狀態，持續在進化。設施充分活用了京王井之頭線高架橋下的空間，共有5個街區，目前以餐館為主，提供韓國、越南、泰國等異國料理，也有居酒屋及酒吧，一到晚上特別熱鬧。

填飽肚子後，你可不能錯過附近的「東洋百貨店 別館」，這是下北澤著名購物中心的分館，共有7家古著及飾物店進駐，可以買到精緻的手工飾品和划算的古著，每間店舖都被妥善規劃，對於初次逛古著的人會是個很好的入門地方。

1

2

3

4

1. 咖啡廳外設有戶外座位，感受下北澤街頭氣氛。
2. 看起來道地的泰國餐廳。
3. 兩旁都是餐廳任君選擇。
4. 「東洋百貨店 別館」有多家古著店能盡情逛。

享受質感小物與美食 🈴 reload

地址：東京都世田谷区北沢3－19-20
如何抵達：京王井之頭線、小田急小田原線「下北澤」站徒步4分
營業時間：每家店舖不同。定休日：無
網址：https://reload-shimokita.com/

5

1 2

3 4

1. OGAWA COFFEE LABORATORY咖啡店的簡約時尚設計。
2. APFR TOKYO的日本香薰產品。
3. 各式日系木製家品。
4. 文具精選店DESK LABO。
5. 美味的素食麵包。

2021年6月開幕的reload是下北澤最夯的商業設施，由數棟大小不一的純白建築組成，開闊的平台以綠色植物點綴，營造一種寬敞迎向大自然之感。目前有20多家店舖與餐廳進駐，最受歡迎的，莫過於來自京都的小川珈啡的二號旗艦店「OGAWA COFFEE LABORATORY」，週末門外都是長長人龍。除了可購買咖啡豆，也提供各式飲料與甜點。點杯咖啡時，可從數十種咖啡豆中選擇，必定能喝到最合口味的一杯。

另外，還有100%素食烘焙點心的「Universal Bakes Nicome」、日本香薰品牌「APFR TOKYO」、高品質古著店「CYAN -vintage&used-」，每家都是如此精緻與特別，適合成熟又講究品味的人，能發掘到想要的高質感小物。

匯聚各式冷門小店 ⸫ BONUS TRACK

地址：世田谷区代田二丁目36番12号～15号
如何抵達：小田急小田原線「下北澤」站徒步4分
營業時間：每家店舖不同。定休日：每家店舖不同
網址：https://bonus-track.net/

1. 不倒翁標誌很可愛。
2. 買杯咖啡及點心就是一頓下午茶。
3. 搜羅各種文具及書籍的日記專門店。
4. 發酵食品專門店的日本清酒商品。
5. 戶外座位可以隨意使用。

沿著NANSEI PLUS一直走會來到另一間綜合設施「BONUS TRACK」，除了取自能開店的幸運感「BONUS」與代表電車線路的「TRACK」，也像原本不包含在唱片中的附贈曲目，彷佛可讓人們隨意挑戰他們想做的事。因此，這裡的店鋪也很與眾不同，以日本食材製作洋式點心的烘焙店「胃袋にズキュンはなれ」、日記專門店「日記屋 月日」、發酵食品專門店「発酵デパートメント」等等，每一家主題似乎很小眾，卻又讓人好奇想一探究竟。

在店舖周邊戶外空間有多組座位，可這家買杯飲料，那家買些小吃或甜點，再找位子坐下來好好享用。

還有哪些特色店舖不能錯過!

除了之前介紹的最新設施，下北澤還有很多值得探索的店舖，因而特意挑選幾家印象深刻的小店，推薦大家也去看一看。

下北澤的古著店比便利商店還要多，隨便走進一條街道就會有一間，而且每家風格大同小異，實在無法逐一介紹。不過，想要找低價古著的話，下列兩家店更是便宜到店家根本是佛心經營。

買到手軟的銅板價古著 Stick out

這家店陪伴著我度過了初到日本生活費拮据的時期，Stick out在下北澤共有3家分店，但每家都很好辨識，因為店外會有大大的紅字寫著「全品800円！」。事實上，商品價格從100日幣起至800日幣都有，買到一大袋都不用花到錢包中的紙鈔。男女裝都有，以休閒風格為主，衣服損舊的狀態比較明顯，但這個價格仍是吸引很多人來挖寶。

左：Stick out的宣傳標語吸引路人停駐。
右：所有貨架上的衣物都只要幾百日幣。

地址：世田谷区北沢2-14-16-2F
如何抵達：京王井之頭線、小田急小田原線「下北澤」站徒步3分
營業時間：11:00～20:00。定休日：無
網址：http://www.stickout.co.jp/

古著愈買愈划算 下北沢 SAVERS

地址：世田谷区北沢2-14-16 北沢プラザ1F
如何抵達：京王井之頭線、小田急小田原線「下北澤」站徒步3分
營業時間：12:00～20:00。定休日：無
網址：https://www.instagram.com/savers_jp/

在2021年開業的「SAVERS」，無獨有偶就開在「Stick out」本店之下。因為是來自靜岡縣古著批發倉庫的姊妹店，所以保證貨源充足。貨品分別掛著三種顏色的價格牌，每日都會隨機挑選一種顏色半價，而且買三件或以上更是不分顏色全部半價，只要幾百日幣就能買到衣服，店裡的每個客人手上都是一大堆衣服。

上：店外放著半價招牌來攬客。
下：根據價格牌的顏色會有額外折扣。

不用會員卡的迷你版日本好市多 Stockmart

地址：世田谷区北沢2-14-16 北沢プラザ1F
如何抵達：小田急小田原線「下北澤」站南西口徒步2分
營業時間：11:00～20:00。定休日：無
網址：https://www.instagram.com/stockmart_tokyo/

好市多的會員卡是國際通用，所以到日本也可以使用，可惜位置都較為偏遠，需要開車才能前往。如果好奇日本的好市多在賣什麼，那麼可以去這家「Stockmart」看看。它是好市多官方認可轉賣店，而且不需要會員卡就可以進去。店內販售各種日常用品及食物，令身為好市多常客的我感到十分熟悉，有些還貼心地分成少量包裝，這麼方便難怪會成為街坊鄰居們的愛店。

1. 在店外就看到熟悉的好市多商品。
2. 分成小包裝的食物更方便購買。
3. 店內集結了日本、海外的食品與日用品。

可愛豆豆龍泡芙
白髭のシュークリーム工房

- 地址：東京都世田谷区代田5-3-1
- 如何抵達：京王井之頭線、小田急小田原線「下北澤」站徒步6分
- 費用：～￥999
- 營業時間：10:30～19:00。定休日：星期二
- 網址：http://www.shiro-hige.net/

1. 古典風的樓梯是店內的拍照打卡位置之一。
2. 可在烘焙坊買點心當伴手禮。
3. 招牌上畫了可愛的豆豆龍泡芙。
4. 豆豆龍上的葉子與帽子裝飾代表著不同口味。
5. 《魔女宅急便》的黑貓「吉吉」玩偶就在門口迎接客人。

吉卜力的作品絕對是國民級電影，每隔幾個月日本電視台的星期五電影之夜時段，便會播放吉卜力電影，雖然之前沒看過太多，但在日本生活後自然就接觸到多部名作。

這家「白髭のシュークリーム工房」（白髭泡芙工房）是吉卜力官方授權的烘焙店，在這裡可以找到角色造型甜點與電影中出現過的美食。西洋復古風的裝潢，彷彿遁入了吉卜力的世界，一樓為外帶烘焙店、二樓設有咖啡廳可在店內享用。招牌甜點是豆豆龍造型泡芙，長了一雙耳朵的泡芙加上巧克力的五官，還原度超級高。泡芙有卡士達、桃子、巧克力及芒果四種口味可以選擇，扎實的外皮藏著滿滿奶油，桃子口味的奶油還混著果肉，整個吃完很有飽足感。

異國風味的咖哩激戰區

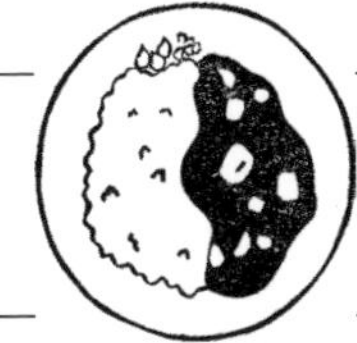

東京有許多咖哩激戰區，其中以下北澤特別享負盛名。這裡有上百家餐廳提供的咖哩，有日式、歐風、印度等不同口味任君選擇。在如此激烈競爭中還能生存下來的店舖絕對實力非凡，每年更會舉辦咖哩祭典，所以來到這裡又怎能不品嘗看看。

元祖級濃郁歐風咖哩 Ⅲ 茄子おやじ

下北澤會變成咖哩激戰區的原因，可以追溯到1990年「茄子おやじ」的開業。據說當時是沒有其他咖哩餐廳，這家店也就這樣為下北澤現存咖哩店中的元老級。隨著一家家名店的開幕，茄子おやじ卻始終屹立不倒，開店不到半小時，門外就出現長長人龍。

然而，店內沒有殘舊的感覺，就像咖啡廳一樣時髦，播放著黑膠唱片，洋溢著咖哩香氣，構成特別的空間。人氣少女漫畫家山森三香的作品《皎潔深宵之月》就是選這裡作為女主角老家的原型。

咖哩口味只有一款，可選雞肉、牛肉或蔬菜，或是全部都有的Special。稠密的咖哩醬汁覆蓋住白飯，放著煮得軟嫩的肉塊與胡蘿蔔片。賣相雖然簡單，但味道濃重。洋蔥以8~10小時炒出甜味，與獨家配方的香料混合，帶有辣勁卻易於入口，跟白飯就是絕配。雖說長江後浪推前浪，但咖哩如此美味，難怪面對多少對手仍能保持王者地位。

加了水煮蛋的雞肉咖哩。

播放著黑膠唱片，就像咖啡廳般時尚。

地址：東京都世田谷区代沢5-36-8 アルファビル 1F
如何抵達：京王井之頭線、小田急小田原線「下北澤」站徒步4分
費用：￥1,000～￥1,999
營業時間：12:00～22:00(售完即止)。定休日：無
網址：https://www.instagram.com/nasuoyajicurry/?hl=ja

點一杯冰淇淋可挑選兩種口味。

從咖哩到義式冰淇淋的香料盛宴

Curry Spice Gelateria KALPASI

地址：東京都世田谷区北沢2-12-2 サウスウェーブ下北沢 1F
如何抵達：京王井之頭線、小田急小田原線「下北澤」站徒步2分
¥ 費用：¥1,000～¥1,999
營業時間：11:30～20:00。定休日：星期四
網址：https://www.instagram.com/kalpasi_shimokitazawa/
建議：可單點義式冰淇淋，外帶冰淇淋不用排隊，直接進店購買。

有著日本第一難預約名號的超級人氣咖哩店「Kalpasi」，在2020年於下北澤開設了姊妹店，不只提供精心製作的咖哩，還能品嘗到由各種香料製成的義式冰淇淋。咖哩通常有3款，我到訪時就有鷹嘴豆、檸檬雞肉與尼泊爾山椒豬肉，都是不常見的口味。

咖哩飯一反平常茶啡色的刻板印象，色彩非常豐富。微辣而香濃的咖哩搭配口感偏硬的黑米飯，伴以檸檬、苦瓜、洋蔥等多種漬物，酸酸甜甜的蔬菜與咖哩相輔相成。

好戲還在後頭，吃完咖哩可以來一杯自家製義式冰淇淋，8種口味全部都有加入香料，是前所未見的組合。我點了一杯花椒巧克力與印度奶茶的混合口味，先是濃郁而冰涼的巧克力冰淇淋，之後上來是花椒的麻勁，猶如冰火二重奏。接著再來一口香甜的印度奶茶冰淇淋緩和一下，同時也洗去剛才咖哩飯的辣味，作為完美結束。一頓飯能以不同方式享受到香料的滋味，實在是很特別的體驗。

咖哩顏色鮮艷豐富，讓人食慾大增。

左：從店門可窺看到冰淇淋展示櫃。
右：8種獨特口味的香料冰淇淋。

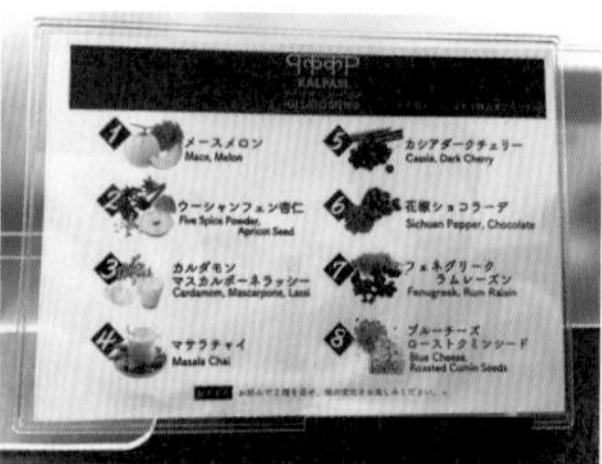

鮮味與蔬菜滿載的湯咖哩 ポニピカリ

地址：東京都世田谷区北沢2丁目8-8 2F
如何抵達：京王井之頭線、小田急小田原線「下北澤」站徒步4分
¥ 費用：¥1,000～¥1,999
營業時間：平日11:30～15:30、17:00～21:45，週末11:30～21:45。定休日：無
網址：https://www.ponipirica.in/

店舖外牆大大的SOUP CURRY字樣超級好辨認。

湯咖哩源自北海道，但在下北澤也吃得到喔！「ポニピカリ」的店主出身於北海道，為了把自己喜愛的湯咖哩口味帶到東京而決意開店。湯咖哩配料以雞肉和蔬菜為主，湯頭可從蕃茄、鰹魚及蝦之中選擇，辣度也能自選，組合出喜歡的口味。

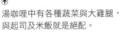

我點了蝦味湯頭的雞肉與蔬菜咖哩，再為白飯加上炙燒起司。扁平的盤子中盛著大雞腿與11種蔬菜，色彩鮮艷豐富。先來一口咖哩，濃郁的蝦味帶來味覺衝擊，不愧是用了700隻以上蝦子熬煮的湯頭！也因為加入香料調和，那鮮味比真正吃蝦的感覺還要強烈。雖然蝦味湯頭要加價110日幣，但絕對值得。湯咖哩味道偏重，配合各種甘甜的蔬菜十分平衡。雞腿也是一絕，外皮炸得香脆，內裡卻煮得軟嫩，用湯匙輕輕一剝就可骨肉分離。一口咖哩一口飯，不消一會就吃得一滴不剩，實在太美味了。

湯咖哩中有各種蔬菜與大雞腿，與起司及米飯就是絕配。

店內有多個座位。

開店不久就坐無虛席。

慵懶愜意的平民商店街 → 高円寺 こうえんじ

若要問最喜歡東京哪個地方，我絕對會毫不猶豫回答「高円寺」。第一次到訪時，便被那隨性不造作的氛圍深深吸引著，充滿個性的古著店與雜貨店、實惠的商店街及居酒屋、熱鬧的阿波舞祭典文化（註），時尚與日常的融合恰到好處。來這裡無須用力打扮去迎合當地氛圍，可以輕鬆做回自己，腳步也會不期然地放慢。當被工作及生活追趕得喘不過氣來時，前往高円寺散步、購買喜歡的古著、在咖啡廳享用美味的甜點，就能找回安穩的步調。

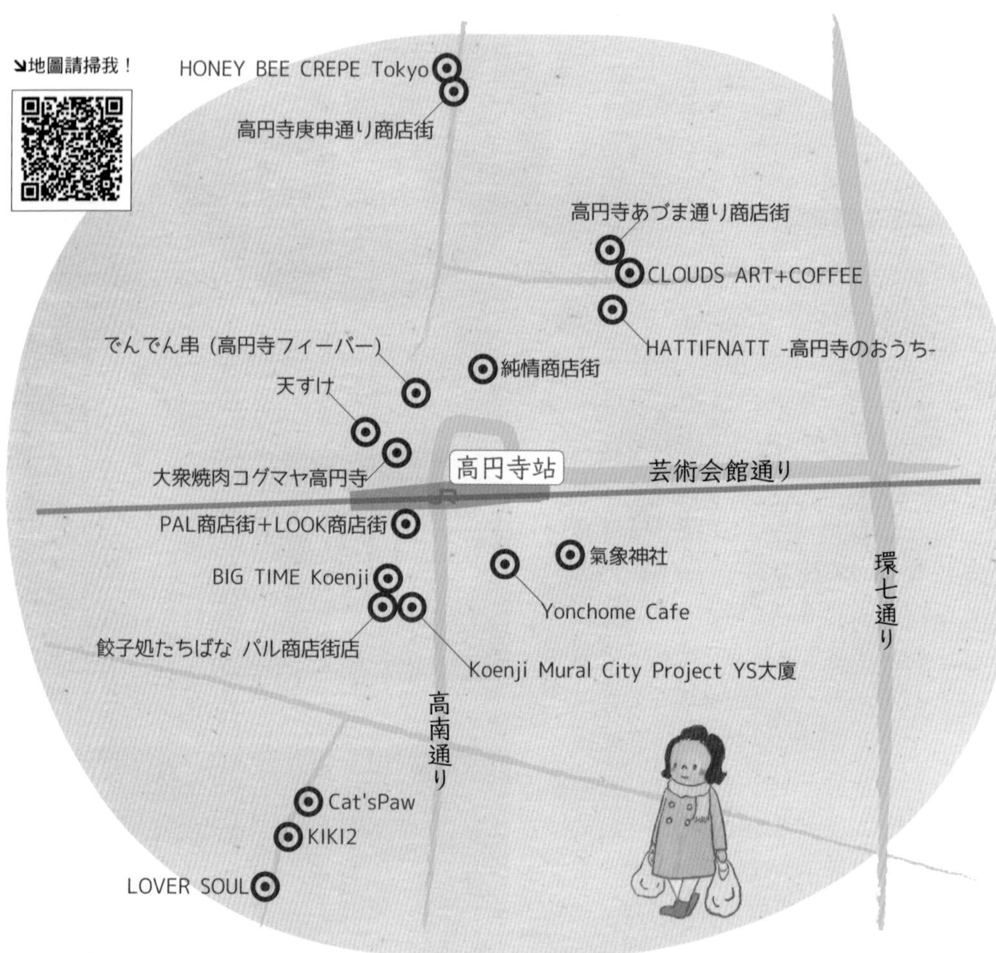

註 源自於德島縣。在 1957 年，高円寺為了振興商店街經濟而首次舉辦阿波舞大會，自此成為當地傳統。每年 8 月下旬的最後一個週末，從車站到周邊街道，數十支舞隊會在路上舞蹈，據說曾吸引高達 100 萬以上的遊客來參觀，是高円寺一大盛事。

Gclef
TEA MARKET

猫の額
NEKo No

COFFEE
HOUSE
poem
マノアマノコーヒー
コーヒーとお菓子

350
498
Oh My God!!
HELP!!

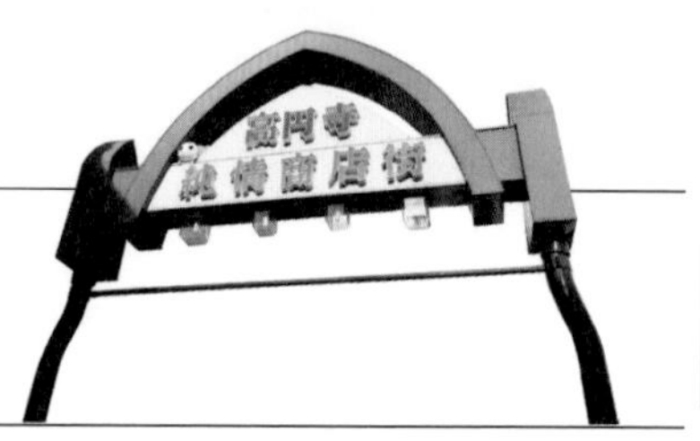

商店街大比拼

高円寺的一大特色是有很多商店街，從連鎖日用品店、古著及雜貨店到餐廳，每走進一條商店街都可找到各式各樣的店鋪。一般而言，這些商店街都是沒有特定主題的，但同類型商店會聚在一起。大致分為幾個類別，第一次來高円寺的新手，可參考下列景點並制定散步路線。

走進街坊的日常生活——純情商店街

步出高円寺車站北口，純情商店街搶眼的招牌馬上映入眼簾。這裡原名為「高円寺銀座商店街」，在1989年以此地為故事舞台的小說《高円寺純情商店街》榮獲日本文學獎直木賞，從此純情商店街成為當地人的愛稱，也是現在商店街的名字。雖然跟純情沒直接關係，但有著純樸的庶民風情，街上可以找到連鎖藥妝店、便當商店等，周邊也有多家蔬果店及肉店，日常生活感滿載。

⬇ 商店街內多半以當地街坊店舗為主。

熱情好客的天婦羅老店

🍴 天すけ

⬆ 簡樸又帶懷舊感的店面。

這家天婦羅店就在純情商店街入口步行不到2分鐘的距離，說是高円寺最有名的美食也不為過。小小的空間只有一列面向廚房的吧檯，門外則是風雨無阻每天都在排隊等候的人們。午餐提供一系列實惠的天婦羅丼飯與套餐，必點雞蛋天婦羅，師傅會把生雞蛋直接打進油炸，做到外脆而內裡流蛋汁的效果，是一道功夫菜。

←
客人都擠在吧檯用餐。
↓
天婦羅定食的炸魚、炸茄子與炸花椰菜。

→
厚厚的炸什錦蔬菜很有飽足感。

←
堆滿各式食材的天婦羅丼也很吸睛。
↓
名物雞蛋天婦羅，劃開會有半熟流心蛋黃。

地址：東京都杉並区高円寺北3-22-7 プラザ高円寺 1F
如何抵達：JR中央線・總武線「高円寺」站北口徒步2分
¥ 費用：￥1,000～￥1,990
營業時間：12:00～14:00、18:00～22:00。定休日：星期一

雞蛋天婦羅丼飯與套餐價格都是1,500日幣，包含炸蝦、炸魷魚、炸茄子等約7~8款天婦羅，兩者內容相似，不同的是丼飯是把天婦羅一口氣堆滿在米飯上，套餐則是逐次慢慢提供。現點現炸的天婦羅熱騰騰，外衣薄酥香脆，吃完整個套餐很有飽足感。

我與台灣朋友一邊聊天一邊拍照，師傅竟然說了幾句中文，甚至擺動作讓我們拍影片，還特地把原本隨便放在碟子上的天婦羅擺成如料亭的模樣，非常好客。疫情前，這家餐廳在海外旅客間十分熱門，想必老師傅為此學了幾句中文，親切友善的態度為這頓飯增添些許人情味，感受到日本人的款待精神。

便宜美食之街→庚申通り商店街

在鐵路高架橋旁的與庚申通り商店街，較前頭的是酒店與居酒屋，看似是適合花天酒地的紅燈區，但愈往裡面走卻愈庶民化，可以找到便宜的小吃店與咖啡廳，整條路上有各種美食，如果肚子餓了可以來吃點東西稍作休息。

← 主打使用自然食材製作的甜甜圈店floresta。

NOTICE 目前已歇業，店主正在尋找新點，希望在2023年內於高円寺重新開業！

高評價的可麗餅小店
HONEY BEE CREPE Tokyo

- 地址：東京都杉並区高円寺北3-35-24
- 如何抵達：JR中央線・總武線「高円寺」站北口徒步6分
- ¥ 費用：～¥999
- 營業時間：12:00～22:00。定休日：星期二
- 網址：https://www.instagram.com/honeybeecrepe/

有很多日本媒體和藝人到訪過的可麗餅店，最有名的莫過於在日本國民偶像組合嵐的綜藝節目中，成員松本潤吃過後也大讚。不同於日本大部分的可麗餅外皮偏軟，經過長時間煎烤，餅皮邊緣有著酥脆的口感。內餡是甜甜的奶油，招牌蜂蜜檸檬口味所用的蜂蜜，更是來自周邊蜂蜜店「吉野純粋蜂蜜店」的日本國產蜜糖，酸酸甜甜味道清爽。

→ 店內有些許座位供客人使用。

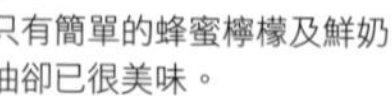

← 只有簡單的蜂蜜檸檬及鮮奶油卻已很美味。

滿滿都是手工雜貨 → あづま通り商店街

相比其他商店街，這裡的店舖較少也相對寧靜。在靠近車站的入口旁，可以找到幾家雜貨店、畫廊與咖啡廳，而且皆是以手工作品為主。森林系的簡約風格與街上其他舊房子形成絕妙的對比。

童話繪本咖啡廳
HATTIFNATT

手繪招牌充滿童話感。

地址：東京都杉並区高円寺北2-18-10
如何抵達：JR中央線・總武線「高円寺」站北口徒步3分
費用：￥1,000～￥1,990
營業時間：12:00～22:00。定休日：星期一
網址：https://www.hattifnatt.jp/

從外到內都像是把繪本中的小木屋帶到現實世界中。綠色外牆擺放了數盆植栽增添自然感，穿過狹窄的木門，店內畫滿可愛的圖案，連菜單、坐墊與隔熱墊等都有著童話元素，繽紛色彩讓人心情也明朗起來。在這裡可以品嘗到披薩、焗烤等洋食與甜點，像是進入童話世界中，即使是簡單的食物也變得美味。

焗烤放在花型的隔熱墊上也變得可愛起來。

平凡的商店街中突如其來一間小木屋。

店內隨便一個角落都很好拍。

在壁畫的包圍下讓人如身處在繪本裡。

欣賞日本新晉藝術家作品 CLOUDS ART+COFFEE

地址：東京都杉並区高円寺北2-25-4
如何抵達：JR中央線・總武線「高円寺」站北口徒歩4分
¥ 費用：～¥999
營業時間：13:00～19:00。定休日：星期一
網址：https://www.cloudsgalleryplusCoffee.com/

誠如店名所言，這裡可以同時欣賞畫作與享用咖啡。簡約的空間裡只有幾個座位，沒有多餘的裝飾，純白的牆壁掛上多面畫作。展覽不定期更換，以日本插畫家及新晉藝術家的作品為主。每次經過時，我都會繞路過來看看，吸收一下文化氣息。

上：在畫作的包圍下品嘗咖啡。
下：還可買到展覽的主題商品。

風格多樣的古著街 → PAL 商店街＋ LOOK 商店街

左：高円寺中難得有蓋頂的商店街。
右：整條街上幾乎一半都是古著店。

高円寺也是知名的古著店聖地，幾乎是遍佈整個地區，特別集中在PAL商店街與LOOK商店街。從車站南口出來往右走，就可看到PAL商店街的入口，因為是有蓋頂的商店街，即使碰上雨天也不怕。一直走到盡頭，與其連接的就是戶外的LOOK商店街。

這裡的古著價格相對便宜，大概一、二千日幣就買得到，而且比起下北澤以運動休閒服裝為主，高円寺的店家有較多的復古小洋裝，因此，我更愛來這邊尋寶，以下就來介紹幾家常去的古著店。

永遠逛不完！ BIG TIME

地址：東京都杉並区高円寺南4-25-3 1F・2F
如何抵達：JR中央線・總武線「高円寺」站南口徒步2分
營業時間：11:30～21:30。定休日：無
網址：https://www.bigtime.jp/index.html

樓高3層的店舖販售民族風的古著，1樓以男裝為主，2樓為男女裝混合，3樓女裝為主。從襯衫、牛仔褲到各種花俏的長裙與連衣裙都有，大量衣服讓人看得眼花繚亂，單是逛這一家店就要花不少時間。

左：店內的貨架都掛滿古著。
右：連前往3樓的樓梯旁也擺放了裙子和飾物。

古著新手的入門店 Cats Paw

地址：東京都杉並区高円寺南2-48-7 オオデビル101
如何抵達：JR中央線・總武線「高円寺」站南口徒步5分
營業時間：星期一至四12:00～19:00，星期五至日、假日12:00～20:00。定休日：無
網址：https://www.instagram.com/cats__paw/

這是我在高円寺的第一名愛店，以女裝古著為主，襯衫、裙子與毛衣都有很多選擇。服裝風格相對貼近現代流行風格，容易搭配，適合古著新手挑戰。而且大部分商品價格便宜，大約一千日幣左右，多買幾件都不怕花太多錢。

左：從衣服到飾物款式可愛又帶有少許復古感。
右：可找到很多女裝的襯衫、裙子。

夢幻蕾絲 # KIKI2

地址：東京都杉並区高円寺南2-22-12 1F
如何抵達：JR中央線・總武線「高円寺」站南口徒步6分
營業時間：平日14:00～19:00，週末及假日13:00～19:00。
定休日：無
網址：https://www.instagram.com/kiki2_clothing/

喜愛夢幻風格的人絕不可錯過這家！猶如洋娃娃屋的店舖裝潢，在粉彩色的撞色與玩偶裝飾襯托下，讓衣服也看起來更加可愛。多款帶有蕾絲、蝴蝶結的裙子、蓬蓬裙，讓人想起早年流行的原宿風，還有一些特別的古典飾物，從頭到腳全套都可在這裡買到。

上：擺放著古典化妝台的店面讓人猶如走進攝影棚一樣。
下：小禮服也是走夢幻蕾絲風。

昭和風古著 # LOVER SOUL

地址：東京都杉並区高円寺南3-35-15
如何抵達：JR中央線・總武線「高円寺」站南口徒步6分
營業時間：12:00～20:00。定休日：無
網址：https://kouenji-loversoul.com/

像是打開了媽媽的舊衣櫥，這家店主打昭和風古著，店內展示著鮮艷而復古的洋裝，讓人如穿越到60、70年代。店舖在1991年開業，也算是時間悠久的老店。正因衣服很有年代感，在搭配上較具挑戰性，可嘗試與流行單品混搭，穿出自己的風格。

上：衣服的花紋一看就覺得很復古。
下：店內的時間好像一直停在昭和時代似的。

1000日幣喝到醉！——「せんべろ」大眾酒場

高円寺是東京酒鬼們喜愛的地方之一，不只因為提供飲酒的地方很多，價格也特別便宜。日語俚語「せんべろ」來自「千円でべろべろに酔える」（花1000日幣便可喝到爛醉）的簡寫，是生活費不多的大學生或上班族的福音。這些店沒有高格調的裝潢或精緻的美食，但保證能讓你吃飽喝醉，一起走進日本庶民的夜生活。

0元吃餃子 餃子処たちばな パル商店街店

地址：東京都杉並区高円寺南4-25-3 高南ビル 2F
如何抵達：JR中央線・總武線「高円寺」站南口徒步2分
¥ 費用：¥1,000～¥1,990
營業時間：17:00～23:30。定休日：無
建議：在高円寺車站北口也有分店，如太多人排隊可到分店看看。

↑看起來很可疑的招牌，但真的是0元。

看到「0円餃子」千萬不要以為自己看錯，這是貨真價實能免費吃餃子的地方！店內有一個特殊規則，「只要點一杯飲料便可獲得一人份（5個）熱騰騰的鐵鍋餃子」。飲料並不昂貴，生啤酒、燒酎調酒都是約500日幣，其他小菜如泡菜、小黃瓜漬物等也是約100日幣。並沒有限點一份的規定，若2個人點了4杯飲料，就可獲得4份餃子，喝得愈多便能吃得愈多！

←左：飲料價格和分量也很正常。右：二人份的鐵鍋餃子。

超強 CP 值燒肉 ⾁ 大衆焼肉コグマヤ 高円寺店

- 地址：東京都杉並区高円寺北3-22-2
- 如何抵達：JR中央線・總武線「高円寺」站北口徒步2分
- ¥ 費用：￥1,000～￥1,990
- 營業時間：17:00～23:00。定休日：無
- 網址：https://twitter.com/kogumaya_kng
- 建議：額外收取巻心菜絲下酒菜與座位費，一人385日幣。

日本的燒肉店通常價格偏高，在這裡可以滿足花小錢又可大啖吃肉和喝醉的願望。菜單上的肉類及小菜標價，招牌羊肉一份約280日幣、綜合內臟約450日幣，搭配巻心菜絲與特製醬汁品嘗，濃郁滋味十分下酒。平日下午5點至7點還有高球雞尾酒、檸檬沙瓦與燒酎調酒一杯100日幣的優惠，1000日幣就可喝上幾杯和多吃幾份肉。

1

1. 招牌羊肉肉質柔軟且羊羶味不會太重。
2. 這麼大杯檸檬沙瓦只要100日幣。
3. 菜單價格實惠。
4. 點滿整桌但一人費用是1、2千日幣左右。

2

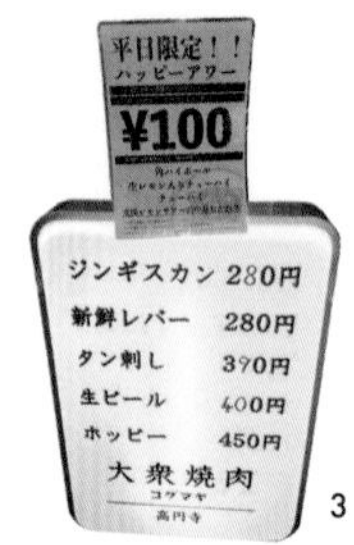

3

4

1 分鐘 10 元喝到飽 でんでん串 高円寺駅前階段急店

- 地址：東京都杉並区高円寺北3-22-12 第六東和ビル 3F
- 如何抵達：JR中央線・總武線「高円寺」站北口徒步2分
- 費用：￥1,000～￥1,990
- 營業時間：17:00～24:00。定休日：星期一
- 網址：https://twitter.com/kouenji_denden
- 建議：額外收取座位費，一人200日幣。

自己調的梅酒。

又一個會讓酒鬼雙眼發光的宣傳語，這是一家喝到飽的自助式酒店。雖然寫著1分鐘10元，但其實套餐以一小時計。入店後以手機線上點餐，60分鐘的喝到飽為660日幣、附啤酒990日幣，另外還有90分鐘、120分鐘、附下酒菜等不同選項。選好套餐後便可到飲料區自己斟酒，各種梅酒、日本酒、水果沙瓦濃縮液都有，還提供牛奶、紅茶、果汁等調配，就像是大人的自助飲料吧，味道濃淡隨心所欲。平常自己喝得很慢，但在氣氛感染下，一小時內也趕緊喝了三杯，自問喝得快又喝得多的人可以來挑戰一下。

各種酒和糖漿放在小攤位上，有種在參加祭典的氣氛。

must know

日本飲酒術語：居酒屋、大衆酒場、立ち飲み、角打ち是什麼？

想要再日本體驗喝酒的樂趣，通常只會想到居酒屋，其實還有幾種形式可以選擇！

居酒屋：提供美味的酒和料理，座位及環境相對舒適，適合多人的聚會或宴會。既有價格便宜的連鎖集團式居酒屋，也有收費較高，講究酒的品項或料理的店面。
大衆酒場：可用實惠價格享受便宜料理及酒的地方，店內有著庶民歡騰的氛圍。
立ち飲み：不設座位，所有顧客站在桌邊享用料理及酒。
角打ち：在賣酒的店舖購入酒後，就直接在店內享用。這個字源自販售日本酒的店，有說「角」是象徵喝日本酒時使用的酒器「木枡」，但近年有些手工啤酒店也會提供「角打ち」服務。

不能錯過!還有其他注目景點

高円寺的趣味還不僅止於購物及飲食，還有很多話題性景點也值得一訪。街上也隱藏著藝術作品，連電箱也是繪畫比賽的主角。選出全國參賽者的30幅佳作將黑壓壓的電箱來個改頭換面，走路時請記得東張西望，把街上各種作品一一盡收眼底。

《天氣之子》也有取景，祈求天氣放晴的氣象神社

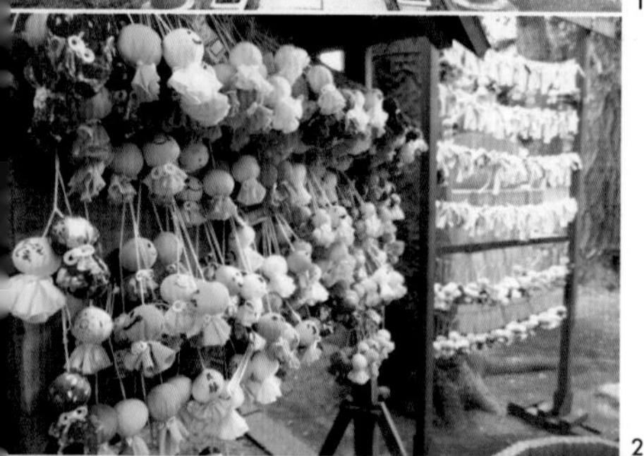

地址：東京都杉並区高円寺南4-44-19
如何抵達：JR中央線・總武線「高円寺」站南口徒步2分
營業時間：5:00～17:00。定休日：無
網址：https://koenji-hikawa.com/kisho_jinja/

日本的神社主題五花八門，竟然連天氣都可以祈求。日本唯一的氣象神社位在高円寺冰川神社境內，供奉神明為「八意思兼命」，傳說祂曾救出被岩石困住的太陽神，為世界再次帶來光明，因此被視為天氣的神明。名字中的「八意思」，代表掌管了晴、陰、雨、雪、雷、風、霜及霧八種氣象。

前往社殿的路上，兩旁是掛著信眾寫下的繪馬或是晴天娃娃，繪馬上寫著祈求活動、旅行天氣放晴，甚至有擺脱雨女、雨男的願望，想像著人們為天氣煩惱的樣子，不知怎的覺得有點可愛。這個場景也曾在動畫電影《天氣之子》中出現，在社務所可找到兩位聲優森七菜與醍醐虎汰朗寫下的繪馬。

1. 穿過鳥居就是氣象神社。
2. 七彩繽紛的晴天娃娃祈求放晴。
3. 木屐造型的繪馬寄託著大家的願望。

很熟悉的日劇場景 Yonchome Cafe

想到不少演員可能也喝過這杯冰咖啡，頓時覺得特別。

地址：東京都杉並区高円寺南4-28-10 高円寺リリエンハイム 2F
如何抵達：JR中央線・總武線「高円寺」站南口徒步1分
費用：～￥999
營業時間：11:30～0:00定休日：無
網址：https://yonchome.com/

對於喜愛日劇及日本音樂等哈日族來說，這是個值得朝聖的景點。這家氣氛復古的咖啡廳，一進去便會覺得眼熟，尤其是靠窗的位置，剛好可以看到電車經過，因此成為許多日本影視作品的取景地。從宮崎葵的電影《阿娜答有點blue》、小栗旬的《CRISIS》到較近期的《忒修斯之船》、《只是在結婚申請書上蓋個章而已》，無數位演員都曾在這裡拍攝。

更特別的是，彩虹樂團L'Arc~en~Ciel的主唱hyde就在這裡寫下《The Fourth Avenue Café》的歌詞。在這裡喝杯咖啡，想像自己是日劇主角，或許也會得到意外靈感。

靠窗的座位常在日劇中看到。

街頭藝術計劃 Koenji Mural City Project

網址：http://mural-city.com

東京有很多美術館，卻不常見街頭藝術，為了讓高円寺成為東京獨特的藝術街，特別在2018年舉行這項街頭藝術計劃，邀請多位藝術家以區內的大廈或是店舖的鐵閘為畫布，畫上多幅壁畫及塗鴉。其中最大一幅是由藝術團隊WHOLE 9創作的壁畫，位在PAL商店街旁的YS大廈，栩栩如生的鷹就像守護著這個地區。9幅作品散落在高円寺不同地方，不想錯過可以事先從官網查看地址前往。

YS大廈的大壁畫很有立體感。

日本人都想住的理想之地 → 吉祥寺 きちじょうじ

吉祥寺之前曾榮獲「日本人最想居住地排行榜第一位」，近年雖然被橫濱奪去寶座，但從未跌出前三之外，在當地人心中始終還是憧憬的居住地。

只要來過一趟吉祥寺便會知道，這裡幾乎集結許多人對居住環境的夢幻需求。喜歡大自然的人，有井之頭恩賜公園；追求便利的話，車站周邊有多家百貨及商店街，再加上熱鬧的居酒屋街、高質感的雜貨店和咖啡廳，有誰不想住在這呢？若要説唯一的缺點，大概就是房租太貴了，住不起不要緊，偶爾來散散步也是開心的。

open
NO PARKING

YEAH

ブランド古着
retore

NIKI·TIKI

錆猫ギャラリー
うちのコ展

丸メンチカツ

療癒系自然景點——井之頭恩賜公園

湖邊的長椅坐滿了休憩的遊客。

井之頭恩賜公園既是當地居民的後花園，也是多數旅客來到吉祥寺必去的景點。或許有人認為，除了櫻花或紅葉季以外，這裡就只是一座大型公園。不過，對於出身香港這個水泥森林的我而言，十分羨慕當地人能擁有這麼一大片綠地作休憩之用，也增添了我對日本生活的一分憧憬。

1917年對外開放的井之頭恩賜公園是日本首個郊外公園，已超過100年歷史，占地約380,000平方米。公園以偌大的井之頭池為中心，設有天鵝船可在湖中划船。高大挺拔的樹木圍繞著水池，綠意盎然，春季時會綻放粉嫩的櫻花，是日本櫻花名所百選之一。

井之頭恩賜公園中有多家咖啡廳及餐廳，也有運動場地，井之頭自然文化園、三鷹之森吉卜力美術館等文娛設施，適合花點時間繞一圈慢慢散步，也特別適合帶小孩來放電。

公園中還有名為井之頭弁財天的寺廟，其供奉的弁財天是保佑金運、姻緣及藝能的女神。在境內就有一個可以洗錢的水池，把錢幣放進篩子以靈水輕輕清洗，再細細擦乾，不需要一直保存，就像日常使用即可。據説洗錢可提升財運，達到商運享通及一家繁榮的效果。

從吉祥寺站或井之頭公園站都可徒步前往井之頭恩賜公園，如果利用吉祥寺車站，公園入口前還有多家古著店，可以順便購物一番。

地址：東京都武蔵野市御殿山1丁目18-31
如何抵達：
JR中央線、總武線、京王電鐵井之頭線「吉祥寺」站徒步5分
京王井之頭線「井の頭公園」站徒步1分
營業時間：無。定休日：無
網址：https://www.kensetsu.metro.tokyo.lg.jp/jimusho/seibuk/inokashira/index.html

1

2

3

4

1. 井之頭自然文化園的入口。
2. 井之頭弁財天的本殿。
3. 往吉祥寺車站方向的公園入口有一條古著街。
4. 用水清洗錢幣據説可保佑財運。

must know

信不信由你，在井之頭池划船的情侶會分手？

井之頭恩賜公園有一個著名的都市傳説。由於弁財天是位女性神明，妒忌在井之頭池上甜蜜地划船的情侶，便會讓他們分手。不過，這個傳説也同樣出現在東京迪士尼樂園、江之島等多個約會聖地。或許只因為很多情侶到訪，分手機率自然也較高吧。

← 可租用天鵝船遊湖。

精美雜貨店一條街——中道通商店街

上：街角的可愛甜甜圈店。
下：路上還有一些時尚咖啡廳。

吉祥寺有多不勝數的雜貨店，如果不知從何逛起時，直接來中道通商店街就準沒錯了。從街頭到街尾都是一家家可愛的小店，高質感的餐具、精緻的文具及飾物應有盡有。

要說吉祥寺與下北澤、高円寺的最大分別，就是這裡的店都有著優雅且夢幻的氛圍。比起年輕人，更多是日本太太們喝完下午茶在這邊散步逛逛雜貨，走在路上也似乎會沾染到端莊休閒的氣息。

上：純白的外牆內是夢幻的雜貨世界。
下：商品種類多樣，從文具到日用品都有。

日本藝術家手繪幻想街
空想の街の雜貨屋

- 地址：東京都武蔵野市吉祥寺本町2-34-10
- 如何抵達：JR中央線、總武線、京王電鐵井之頭線「吉祥寺」站徒步7分
- 營業時間：11:00～19:00。定休日：星期二
- 網址：https://www.kuusoogai.com/

另一家夢幻感滿載的雜貨店，由日本藝術家西村典子與設計師西村祐紀兩姊妹創立的品牌，以幻想街為主題的水彩畫進行創作，製作出一系列別致的雜貨，在2022年4月首次於吉祥寺開實體店。

從手工繪製的原畫到實用的手機保護套、杯子、文具等，商品圖案都蘊藏設計師的巧思，細緻的畫功、繽紛的配色會讓人打開想像的翅膀，投入到那片幻想空間裡。

夢幻滿溢的貓咪城堡 吉祥寺プティット村

地址：東京都武蔵野市吉祥寺本町2-33-2 吉祥寺プティット村
如何抵達：JR中央線、總武線、京王電鐵井之頭線「吉祥寺」站徒步4分
營業時間：每家店舖不同。定休日：每家店舖不同
網址：https://petitmura.com/

在平凡商店街中突如其來一座猶如主題樂園的設施，在2018年開幕的「吉祥寺プティット村」（吉祥寺Petit村）是為貓咪所建立的城堡。從外觀到室內的做工都相當細緻，蘑菇形狀的小屋、迴旋樓梯的樹枝手把，完美重現童話繪本中的堡壘，還可看到貓咪腳印的窗戶、貓頭噴泉等顯現心思的細節。

設施內的商店以貓咪咖啡廳「てまりのおしろ」為首，還有貓咪主題雜貨店「とことこ貨店」、提供多達18種茶飲的咖啡廳「TEA HOUSE はっぱ」和甜美風格雜貨店「Arrivee et Depart」。設施免費開放，無論是不是貓奴都可以去看看，肯定會勾起每個人的少女心。

4

1. 童話風的外觀在樸素的商店街中格外突出。
2. 設施內很適合拍網美照。
3. 貓奴必訪的主題雜貨店。
4. 隱藏在各處的貓咪圖案。

殘疾人士製作的雜貨小物

マジェルカ

地址：東京都武蔵野市吉祥寺本町3-3-11 中田ビル1F
如何抵達：JR中央線、總武線、京王電鐵井之頭線「吉祥寺」站徒步6分
營業時間：11:00～18:00。定休日：無
網址：https://www.majerca.com/

商店氣氛溫馨，商品種類五花八門。

表面看起來與一般雜貨店無異，但全部商品都由殘疾人士製作。這家店舖積極支援殘疾人士，旨在創造出共融的社會。商品種類繁多，手工製作的飾物、印著手繪圖案的T袖、化妝包，做工格外精細。不像一般庇護工場會請殘疾人士製作大量簡單的東西再以低價出售，而是在合理的價格販售高品質的商品，讓創作者獲得平等的對待及尊重。

展現紙張的無限性

Paper message

地址：東京都武蔵野市吉祥寺本町4-1-3
如何抵達：JR中央線、總武線、京王電鐵井之頭線「吉祥寺」站徒步6分
營業時間：11:00～19:00。定休日：無
網址：https://www.papermessage.jp/

花卡片設計很有巧思。

在這個手機不離身的數位時代，拿起筆在紙上寫字已不再是日常事，而這家「Paper message」正好讓我們重新感受紙張的可愛之處。形形色色的信紙、卡片、貼紙、紙膠帶，印刷著簡約自然的碎花圖案，或是讓人會心一笑的有趣圖畫。最讓我眼睛一亮的是一系列花朵造型的卡片，還配有專用的紙花瓶，可以像鮮花一樣擺設起來當裝飾，實在太有創意！看著這些精巧的紙張，不期然想起那些海外好久不見的摯友，想要給他們寫一封信，並附上美麗的花卡片，還有滿滿的思念呢！

100年前日本古董餐具喚醒老靈魂

Puku Puku 西公園前店

地址：吉祥寺本町4-13-2 千ハイツ
如何抵達：JR中央線、總武線、京王電鐵井之頭線「吉祥寺」站徒步7分
營業時間：11:30～19:30定休日：無
網址：https://onlinepukupuku.com/

原以為是一般日本陶瓷餐具的店，仔細一看每個盤子都貼著江戶、大正、明治等不同年代標示，頓時覺得價值升級！這是一家專門出售日本古董餐具的店舖，商品都有100~300年以上歷史，涵蓋輪島塗、青花瓷、釉上彩等多種陶器與漆器。這些由職人親手製作的盤子和飯碗歷經波折，輾轉到吉祥寺這家小店，想像其背後的故事就顯得更加珍貴。讓人驚喜的是，大部分商品都很實惠，幾百塊日幣就能買到，使用它們來裝料理，彷彿味道也會變得道地一點。

店內全是傳統日式餐具。

全年特賣價的日本製餐具

ARTIFEX GALLERY 吉祥寺店

地址：東京都武藏野市吉祥寺本町2-12-3 1F
如何抵達：JR中央線、總武線、京王電鐵井之頭線「吉祥寺」站徒步2分
營業時間：11:00～19:00。定休日：無
網址：https://shop.artifex.co.jp/

之前經過這家餐具店是被「Outlet」、「Sale」的字樣所吸引，發現價格真的太優惠，鼎鼎大名的美濃燒只要幾百日幣起，也不見任何瑕疵。於是，我好奇詢問店員，這是期間限定的大特賣嗎？沒想到竟然全年都是這麼便宜，原來餐具都是直接跟製作工廠進貨，才能以這麼划算的價格出售。聽完馬上默默記下這家CP值極高的小店，以後家中有什麼碗碟打破了，就可以直接來買新的。

高級感的空間，商品價格卻只要幾百日幣。

吃飽了再繼續逛！吉祥寺推薦美食

吉祥寺絕對值得花一整天來閒逛，在採買的空檔，一定要安排幾間好吃的餐廳，來好好充電。在此為大家推薦特色餐廳與咖啡廳，可以從早吃到晚，三餐不用煩惱。

早起的鳥兒有漢堡排吃 挽肉と米

- 地址：東京都武蔵野市吉祥寺本町2-8-3
- 如何抵達：JR中央線、總武線、京王電鐵井之頭線「吉祥寺」站北口徒步5分
- 費用：￥1,000～￥1,999
- 營業時間：11:00～15:00、17:00～21:00 (早上9:00開始領整理券)。定休日：無
- 網址： http://hikinikutocome.com/
- 建議：澀谷也有分店，可選擇距離較近的店舖去排隊。

1

2

3

4

1. 登記後可獲得整理券，之後再回到店裡用餐。
2. 店外不是在排隊領整理券，就是等候入店用餐的客人。
3. 烤好的漢堡排會一個個放在面前的鐵網。
4. 套餐附一顆生雞蛋可拌飯吃。

前文也有提及日本現正流行專門店餐廳，其中一項最受歡迎的美食便是漢堡排，而這家在2020年開幕的「挽肉と米」可說是漢堡排熱潮的先鋒。

要品嘗到他們家的漢堡排並不容易，雖然餐廳11點才正式營業，但9點就開始發放整理券，為了排到希望入席的時間，瘋狂的日本人甚至會再提早一小時，即8點左右開始排隊。幸好，友人住附近便央求她幫忙，8點半到店時就已有十多位在排隊，轉眼間後面突然增加2~30人，最終拿到12點左右中午時間的整理券。

這塊讓人早起等待的「漢堡排」有什麼厲害的地方呢？基本套餐為1500日幣，包含3塊漢堡排、味噌湯與無限任添的白飯。以100%牛肉製作的漢堡排就在眼前以炭火燒烤，由店員逐塊送到面前，扎實的肉粒與鮮甜的肉汁，光吃一口就感到非常滿足。

店員就在面前用炭火烤漢堡排。

漢堡排搭配米飯、味噌湯與多種調味料享用。

此外，店內提供多種調味料，岩鹽、醬油、麻辣粉、鹽漬檸檬辣椒、大蒜等，幾乎每一口可換一種口味，等到第二塊漢堡排上菜時，還會送上清爽的白蘿蔔泥，也可以生雞蛋拌飯來吃，讓平常飯吃不多的我都要開口添飯，否則試不完所有口味。

分享一個小小的排隊攻略，若是一大早來排隊，可以在9點拿到整理券後到咖啡店吃個簡單的早餐，或到井之頭恩賜公園打發時間。也可以試試中午去排隊，或許還能領到5點後的晚餐時段喔。

文青系和食咖啡廳

四步 吉祥寺本店

地址：東京都武蔵野市吉祥寺北町1-18-25
如何抵達：JR中央線、總武線、京王電鐵井之頭線「吉祥寺」站北口徒步10分
費用：￥1,000～￥1,999
營業時間：11:30～21:00。定休日：星期四
網址：https://www.sippo-4.com/

雖然叫作「四步」，但與吉祥寺車站有一段距離，位置在住宅區中。這家併設雜貨店的咖啡廳可以全面感受日本的魅力，咖啡廳提供道地且健康的和食家庭料理及各式甜點，在雜貨店則可找到優質日本品牌商品，餐具、文具與衣服應有盡有。整家店有著簡約自然風格，在這裡吃頓午飯、逛逛雜貨也似乎提升了自我品味。

店外擺放了各種木製家品。

不用餐只逛雜貨店也可以。

地下洞窟喫茶店 くぐっ草

地址：武蔵野市吉祥寺本町1-7-7 島田ビルB1F
如何抵達：JR中央線、總武線、京王電鐵井之頭線「吉祥寺」站徒步2分
¥ 費用：～￥999
營業時間：10:00～22:00。定休日：無
網址：https://www.kugutsusou.info/

1

2 3 4

1. 窄長的店面就像隧道，牆壁也可見凹凸不平的石紋。
2. 咖啡果凍清爽美味。
3. 菜單是用厚厚木片所做。
4. 走下階梯已有莫名的神秘感。

位在熱鬧的商店街中，走過階梯來到地下，卻是名副其實的「別有洞天」。店內裝潢就像一個洞窟隧道，帶有石紋的牆壁、昏暗的燈光、深木色的桌椅，伴隨著鋼琴音樂，洋溢著神秘而古典的氛圍。

菜單是貼在厚厚的木片上，自家調配咖啡提供多種咖啡豆選擇，基本款可選清淡的Soft口味或濃烈的Strong口味，甚至有用上3杯咖啡豆的特濃之選。

在這不見天日的空間中，喝著甘香的咖啡，會讓人忘卻日常的煩惱。更重要的是，在店內完全收不到網路訊號，更能感受到自己正身處地洞中。不如就回歸最初，專心用五感享受當下的美好時光。

1

多種層次的火焰燒刨冰 ▦ Cafe Lumiere

地址：東京都武蔵野市吉祥寺南町1-2-2 東山ビル 4F
如何抵達：JR中央線、總武線、京王電鐵井之頭線「吉祥寺」站徒步1分
¥ 費用：¥1,000～¥1,999
營業時間：平日12:00～20:00、週末及假日11:00～20:00。定休日：無
網址：https://select-type.com/p/cafe_Lumiere_kichijyouji/
建議：可在官網線上預約。夏季只提供刨冰，不提供其他甜點。

2

3

4

5

1. 店外有很多小裝飾。
2. 路上擺放了招牌指引店舖需上4樓。
3. 手繪菜單畫得很仔細精美。
4. 店員在客人面前澆上火焰。
5. 蛋白霜包裹著刨冰，可自由添加各種醬汁。

刨冰就只有冰和水果及糖漿嗎？太小看刨冰的可能性了！這家咖啡廳讓刨冰也有豐富的味道層次。招牌火焰燒刨冰的外表與內在兼備，以厚厚的蛋白霜包裹著刨冰，上桌時店員會在面前澆下蘭姆酒然後點火，熊熊藍色火焰超有魄力，記得要準備好手機把這畫面拍攝下來。

烤過的蛋白霜鬆軟而帶有焦香及酒的甘苦，使得酸甜的刨冰多了一層成熟的味道。刨冰本身已加入水果糖漿，會再附上果醬、煉乳、焦糖醬、奶油起司醬等隨客人喜好自行組合，享受多重變化。

和牛與海鮮的豪華合奏

吉祥寺 肉ドレス海鮮丼 本店

地址：東京都武蔵野市吉祥寺本町1-24-6 福助ビル2階
如何抵達：JR中央線、總武線、京王電鐵井之頭線「吉祥寺」站徒步2分
¥ 費用：¥1,000～¥1,999
營業時間：11:00～15:00、16:00～21:00。定休日：無
網址：https://www.instagram.com/kichijoji.meatdress/

1

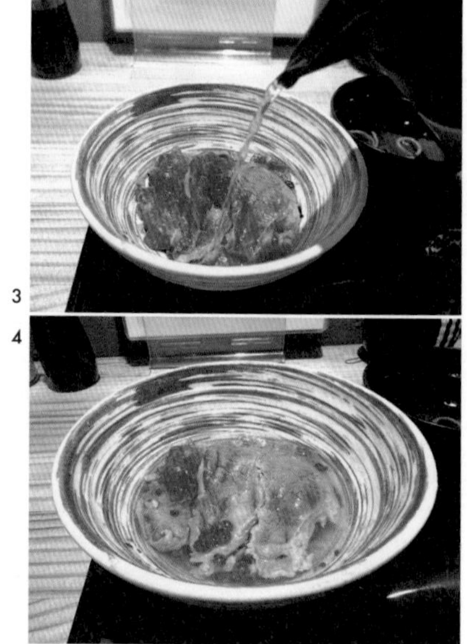

3

4

2

1. 粉嫩的和牛片鋪在丼飯上像是粉紅裙擺。
2. 店舖裝潢簡約。
3. 吃到一半可倒入熱呼呼的高湯。
4. 做成茶泡飯也很好吃。

對於和牛與海鮮都同樣喜愛，無法割捨嗎？這家餐廳就像神燈一樣，要實現每位貪吃鬼的願望，一碗丼飯盡攬和牛與海鮮的滋味。招牌「肉裙擺海鮮丼」以薄薄的A4黑毛和牛肉片鋪滿在米飯上，再放海膽與鮭魚子，中間還隱藏著溏心蛋及鮪魚泥，簡直是鮮味的寶石箱。

根據店家的推薦吃法，首先在牛肉灑上岩鹽單純享受油花的甘甜，接著澆上芥末醬油突出海鮮的鮮味，最後留三分之一再澆上高湯做成茶泡飯，完美結束。每一口都是喜歡的食物，奢侈放縱的感覺也成為丼飯最佳的調味。

走進小巷舉杯暢飲 ハモニカ橫丁

地址：東京都武藏野市吉祥寺本町1-1-2 ハモニカ橫町
如何抵達：JR中央線、總武線、京王電鐵井之頭線「吉祥寺」站徒步1分
營業時間：每家店舖不同。定休日：每家店舖不同
網址：http://hamoyoko.jp/hamonika_kichijoji/

居酒屋掛上巨型紙燈籠。

左：てっちゃん的店面可看到充滿個性的裝飾。
右：狹窄的橫丁兩旁都是店舖。

日語「橫丁」原本是指主要道路的小街道，但現在常指酒吧街或居酒屋街，甚至有一些新開幕的美食設施都會取名「〇〇橫丁」，例如澀谷Miyashita Park中的「澀谷橫丁」。不過，吉祥寺的ハモニカ橫丁（口琴橫丁）是如假包換的居酒屋街，狹窄的小巷中有100多家居酒屋、酒吧、啤酒館，各位愛酒人士可以來體驗道地的日本飲酒文化。

在橫丁中有一家非常吸睛的居酒屋「てっちゃん」，鮮紅的塗鴉、仿如冰塊的桌子、誇張的人偶，沒想到竟出自日本建築大師「隈研吾」之手，混亂且浮誇的設計正好符合小巷熱鬧的氣氛。所有人圍坐在吧檯旁，吃著便宜的串燒把酒言歡，雖然與午間悠閒優雅的氣氛相反，吉祥寺的晚上同樣讓人著迷。

除了日式居酒屋，也可找到不同國家的料理。

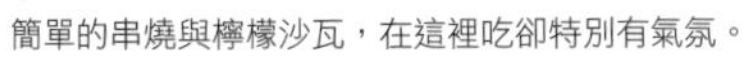

簡單的串燒與檸檬沙瓦，在這裡吃卻特別有氣氛。

chapter.

浅草｜Asakusa

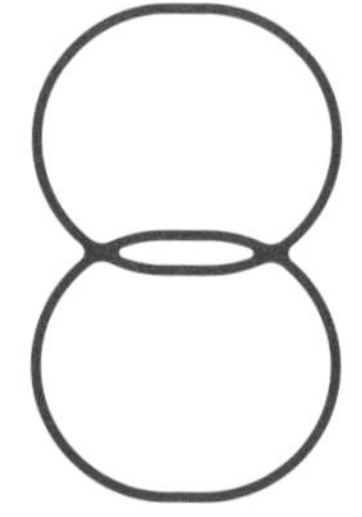

歷久彌新的熱門觀光地 淺草

淺草是東京數一數二的著名景點，想必很多初次旅日的人一定會把這裡納入行程之中。性格彆扭的我曾有一段時間很抗拒這個大眾景點，彷彿來到此地就是一名跟風的觀光客。

熱門事物必然有其過人之處，淺草因為娛樂設施、文化體驗及美食都十分豐富且集中，適合男女老幼前往，才會成為歷久不衰的觀光勝地。如果深入去探索的話，還會發現更多迷人的老店，甚至還有日劇迷的朝聖地，愈逛愈了解到淺草這個地方深不可測，值得一去再去。

↘地圖請掃我！

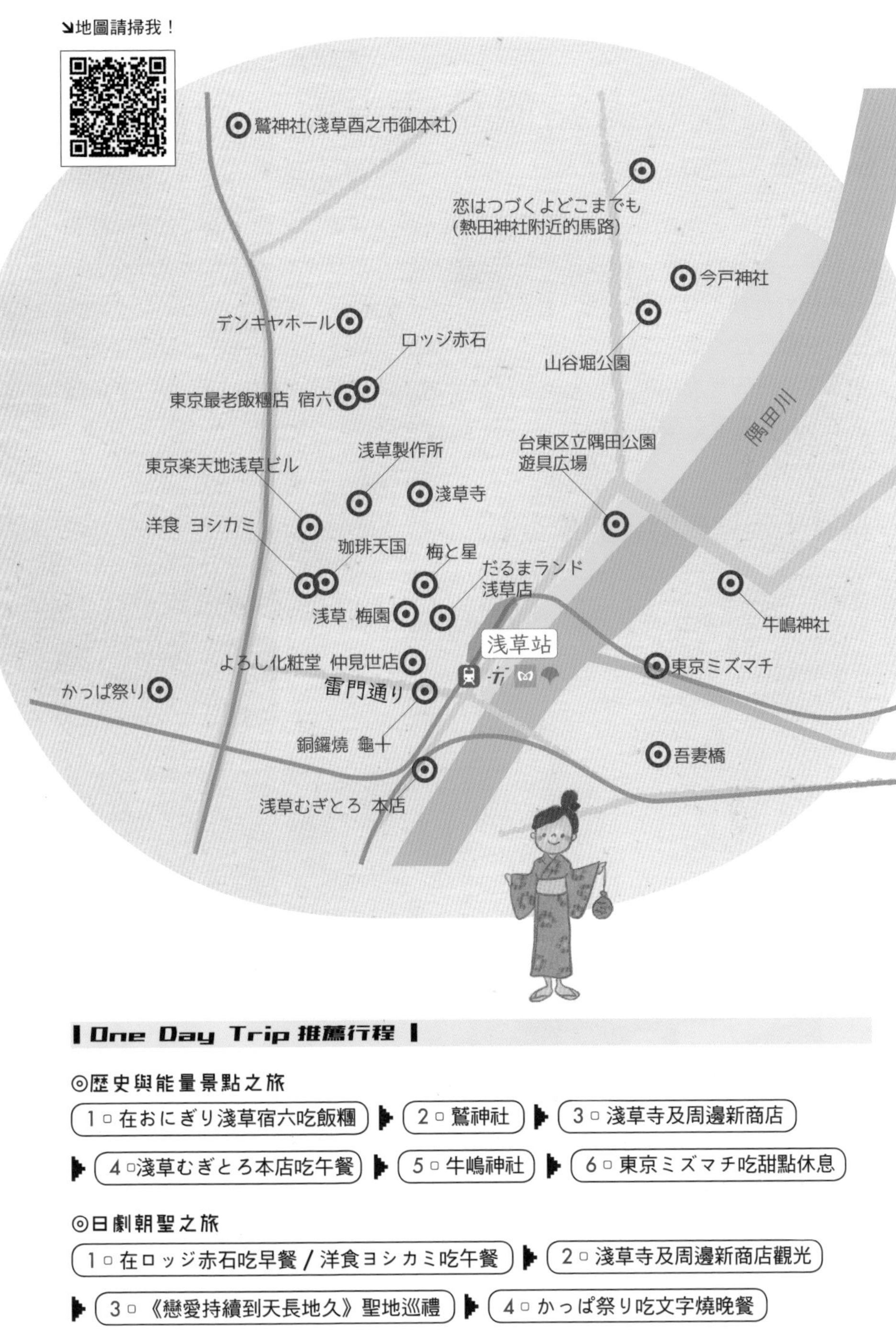

One Day Trip 推薦行程

◎歷史與能量景點之旅

1。在おにぎり淺草宿六吃飯糰 ▶ 2。鷲神社 ▶ 3。淺草寺及周邊新商店 ▶ 4。淺草むぎとろ本店吃午餐 ▶ 5。牛嶋神社 ▶ 6。東京ミズマチ吃甜點休息

◎日劇朝聖之旅

1。在ロッジ赤石吃早餐／洋食ヨシカミ吃午餐 ▶ 2。淺草寺及周邊新商店觀光 ▶ 3。《戀愛持續到天長地久》聖地巡禮 ▶ 4。かっぱ祭り吃文字燒晚餐

吸收滿滿能量的寺廟神社散步

在日本有很多大大小小的寺廟與神社，我並無宗教信仰，也沒有求神拜佛的習慣，但來到這裡，卻很愛到不同寺廟與神社祈願。經過我長年的觀察，對於他們的營運方式感到佩服，不僅致力於歷史傳承，還會迎合社會的轉變調整，在授予品（販售御守、御朱印、御神籤等）等下不少功夫。淺草周邊有許多極富特色的寺廟與神社，無論是單純參觀，還是想要許願祈福，可以多走幾步來一場能量景點散策。

擁有千年歷史的經典象徵 卍 淺草寺

- 地址：東京都台東区浅草2-3-1
- 如何抵達：東武晴空塔線、東京Metro銀座線、筑波快線、都營地下鐵淺草線「淺草」站徒步5分
- 營業時間：6:00～17:00 (10月～3月開堂時間為6:30)。定休日：無
- 網址：https://www.senso-ji.jp/

➔ 淺草最有名的地標雷門燈籠。

就像到別人家一定要先打招呼，每次來到淺草，到淺草寺參拜是我的必備行程。作為東京都內歷史最悠久的寺院，淺草寺早在1300多年前興建，二戰燒毀後再重建，鮮紅色的建築非常氣派。

光在雷門大燈籠拍照打卡，穿過熙來攘往的仲見世通，來到本堂的香爐前往身上撥幾下煙霧，再到觀世音菩薩面前許願，這一連串熟悉的動作就像是在說：「淺草，我回來了！」

每次來到淺草寺時，我必定會求籤試試當天運氣。有趣的是，在這裡求籤很容易獲得凶籤，不是大家的運氣都特別差，而是有原因的。傳統的觀音百籤的吉凶比例是7：3，但為了讓參拜者心情愉悅，多數寺廟都會調整吉籤的數量，但淺草寺卻維持原來的比例（大吉17%、末小吉3%、小吉4%、半吉5%、末吉6%、吉35%、凶30%），才會有容易抽到凶籤的錯覺。

抽到凶籤也不用太擔心，據說這代表著未來不會發生比這個更差的事、運氣會愈來愈好，而且籤文上寫的是神明的宗告，只要謹守教訓即可。如果擔心的話，也可以把籤文綁在神社的指定地方淨化。像我到訪當天一心想著要拍凶籤的照片，還真被我「一擊即中」反而覺得很走運呢！

穿過仲見世通會來到寶藏門。

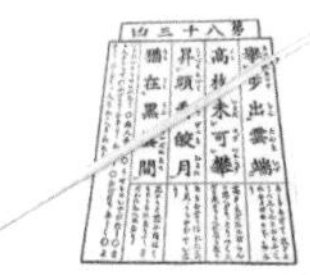

抽到凶籤可以像這樣把籤文綁起。

按著竹籤上的號碼自己拿籤文。

據說香爐的煙霧會保佑身體健康。

超可愛招財貓御守與神籤
今戶神社

地址：東京都台東区今戸1-5-22
如何抵達：東武晴空塔線、東京Metro銀座線、筑波快線、都營地下鐵淺草線「淺草」站徒步15分
營業時間：9:00～16:00。定休日：無
網址：https://imadojinja1063.crayonsite.net/

1

2

3

我想這裡應該是最受女生歡迎的神社，因為境內實在太可愛了！今戶神社的面積不大，到處都能看到招財貓的蹤影。這一帶曾以生產「今戶燒」陶瓷器聞名，包括招財貓在內，因而有招財貓發源地之稱。很多人會把招財貓拿到今戶神社供奉，成為神社的特徵。不只本殿有巨型招財貓，還有各種相關繪馬、御守、御神籤等。

雖然神社放置了許多招財貓，卻是以保佑姻緣聞名，跟財運關係不大。因為供奉了日本首對夫婦伊弉諾尊與伊弉冉尊，便有了祈求良緣、戀愛和婚姻美滿的意義，也成為很多女生特地來訪的原因。日劇《戀愛可以持續到天長地久》第一集女主角就是在這裡參拜，使得今戶神社更加有名。

1. 境內滿滿的招財貓裝飾。
2. 各式各樣的御神籤。
3. 繪馬也是招財貓圖案。
4. 御神籤有貓巫女的摺紙及籤文。

4

摸摸牛像祈求健康 牛嶋神社

地址：東京都墨田区向島1-4-5
如何抵達：都營淺草線「本所吾妻橋」站、東武晴空塔線「東京晴空塔」站徒步3分
營業時間：(4～9月) 5:00～ 18:00、(10～3月) 5:30 ～ 17:00。定休日：無
網址：http://www.tokyo-jinjacho.or.jp/sumida/5692/

1

2 3
4 5

1. 入口處可看到神社的標示。
2. 氣氛莊嚴的本殿。
3. 狛牛像守護著神社。
4. 摸摸牛像能治癒病痛。
5. 因颱風損毀的鳥居有著修補的痕跡。
6 黑牛的御神籤。

6

希望身體強壯，往往會用到「健壯如牛」一詞，正好符合了這座以保佑健康聞名的神社。離淺草中心景點有點遠，需要過橋跨過隅田川，比較接近晴空塔。牛嶋神社的起源眾說紛紜，其中一說是平安時代慈覺大師被神明素戔嗚尊化身的老翁指點，在國家紛亂時，戴上牛頭以降伏惡魔的形象守護國家。因此，在境內可以看到狛牛像取代常見象徵除魔的狛犬像。

此外，自江戶時代就有「撫牛」的習俗，認為只要摸摸自己身體不舒服的部位，再摸摸牛像的同樣地方就能治癒病痛。牛嶋神社也有設置撫牛像，而且不只身體，還可以療癒心靈，很多日本民眾會在小孩出生時，帶他們來摸摸以保佑健康成長。疫情期間，神社也很貼心提供酒精，在撫摸牛像的前後可以為雙手進行消毒。

酉之市起源地⛩鷲神社

🏠 地址：東京都台東区千東3丁目18番7号
🚶 如何抵達：東京Metro日比谷線「入谷」站北口3號出口徒步約7分
🕘 營業時間：9:00～17:00。定休日：無
🌐 網址：https://otorisama.or.jp/

1

2

3

1. 木牌標示著這裡是淺草酉之市的發源地。
2. 整齊排列的叶鷲吉祥物十分可愛。
3. 御守款式也很多樣。

酉之市是每年11月酉日鷲神社所舉辦的祭典，如同日本部分神社內會舉辦市集，這裡會販賣名為「熊手」的開運吉祥物。「熊手」原是指農業器具的竹耙，但在此處的熊手會在竹耙子上加上稻穗、米袋、面具、鯛魚、金幣等象徵好運的物品，代表把這些幸運都抓進來，祈求開運招福和生意興隆。熊手有各種大小，款式眾多，愈大的愈貴，而且在酉之市上殺價也是習俗之一。

神社是酉之市的起源地，每年辦得都很盛大，攤位數量與參觀人潮都是東京之最。但在平日的氣氛就完全不同，神社寧靜而人煙稀少，一穿過紅色大鳥居，御神殿馬上映入眼簾。殿舍旁擺放了很多名為「叶鷲」的吉祥物，日語「鷲」是鵰的意思，在社務所可以購買這些鵰型的「叶鷲」，在上面寫下自己的願望後，再供奉到神明前就可保佑願望成真。此外，他們還有販賣可愛的招財貓與小狗造型的御神籤，即使買不到熊手，還是很值得一遊。

百年經典老舖的滋味

在科技發達的時代，人要活到100年已不是新鮮事，但一家店舖要營業超過100年實屬不易。在淺草這個舊城區，許多店舖都經歷了風風雨雨，百年堅守著老店的味道，並且流傳下來，讓人敬佩。尤其在新冠疫情的襲擊之下，不少店舖都捱不住而歇業，讓僅存下來的更加難能可貴。

深受當地人喜愛的日本三大銅鑼燒

龜十

地址：東京都台東区雷門2-18-11
如何抵達：東京Metro銀座線「淺草」站徒步約2分
¥ 費用：～¥999
營業時間：10:00～19:00。定休日：無

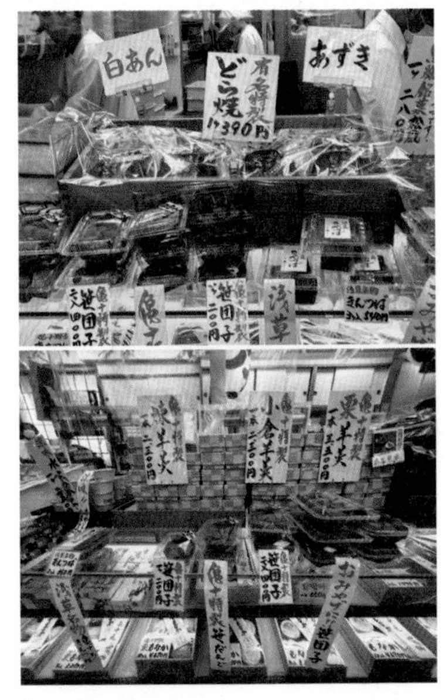

上：銅鑼燒有兩種豆餡可以選擇。
下：還有羊羹等傳統和菓子。

淺草大街上有一家店舖總是大排長龍，不分疫情前後，都是滿滿的人潮。在大正末期開業的龜十，是一家傳統和菓子店，小小店舖裡無時無刻都擠滿客人，就為了購買他們家的銅鑼燒。

龜十的銅鑼燒可選紅豆或白豆口味。其外皮烤得近深棕色，入口時帶有陣陣焦香。內餡為自家製帶有顆粒的豆泥，不會太甜膩，還能品嘗到濃郁的紅豆香，打破了我長久以來對和菓子的刻板印象。只要吃過就能理解為什麼它會被喻為「日本三大銅鑼燒」之一，真的令人一吃難忘，也不意外為什麼即使要排隊，大家還是等著搶購。

米其林星級！東京最古老的飯糰店 おにぎり淺草宿六

地址：東京都台東区浅草3-9-10
如何抵達：筑波快線「淺草」站徒步約3分
¥ 費用：～¥999
營業時間：中午11:30～、晚上：17:00～(售完即止)
定休日：中午：星期日、晚上：星期二、三、日
網址：http://onigiriyadoroku.com/

2019年首次入選米其林後聲名大噪，開店一小時內所有品項就會售罄而打烊，在碰過幾次壁後，趁著疫情期間旅客較少，提早營業時間前半小時抵達，終於在第二輪入席。

作為東京最古老的飯糰店，淺草宿六提供多款傳統口味的飯糰，例如梅子、昆布、鮭魚，以漬物和海鮮為主。午餐期間，可以點附味噌湯和醃蘿蔔的套餐，自選2或3款飯糰。飯糰會以竹籃盛裝上桌，必須要吃完一個之後，才會送上另一個，保證是剛剛捏好的，有種特別的體驗感。

與便利商店的飯糰相比，這裡的尺寸大一些，捧在手裡還有點溫度，濕潤的米飯包裹滿滿的餡料。生薑味噌漬有著強烈的辣勁，而鮭魚子的鮮味與白飯也十分契合。雖然它就只是一顆樸素的飯糰，但不知怎的卻讓人整個早上都十分滿足，不愧是日本國民美食。

↑
猶如身處壽司店的吧檯。
→
上：飯糰和漬物都放在竹籃中。
下：米飯包著滿滿的餡料。

淺草的長老，安政元年始創泡沫紅豆湯 淺草 梅園

地址：東京都台東区浅草4-20-3
如何抵達：東京Metro銀座線、東武伊勢崎線「淺草」站徒步約2分
費用：～￥999
營業時間：星期一～五10:00～17:00、
星期六、日及假日10:00～18:00。定休日：無
網址：https://www.asakusa-umezono.co.jp/

↑白玉奶油餡蜜適合夏天享用。
←店內氣氛懷舊。

淺草梅園在1854年創業，之前從日本電視節目得知它是淺草最老的店鋪，也見證了當地的興衰更迭。其主打的標語是：「創業以來味道不變，提供多種傳統日式甜點與點心」。

必點的知名品項是「泡沫紅豆湯」（あわぜんざい），打開碗蓋會嚇一跳，竟是黃黃的米飯與紅豆泥。原來是蒸過的糯米，與紅豆泥攪拌後會形成如泡沫的口感，溫熱又濃郁的甜味，吃完相當有飽足感。此外，冰涼的白玉奶油餡蜜也是不容錯過，在清爽的寒天與水果上是香草冰淇淋與Q彈的白玉糰子，澆上濃郁的黑糖蜜會更加好吃。

↑泡沫紅豆湯需要自行攪拌出鬆軟的口感。

傑尼斯藝人過年必吃 淺草むぎとろ 本店

地址：東京都台東区雷門2-2-4
如何抵達：都營地下鐵淺草線「淺草」站A3出口徒步1分
¥ 費用：¥1,000～¥3,999
營業時間：平日11:00～16:00、17:00～22:30，週末及假日11:00～22:30。定休日：無
網址：https://www.mugitoro.co.jp/honten/

許多淺草老舖努力保留昔日風貌，店內難免會有泛黃古舊之感，這家在1929年開幕的日式料理店卻很有派頭！樓高3層，在午餐時段每層會提供不同的服務，3樓是自助餐、2樓可享用懷石料理或和食定食，1樓則是簡單的山藥泥飯吃到飽。

多謝一位專追傑尼斯偶像的粉絲朋友分享，我才知道這家店。日本人在新年有吃跨年蕎麥麵的習俗，據説傑尼斯事務所每年都會購買這裡的茶蕎麥麵給旗下藝人一起享用，瞬間勾起了我的好奇心，決定親身來品嘗看看。

2樓餐廳的雅致裝潢讓人聯想到傳統日式旅館，一片大玻璃窗可以看到淺草寺駒形堂的朱紅色建築，瀰漫著地方風情。正如店名的「むぎとろ」（むぎ為麥，とろ為山藥泥）所指，他們的招牌是一系列山藥泥（とろろ）料理，順勢點了山藥泥茶蕎麥麵。

滑順的山藥泥，使得麵條更為滑順。加入了靜岡縣產抹茶，麵條不只呈青翠綠色，也帶有茶葉的甘香，比一般蕎麥麵更易入口。能讓大牌藝能所成為熟客，果然還是有不俗的水準。

和式裝潢有著高雅格調。

餐廳中以書法掛畫、茶壺來裝飾。

午餐的山藥泥茶蕎麥麵附有多道精緻的配菜。

復古風正夯!簡樸古典的喫茶店

日本近年掀起一股懷舊熱潮，年輕人對於陌生的昭和事物感到新鮮，尤其是古舊事物那種淡淡的哀愁感，讓人大呼「エモい」（emoi）（註）！

在這股復古風潮中，喫茶店成為日本年輕人的新熱點。喫茶店，也就是舊式咖啡廳，在1960年代後半到1970年代在日本大為流行。不像現在到處都是連鎖店、在便利商店也買得到咖啡，在當時喝咖啡可是很時髦的事，去喫茶店是一種時尚象徵。沒想到多年後，喫茶店以另一種形式再次成為日本年輕人愛去的地方！

別於現代的咖啡廳，喫茶店的裝潢充滿昔日風情，菜單也相對簡單。自己也是喫茶店的粉絲，喜歡特有的沉穩老派氣氛，還有老闆與客人之間的人情味，在花俏的網美咖啡廳難以感受到。即使是一個人前往，在喫茶店靜靜地喝咖啡、看看書都是一種享受。

註「エモい」來自英文Emotional，意指感性、情緒被波動或震撼，入選為2021年的日本流行語大賞。

淺草街坊的聚集地
デンキヤホール

- 地址：東京都台東区浅草4-20-3
- 如何抵達：筑波快線「淺草」站徒步約10分
- 費用：¥1,000～¥1,999
- 營業時間：11:30～20:00。定休日：星期三
- 網址：https://www.denkiya-hall.jp/

←門口的菜單招牌也散發著懷舊氣息。

→簡單而復古的裝潢。

← 午餐時間總是坐滿客人。

→ 喫茶店經典菜色之一日式拿坡里義大利麵。

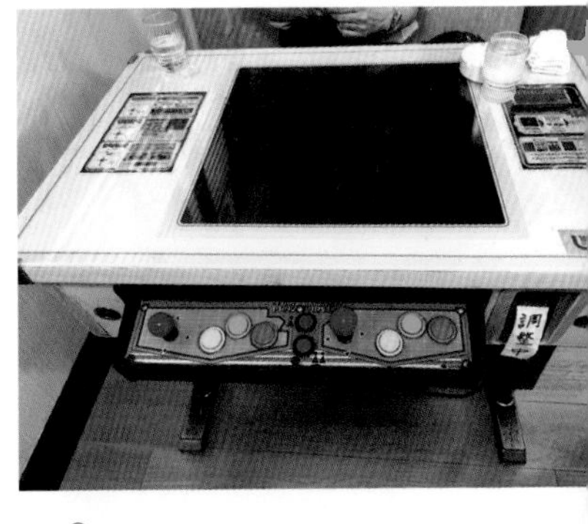

↑ 招牌餐點是蛋包炒麵。

→ 冰淇淋蜜瓜蘇打也是喫茶店的代表性飲料。

↑ 以遊戲機台當桌子使用。

「デンキヤホール」（Denkiya Hall）在1903年就開始營業，店內深色木質裝潢與泛黃的燈光完美保留時代感。在店舖最深處有兩張遊戲機桌子，雖然上頭貼著「調整中」的字條，但光是看到機台實物就覺得懷舊味十足。

雖然離淺草的重要觀光景點稍遠，但週末中午到訪時還是坐無虛席，而且比起觀光客，更多是住在周邊的街坊叔叔阿姨們。他們多半是點「オムそば」（Omusoba），這是結合蛋包飯（オムライス）與日式炒麵（焼きそば），薄薄的蛋皮包著粗麵條，蕃茄醬增加了酸甜滋味更加開胃，還附上七味粉和醬汁可以自行調味。

此外，這裡也有喫茶店經典菜色：拿坡里義大利麵和冰淇淋哈密瓜蘇打，雖然在一般餐廳點這道料理，會覺得很普通，但在喫茶店品嘗就是有種魔力，像是在平凡料理灑上了「情懷」，味道也跟著升級了。

在日劇《櫻桃魔法》出現過的喫茶店

ロッジ赤石

地址：東京都台東区浅草3-8-4
如何抵達：筑波快線「淺草」站徒步約7分
¥ 費用：¥1,000～¥1,999
營業時間：星期二～六9:00～24:00、
星期日及假日 9:00～翌1:00。定休日：星期一
網址：https://www.denkiya-hall.jp/

這裡也能看到喫茶店常有的遊戲機桌子。

1

2

ロッジ赤石已開業約50年，店內的磚牆掛著多個時鐘，玻璃櫃中擺放著古典的茶具都散發著復古氣氛。為什麼會知道這間店？是因為日劇《如果30歲還是處男，似乎就能成為魔法師》（通稱櫻桃魔法）曾在這裡取景，可以憑著印著COFFEE字樣的玻璃窗來辨識主角坐過的座位。

一開始是抱著朝聖的心思到訪，沒想到這裡竟是食評網站Tabelog的百名店之一。最有名的是炸蝦三明治。烤過的吐司麵包塗上微辣的黃芥末醬汁，夾著三大根香脆的炸蝦與清爽的生菜絲，搭配甘醇的咖啡，是早餐或下午茶果腹之選。

1. 樸素的店面。
2. 招牌餐點炸蝦三明治。
3. 擺滿茶杯的櫥櫃與沙發座位散發著年代感。
4. 店員正精心沖泡咖啡。

3 4

讓你直達天國的美味鬆餅 🅴 珈琲天国

地址：東京都台東区浅草1-41-9
如何抵達：筑波快線「淺草」站徒步約5分
¥ 費用：¥1,000～¥1,999
營業時間：12:00～18:00。定休日：星期二

1. 從餐具到鬆餅統統印上店名「天国」。
2. 喝完咖啡看到杯底大吉字樣。
3. 店家推出一系列時尚周邊商品。
4. 門外的扭蛋機可購買印著店名的胸針。

在2005年開業的珈琲天国，在喫茶界中算是新人等級，店內融合古典與新潮風格，以深木色家具打造簡約的裝潢，桌上放著占卜機有種過往時光感，但菜單及周邊商品卻有著現代設計元素。店舖除了提供簡單的食物與飲品，還有販售抱枕、罐裝咖啡豆可以帶回家當紀念品。

從餐具到食物都印著「天国」標誌，而鬆餅正中間的「天国」二字，竟成為Instagram打卡亮點。在鬆餅抹上奶油和淋上楓糖漿享用，鬆軟而香甜。最令人驚喜的是，喝完熱咖啡後杯底出現了「大吉」字樣，好奇地向店主探問，對方露出可愛的笑容回答：「大吉是偶爾才會出現的，今天可能會有好事發生喔！」那份溫馨為我帶來一整天的好心情！

全新淺草景點登場!觀光必逛特色商店

介紹了這麼多經典老舖，但淺草可不會被歷史的招牌綑綁而裹足不前，這幾年各種新設施與商店陸續開幕，依然維持著東京熱門旅遊景點的地位。淺草的優點是娛樂性較高，雖然大部分的店舖比較偏向觀光客，但旅行還是需要一些有趣的紀念品，來增添回憶的溫度。無論是第一次來訪，還是再次到訪淺草，都不妨逛逛這些有趣的新店舖。

大福、天婦羅統統壓成脆片
淺草製作所

- 地址：東京都台東区浅草2-7-13
- 如何抵達：東武晴空塔線「淺草」站徒步8分
- 費用：～￥999
- 營業時間：10:30～17:00。定休日：無
- 網址：https://twitter.com/asakusaseisaku

把食物壓扁後的口感究竟為何？在2021年開業的淺草製作所帶來全新天婦羅脆片，利用特製壓力機把天婦羅壓扁成小巧脆片。下單後，店員把天婦羅放到機械上，客人按下按鈕後就可以看著天婦羅送到機器裡，幾分鐘便壓成薄薄的脆片，好像在做什麼實驗似的。蝦子天婦羅變成了手掌大小的脆片，新鮮出爐熱得燙手，麵衣鬆脆，蝦子充滿鮮味，邊走邊吃一下子就完食。

⊖
上：將各種食物壓成大大小小的脆片。
下：蝦子天婦羅脆片。

伴手禮首選365日潤手霜、潤唇膏
🛍 よろし化粧堂 仲見世店

地址：東京都台東区浅草1-18-1
如何抵達：東武晴空塔線、東京Metro銀座線、筑波快線、都營地下鐵淺草線「淺草」站徒步3分
營業時間：平日10:00～18:00、星期六、日及假日10:00～19:00。定休日：無
網址：https://www.yoroshi.co.jp/

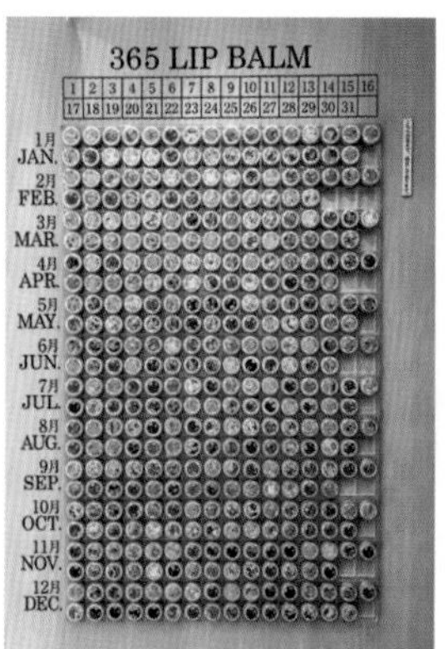

2

1. 很多女性客人在選購。
2. 365種包裝的潤唇膏任君選擇。
3. 瓶蓋印著和風花樣圖案。
4. 泡澡沐浴球的包裝也很精美。

1

位在仲見世通的起點，穿過雷門沒多久，很多女性都會被那可愛的護膚品包裝吸引而停駐。「よろし化粧堂」其實是早在1924年開業的化妝品牌，致力於用米糠、酒糟等日本傳統天然素材來開發美容產品。

店內的招牌商品是365日潤手霜和潤唇膏。潤手霜有花籠（花香）、柚子及抹茶香氣可選擇，而潤唇膏只有一款蜜糖味，這兩款產品的包裝設計全都不一樣！每個罐子印著明治至昭和年代的和服花紋圖案，加上日期標示，更顯個性化。全部罐子整齊排列在牆上展示，看起來格外壯觀。挑選時，想著好友的生日，為伴手禮添上一份心意。

3
4

白飯的好朋友，酸梅專門店
梅と星

地址：東京都台東区浅草2-2-4
如何抵達：東武晴空塔線、東京Metro銀座線、筑波快線、都營地下鐵淺草線「淺草」站徒步3分
營業時間：9:00～17:00。定休日：星期一
網址：https://ume-hoshi.jp/

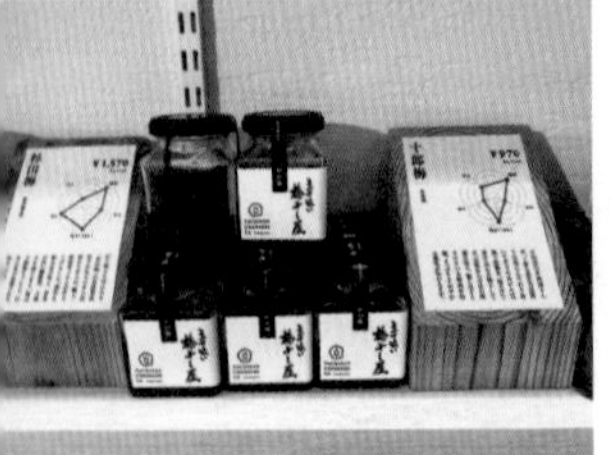

每款酸梅商品旁邊都有仔細的說明。

若要論日本人對於米飯的喜愛程度，可以從他們日常用餐略知端倪。早餐必備一碗白飯，竟然連吃拉麵或餃子也要配上米飯，其中酸梅就是典型的下飯小菜。這間於2022年開業的酸梅專門店，販售不同口味的酸梅，每一款都會標明甜度、酸度、鹽分等。店內設有餐廳提供以鐵釜煮好的香軟米飯，附上酸梅、納豆、海苔等配料，感受日本家庭之味。

來自福島縣的時髦不倒翁
だるまランド淺草店

地址：東京都台東区台東区浅草1-34-5
如何抵達：東武晴空塔線、東京Metro銀座線、筑波快線、都營地下鐵淺草線「淺草」站徒步1分
營業時間：11:00～17:00。定休日：星期三
網址：https://darumaland.jp/

印著不倒翁圖案的零錢包好看又實用。

象徵不屈不撓的不倒翁，是眾所皆知的日本吉祥物，更有不少旅客會特地購買回家以求消災解厄。福島白河市是知名的不倒翁產地，創造出把鶴龜松竹梅都畫在臉上的「白河不倒翁」，而這個有300年歷史的不倒翁，也在2022年9月來到了淺草。店內展示各式各樣的不倒翁與相關雜貨。特別的是，這裡的不倒翁商品色彩多樣且鮮艷，主題眾多，如十二生肖、妖怪、戰隊等，令人不禁驚呼「卡哇伊」。

為淺草注入年輕活力
東京樂天地淺草ビル

地址：東京都台東区浅草2-6-7 東京楽天地浅草ビル
如何抵達：筑波快線「淺草」站A1出口徒步1分
營業時間：10:00～23:00。定休日：無

1

2021年於淺草重新開幕的這所商業設施可算是新地標。1~2樓的UNIQLO在開幕時引起不少話題，這家店舖融入了在地風情，一進店會被巨型紙燈籠所吸引，增添了不少和風感。仔細一看，除了常見商品，還有與當地品牌及酒藏合作的地域限定UTme! T恤系列，結合淺草文化的介紹，展現在地人文的深度。

2022年，全新美食街「食と祭りの殿堂 浅草横町」在4樓開幕。色彩繽紛而花俏的裝潢，明顯是針對年輕人市場，與懷舊情的淺草街道宛如兩個世界。美食街有7家餐廳與居酒屋，店員都很熱情招呼，整個樓層瀰漫著祭典般的熱鬧氣氛，讓人在中午就想喝一杯！

2 3
4 5

1. 淺草橫町有個風鈴隧道讓遊客拍照打卡。
2. 居酒屋的裝潢也變得年輕化。
3. 整個樓層都有著絢麗多彩的裝飾。
4. 淺草限定發售的UTme! T恤系列。
5. T恤印著淺草景點雷門圖案。
6. UNIQLO的天花板掛上巨型紙燈籠。

6

1

2

3

4

前往晴空塔的休憩站

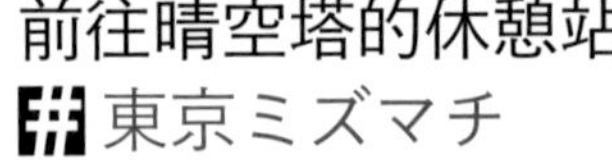

東京ミズマチ

地址：東京都台東区浅草2-6-7 東京楽天地浅草ビル
如何抵達：筑波快線「淺草」站A1出口徒步1分
營業時間：10:00～23:00。定休日：無

從淺草走往晴空塔大概需要20~30分鐘，可以一邊欣賞街頭景色一邊徐徐散步過去，若在途中感到疲累的話，不妨走進在2020年6月開幕的新設施「東京ミズマチ」（東京水岸街道）稍作休息。

建在東武鐵道的高架橋下，由十多家店舖組成，目前以餐廳及咖啡廳為主，也有青年旅舍及運動中心。每家店都沿著隅田川開設，不少餐廳都有戶外座位，有種開放舒適感。有一年夏天，因為天氣太熱而隨意走進一家日式甜點店「いちや」，來碗酸甜清爽的草莓刨冰，搭配甘醇的抹茶，頓時覺得疲勞全消。反過來想，可以順道吃到美味的甜點，花點腳力走路也是不錯的選擇！

1. 日式甜點店いちや的店面。
2. 店內走時尚咖啡廳風格。
3. 也可買銅鑼燒回家享用。
4. 夏季限定的草莓刨冰搭配抹茶。
5. 設施的另一面可沿著河邊散步。
6. 人氣的麵包咖啡廳むうや。

5

6

走過他們生活的路——日劇取景地特輯

相信很多日劇迷跟我一樣，就愛日劇特有的淡淡日常感。而劇組人員挑選的拍攝場景更是一絕，好像能看到主角們是怎麼過生活。人氣觀光景點淺草也常是日劇取景地，走在淺草的大街小巷時，隨時都會勾起看劇的回憶。

《戀愛持續到天長地久》聖地巡禮

佐藤健及上白石萌音主演的《戀愛持續到天長地久》，絕對是近年的淺草取景代表，劇中大部分場景都在淺草拍攝，以下精選一些經典場面可以跟著去重溫。

① 吾妻橋

距離淺草主要街道不遠的吾妻橋，在橋上可以看到遠處的晴空塔與有著「黃金便便」之稱的朝日啤酒總部大樓。這裡也是男主角天堂醫生背著醉倒的女主角七瀨走過的地方。

地址：東京都墨田区吾妻橋1丁目吾妻橋

② 隅田公園遊具廣場

在吾妻橋拍照後先不要過橋，沿著隅田河邊的隅田公園一直走，來到擺滿兒童遊戲設施的遊具廣場。這裡是第3話中，七瀨與天堂醫生一同坐在長椅上說出經典台詞：「我會讓你重展笑容的，醫生。」不過，現實中的長椅並不存在，但還是能看到背景的鞦韆與鯨魚滑梯。

地址：東京都台東区花川戸2丁目1

③ 山谷堀公園

接著來到山谷堀公園，走到東京都立淺草高等學校附近，便是大結局天堂醫生迎接七瀨的地方。從這裡也可以看到晴空塔，如果選在春天櫻花盛開時，景色就如劇中一樣浪漫。

地址：東京都台東区東浅草1丁目4-9

④ 今戶神社

前文有提及過此神社，從山谷堀公園步行2分鐘即可抵達，是第一話七瀨參拜的神社。神殿前也有展示日劇的海報。

地址：東京都台東区今戸1丁目5-22

⑤ 熱田神社附近的馬路

最後一站來到熱田神社附近的馬路，可憑著藍色的自動販賣機與地上的「止まれ」標誌辨認。在Google map上搜日文劇名「恋はつづくよどこまでも」會出現地點標示。這裡是七瀨與天堂醫生首次相遇的地方。不過，站在馬路上拍照時可要注意安全。

地址：東京都台東区今戸2丁目12

從《最愛》到乃木坂46粉絲聖地的文字燒店

かっぱ祭り

地址：東京都台東区西浅草1-3-14
如何抵達：東京Metro銀座線「田原町」站徒步2分
¥ 費用：¥2,000～¥2,999
營業時間：星期一至六17:00～23:00、星期日及假日17:00～22:30。
定休日：每月第2個星期二及三
網址：https://www.instagram.com/kappamatsuri/

上：店內的牆壁都貼滿日劇海報與日本藝人簽名板。
下：日劇《最愛》中使用的暖簾掛在店內。

2021年由吉高由里子主演的日劇《最愛》，其戀愛與懸疑的劇情扣人心弦，劇中女主角真田梨央有多場吃文字燒的戲分，就是在這間店。一進店內可發現掛著劇中店名「峰」的暖簾，而右手邊的用餐區更是貼滿大量的日本明星簽名。原來無數日劇都曾在此取景，包括《搶救老公大作戰》、《偽裝不倫》，再久遠一點更可追溯到2015年乃木坂46主演的《初森BEMARS》，因為深受粉絲喜愛，店內更設有乃木坂46專區，擺滿各種寫真集與周邊，不時有粉絲前來聚會。

其提供多種口味的文字燒、御好燒與鐵板料理，而且文字燒需要自己製作。我點了豐富的明太子麻糬文字燒，食材堆得滿滿一碗。首先把蔬菜與配料放在火燙的鐵板炒熟，再以大鐵鏟把食材切得細碎，接著把食材圍成一個甜甜圈狀的圓圈，再把碗中的麵糊倒至中央，慢慢把所有材料混在一起，並推開成薄薄的麵糊煎烤，最後用小鐵鏟分成小口享用。

很多外國人無法接受文字燒的賣相，因為黏黏糊糊的，看起來好像嘔吐物，但只要克服內心關卡，烤得焦香的麵糊實在美味。這可是源自東京的道地美食，當作文化體驗也值得一試！

←整碗文字燒的食材上桌，交由客人自行製作。
→用小鐵鏟分成一小口品嘗文字燒。

擄獲日本藝人胃口的好滋味店

洋食ヨシカミ

⌂ 地址：東京都台東区浅草1-41-4　六区ブロードウェイ
如何抵達：東武伊勢崎線「淺草」站東口徒步5分
¥ 費用：¥1,000～¥1,999
營業時間：11:30～22:00。定休日：星期四
網址：http://www.yoshikami.co.jp/

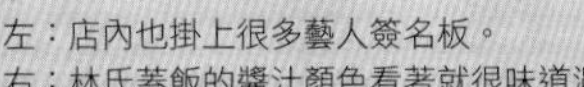

左：店內也掛上很多藝人簽名板。
右：林氏蓋飯的醬汁顏色看著就很味道濃郁。

因為2021年的日劇《她很漂亮》男主角中島健人與佐久間由衣的一場戲，而認識這家洋食店，實際到訪才知道是當地鼎鼎大名的餐廳，午餐時段座無虛席。這家老店舖有一句「傲慢」的標語　：「うますぎて申し訳けないス！」（對不起太好吃了！）從店外裝潢到餐巾紙都可看到這句話，展現了店家對料理的自信。

進入餐廳後，馬上可以感受到這份自信的來源，抬頭一看盡是無數藝人的簽名牌，日本許多綜藝節目都曾介紹過它，包括櫻井翔主持的《1億3000万人のSHOWチャンネル》、井之原快彥主持的《出没！アド街ック天国》等。兩位創辦人更接受過著名紀錄片節目《情熱大陸》的訪問。

這裡提供各種經典洋食料理。點餐時，店員告知説林氏蓋飯快售罄了，怕吃虧的我於是決定點它。林氏蓋飯是日本人原創的和風洋食料理，簡單來説就是洋蔥牛肉燴飯。黑棕色的醬汁滿滿覆蓋在白飯上，經長時間熬煮的醬汁味道深邃濃郁，牛肉也格外軟嫩，難怪成為客人必點的招牌菜。美味的料理、70多年累積下來的人氣與知名度，就算不是為了朝聖也絕不可錯過。

09

chapter

藏前 | Kuramae
&
清澄白河 | Kiyosumishirakawa

老區升級時髦地標
藏前 & 清澄白河

日本在老區轉型活化方面可算是做得有聲有色，無論是政府或是商家都很擅長利用古舊設施，把復古情懷轉化成賣點，以咖啡廳等形式重生。

「藏前」與「清澄白河」這兩站只相距 5 分鐘的車程，也是從無人問津的工業區演變成讓文青趨之若鶩的熱點，保留當地特性的同時，也注入了年輕活力。閑靜的街道適合來一場慢活，喝咖啡、逛雜貨，重整忙碌生活的節奏。

職人薈萃之地 → 藏前

くらまえ

與淺草毗鄰的藏前，名字中的「藏」是源自幕府時代的「御米藏」，當時米糧是政府的重要財產，而御米藏就是儲備米糧的地方。同時，「藏前」也因物流及米的商務而繁盛起來。到了明治時代，藏前轉型為批發產業的集中地，設立了很多工廠，因此又以職人之街聞名，連世界最大的玩具企業之一——BANDAI 萬代本社也建設於此。

要從淺草步行到藏前，大概只要 10 分鐘，就能從熱鬧祭典的風格瞬間進入悠哉清閒的氛圍。若你是重度旅日高手，或是熱愛舊時風情的人，正苦惱不知要安排什麼景點，就來藏前吧，慢慢探索這個區域，感受別於繁榮都會的另一個模樣。

↘地圖請掃我！

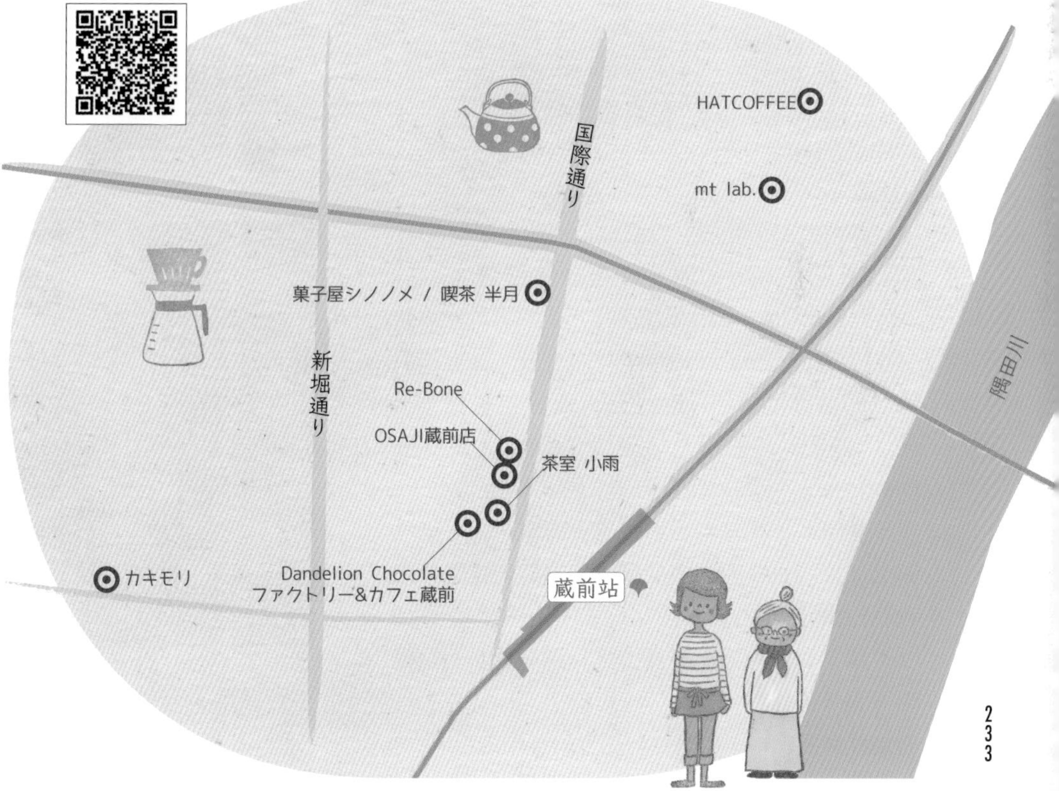

HATCOFFEE

国際通り

mt lab.

菓子屋シノノメ / 喫茶 半月

新堀通り

Re-Bone

OSAJI藏前店

茶室 小雨

隅田川

カキモリ

Dandelion Chocolate
ファクトリー&カフェ藏前

藏前站

隱身老街中的低調咖啡廳

認識藏前的時候，它早已是遠近聞名的文青景點了，但第一次到訪時，大街上都是老舊的工廠和店鋪，沒有預期中的時髦氣息，沒想到，這正是藏前的特色。具時尚感的咖啡廳和雜貨店，其實都混處在老店之間，每棟建築物都散發出懷舊溫馨感。試著放下急速的腳步，花點時間走進小巷裡散步，便會發掘到藏前的寶藏。

咖啡廳熱潮的先驅者

Dandelion Chocolate ファクトリー & カフェ蔵前

地址：東京都台東区蔵前4-14-6
如何抵達：都營地下鐵淺草線、大江戶線「藏前」站徒步3分
費用：¥1,000～¥1,999
營業時間：11:00～18:00。定休日：無
網址：https://dandelionchocolate.jp/pages/factory-cafe-kuramae

藏前是如何變成文青聖地？這要追溯到2016年這家巧克力店的開幕。來自美國舊金山的Dandelion Chocolate是家手工巧克力專門店，也是在世界掀起Bean to Bar熱潮的先鋒，如此享負盛名的品牌，居然就選址藏前開設首家日本分店，使得這座工業小鎮備受注目。據說，在Dandelion Chocolate開業前，週末藏前的街上幾乎不見路人，連鎖咖啡店也不會營業，隨著遊客慕名而來，也吸引更多的咖啡廳及商店進駐，成為新興旅遊景點。

這家藏前店樓高兩層，不是只有咖啡廳及商店，還兼備巧克力工廠。一打開店門，巧克力的香氣撲鼻而來，也能窺見巧克力的製作過程。

↑ 2樓咖啡廳有著簡約舒適的氛圍。

⬆
點了一杯巧克力飲料，會附上免費的小餅乾及棉花糖。
⬇
各式巧克力點心可以買回家享用。

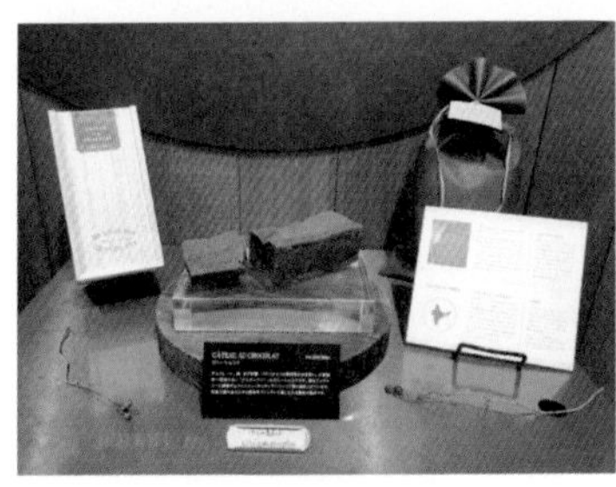

招牌商品烤棉花糖餅乾，軟綿綿的棉花糖包裹著甘醇的巧克力，外層帶微微焦香，伴著肉桂味道，創造出豐富層次的口感。店內的限定飲料「KURAMAE HOT CHOCOLATE」使用靜岡縣產的有機焙茶，焙茶獨有的香氣提升了可可的風味。在這裡能充分享受巧克力的不同滋味，難怪會有如此大影響力，為藏前帶來全新面貌。

寧靜優雅品茶空間 ➡ 茶室小雨

地址：東京都台東区寿3-15-6
如何抵達：都營地下鐵淺草線、大江戶線「藏前」站徒步3分
費用：¥1,000～¥1,999
營業時間：11:00～18:00。定休日：無
網址： http://www.fromafar-tokyo.com/cosame

不像台灣有很多手搖店及茶飲，咖啡在日本為主流飲料，對於不愛喝咖啡的人，進入咖啡廳會很苦惱。這家茶室小雨就是一間茶飲專門店，提供各種水果、香料味道的紅茶，綠茶與玄米茶，及手工甜點。

茶室小雨採用復古風裝潢，純白的牆壁搭配淺木色的家具及墨綠色的椅子，簡約卻有種高貴的氣質。在店內聊天會不由自主地降低音量，不想打擾這寧靜的空間，雖然與朋友一起享用著美味的茶、聊聊天也不錯，但我認為一個人到訪，沉浸在茶香中療癒心靈，更為合適。

⬆
左：香醇的紅茶與綿密的巴斯克乳酪蛋糕。
右：古典風格的茶杯展示櫃與吧檯。

奠定藏前復古風基調
菓子屋シノノメ、喫茶 半月

地址：東京都台東区蔵前4-31-11
如何抵達：都營地下鐵淺草線、大江戶線「藏前」站徒步3分
¥ 費用：¥1,000～¥1,999
營業時間：12:00～19:00。定休日：星期三
網址： http://www.fromafar-tokyo.com/kashiyashinonome

4

1
2

3

1. 平日下午的咖啡廳也座無虛席。
2. 小包裝的手工餅乾，當伴手禮也很適合。
3. 1樓的烘焙點心店菓子屋シノノメ。
4. 奶油滿滿的水果泡芙。

走在藏前的路上，不難發現很多家雜貨店及咖啡廳都以復古風裝潢為主，其實他們全是由日本公司Light Source所經營。2017年開幕的烘培點心專門店「菓子屋シノノメ」就是他們在藏前的第一家店面。翌年，在同店的2樓開設咖啡廳「喫茶 半月」，兩家店都是一貫古典格調，以木造家具、絲絨椅子與乾躁花打造出優美又舒服的環境。

「喫茶 半月」提供幾款簡單的甜點，特別推薦季節口味的泡芙。初秋到訪時正好遇上葡萄季節，泡芙內擠滿了卡士達奶油與清香的伯爵茶奶油，伴隨多汁的葡萄與硬脆的外皮，口感與味道都有多重享受。

美味的甜點讓人意猶未盡，離開時忍不住在樓下的菓子屋シノノメ大肆選購，不同口味的手工餅乾、磅蛋糕與司康，都想全部帶回家好好品嘗呢！

什麼都可以畫的神級 3D 拿鐵藝術

Hatcoffee

地址：東京都台東区寿3-15-6
如何抵達：都營地下鐵淺草線、大江戶線「藏前」站徒步3分
費用：¥1,000～¥1,999
營業時間：11:00～18:00。定休日：無
網址： https://www.hatcoffee.jp/

Hatcoffee的老闆Kohei Matsuno把咖啡拿鐵的拉花提升到另一個境界，不只用一雙巧手畫出各種圖案，還研發出3D立體拉花，以奶泡製作出栩栩如生的人物和動物。

幾乎每位來到「Hatcoffee」的客人都是為了一睹咖啡師的手藝，提供2D及3D拉花的拿鐵，選擇的圖案可以是客製或交由咖啡師決定。拿鐵除了咖啡，也有紅茶、焦糖、可可等多種口味，若想要3D拉花就必須點熱飲。無論是明星、動漫或動物，只要把照片交給咖啡師，馬上就能動手製作。見他用匙子堆著奶泡，再用小湯匙沾著巧克力醬，沒有幾分鐘便完美重現照片中的圖案，令人拍手叫好。輕觸咖啡杯時，表面的奶泡還會輕微抖動，就像人物或角色在發抖一樣超級可愛。

拿到飲料後，每位客人都會拿著手機拍到停不下來。不過，拉花可是有時效的，奶泡會隨著時間會慢慢縮小，這時候就請好好享用拿鐵。

←寬敞的沙發座位，可以好好休息享受咖啡。

↓客製圖案的3D拿鐵，畫出Q版動漫角色。

走訪雜貨店感受明治時代傳承至今的職人之魂

或許是先入為主的觀念，藏前是一條職人之街，雖然在東京很多地方都可以找到各式各樣的雜貨店，但還是認為藏前的店舖特別講究手工製作，也提供較多的客製化服務，適合想找獨一無二或日本製造商品的人。

紙膠帶控的天堂 mt lab.

地址：東京都台東区寿3-14-5
如何抵達：都營地下鐵淺草線、大江戶線「藏前」站A5出口徒步5分
營業時間：10:00～12:00、13:00～19:00。定休日：無
網址： https://www.masking-tape.jp/sp/event/mt-lab/store.html

日本的文具款式多樣、設計別出心裁，有一種讓人想要收藏的魔力。以前來日本旅遊時，總是會帶一堆貼紙、信紙回家。不知從哪一年開始流行起紙膠帶，mt可以說是紙膠帶界的龍頭。

由岡山縣一家生產捕蠅紙的加工紙廠起家，在2008年正式首次推出mt的紙膠帶商品。其商品特徵是，帶有和紙絕妙的透明感，易撕又易寫，還防水，適合貼在手帳、包裝禮物。走進mt在東京唯一的專門店，上百種紙膠帶按顏色在白色牆壁上整齊排列，可愛的圖案款式，就算沒有收藏紙膠帶的習慣，也會想要買幾卷回家。除了琳瑯滿目的紙膠帶，這裡還提供自訂尺寸的服務，可根據客人的要求現場切割所需的寬度及長度，買到稱心滿意的紙膠帶。

↑
形狀多樣的紙膠帶商品。
→
紙膠帶顏色及圖案豐富，讓人選擇困難症發作。

充滿熱情的 Made in Tokyo 皮革製品

Re-Bone

地址：東京都台東区蔵前4-20-12 福谷ビル2階A室
如何抵達：都營地下鐵淺草線、大江戶線「藏前」站徒步5分
營業時間：平日11:00～18:00、週末及假日11:00～19:00。定休日：星期一
網址：https://rebone.tokyo/

在日本男性時尚雜誌介紹過的商品。

真皮皮夾摸起來手感柔軟。

小巧的匙扣、鑰匙包等配件也全是東京職人手工製作。

在散步時，因為看到招牌而好奇地在門口張望一下，正好遇到從店裡下來的老闆高島先生，熱情邀請我到2樓的店裡去看看，盛情難卻只好答應。

位在大廈裡的一間工作室，店內沒有多餘的裝潢，是個簡單的展示區，擺滿了錢包、卡片夾等不同種類的皮革商品。老闆繼續好客地説明一系列動物皮革樣本及標本，原來早在1967年他的父親就開始進口皮革事業，在沒有網路的年代想辦法從世界各地搜購。為了實現父親「推廣珍異皮革的魅力」的夢想，於是在2016年開創了Re-Bone，販售原創皮革商品。

高島先生還介紹了招牌商品的錢包如何利用拉鏈進行多重組裝，達到多功能的用途。仔細一看，每個商品上都打著Made in Tokyo的旗號，請來曾為精品名牌工作的東京職人製作。聽著他滔滔不絕的講解，可以感受到他打從心底對皮革的喜愛與製作工法的認真，這或許就是構成藏前職人精神的一部分吧！

客製獨一無二的筆記本及文具堂 カキモリ

地址：東京都台東區三筋1-6-2 1F
如何抵達：都營地下鐵淺草線、大江戶線「藏前」站徒步6分
營業時間：平日12:00～18:00、週末及假日11:00～18:00。定休日：星期一
網址：https://kakimori.com/

廣闊的店內販售各式各樣的文具。

藏前地標之一的文具店，在2010年就闖入這片以工廠為主的老區。鑑於數位時代下人們愈來愈少機會執筆寫字，因此開設這家文具店希望帶來書寫的契機。店內可找到匠心獨運的筆記本、信紙、墨水筆、墨水等各種文具。更難得的是，提供客製筆記本與墨水服務。尤其以客製筆記本最受歡迎，架上排列多種紙張、邊扣供選擇，再由店員在客人面前進行組裝。從零打造的筆記本，確實會想要好好利用，親手記下一字一句呢！

自然派保養品與調香工作坊 kako（家香）OSAJI 藏前店

上：客人可以坐在吧檯體驗調香。
下：也能直接選購香氛精油商品。

地址：東京都台東區藏前4-20-12精華ビル1階
如何抵達：都營地下鐵淺草線、大江戶線「藏前」站徒步3分
營業時間：11:00～18:30。定休日：星期一
網址：https://osaji.net/kako/

kako是彩妝及保養品品牌OSAJI旗下直營店。第一次知道OSAJI是在星野度假村的飯店中，試用了他們家的產品。當時被那清雅而不落俗套的香氣深深吸引，回去搜尋之後，了解該品牌是主打使用天然植物原料，馬上就入手了護膚乳，愛用至今。

在日本有許多OSAJI的店舖或專櫃，但唯有這家kako不只販售商品，還提供客製調香服務。透過調配OSAJI原創香薰精油，製作出最適己的香氣，讓家中也帶有自然的芬芳。

老舊倉庫新使命 → 清澄白河 きよすみしらかわ

雖然清澄白河的地名看起來充滿文藝氣息，早期卻是以物流為主的工業區。屬於深川一帶，小名木川、隅田川兩道河皆流經此區，因此在江戶初期成為水運物流據點，興建了許多貯藏物資的倉庫。

現今河運物流已式微，而老舊倉庫卻有了新的使命。將面積寬廣又挑高的倉庫改建後，其開放感適合作為開設藝廊或營運咖啡廳，演變成以藝術與咖啡聞名的文青熱點。這一區有庭園、美術館，也有雜貨店，怎麼也逛不完。

↘地圖請掃我！

485 TOKINI CASTELLA
iki Roastery & Eatery
隅田川
ondo gallery
清澄白河
BEE FRIENDSHIP 完熟屋
HOZON（保存食品専門店）
CLANN BY THE RIVER
清澄庭園
大津洋菓子店
TEAPOND 清澄白河店
東京都現代美術館
リカシツ
木場公園
藍瓶咖啡 清澄白河店
yahae
千疋屋 製造直売所
KOFFEE MAMEYA -Kakeru-

One Day Trip 推薦行程

◎ 週末這裡很好玩！

1 ▫ iki Roastery&Eatery 享用麵包早餐 ▶ 2 ▫ 485 TOKINI CASTELLA / 大津洋菓子店 購買限定甜點 ▶ 3 ▫ 清澄庭園散步，吃甜點 ▶ 4 ▫ 逛專門店 ▶ 5 ▫ CLANN BY THE RIVER 喝手工啤酒

◎ 沈浸在藝術的氛圍

1 ▫ 到東京都現代美術館看展覽，於二階のサンドイッチ吃早午餐 ▶ 2 ▫ 逛專門店（可參考後續章節挑選想要的店鋪） ▶ 3 ▫ KOFFEE MAMEYA Kakeru/Blue Bottle 享受精品咖啡

舊倉庫煥發新生，在咖啡聖地 Chill 一下

最初搜尋清澄白河的咖啡廳時，發現都是由倉庫改造好像很獨特，但走在路上卻發現原來比比皆是。活用了倉庫獨有的工業風與空間感，在寸土寸金的東京都，清澄白河的咖啡廳都較為寬敞，使得在這裡喝咖啡也感到格外放鬆，喜歡泡咖啡廳的人在這區絕對會賴著不願走。

別具意義的東京首家藍瓶咖啡 Blue Bottle 清澄白河店

地址：東京都江東区平野1-4-8
如何抵達：都營地下鐵大江戶線、東京Metro半藏門線「清澄白河」站徒步6分
¥費用：～¥999
營業時間：8:00～19:00。定休日：無
網址： https://store.bluebottlecoffee.jp/pages/kiyosumi

上：現點現沖的咖啡。
下：以倉庫改造的咖啡廳有挑高優勢，沒有侷促感。

來自美國加州的Blue Bottle藍瓶咖啡，雖然是連鎖店卻提供優質咖啡，甚至被稱為「咖啡界的Apple（蘋果電腦公司）」。2015年，在日本開設首家海外分店，更選址當時仍默默無聞的清澄白河。

據說，藍瓶咖啡的創辦人與CEO詹姆士·費里曼認為工廠倉庫與住宅區兼容的清澄白河很有魅力，與總公司所在的奧克蘭相似，比起開在大都會，更希望與當地居民共同成長。開幕後，這裡也發展成東京首屈一指的咖啡廳激戰區。

一貫的純白裝潢與簡約風格，從天花板的結構、窗戶的鐵架等，都可看到舊時代倉庫遺留的元素。這裡提供少量的限定甜點與商品，及手沖咖啡。藍瓶咖啡迄今已在日本擴展至20多家分店，在起源地清澄白河店裡喝杯咖啡，似乎更感特別！

高級咖啡 Full Course 七變化
KOFFEE MAMEYA Kakeru

1

2

3
4

1. 咖啡師在面前沖泡咖啡，可順便取經沖咖啡的訣竅。
2. 每位咖啡師負責招呼一組客人。
3. 拿鐵與濃縮咖啡。
4. 以雞尾酒杯盛裝咖啡感覺高級。

雖然到訪過無數的咖啡店，對咖啡並沒有特別研究，不懂評價一杯精品咖啡的味道，只知道是否符合自己的喜好。不過，KOFFEE MAMEYA Kakeru卻讓我感受到它的厲害。

其為表參道的咖啡豆專門店「KOFFEE MAMEYA」的姊妹店。明明是倉庫改建，但店內卻格外高級，吧檯圍繞著中央的咖啡機，身穿白袍的咖啡師會為顧客講解，並且當場調製咖啡。菜單主要分為單點的咖啡、甜點與咖啡套餐。套餐低消為3000日幣，這價格可以在法式小餐館吃到不錯的午餐了。

套餐以名為Rasberry Candy的咖啡豆為主軸，以各種方式沖泡出咖啡，首先是冷萃咖啡與咖啡無酒精雞尾酒；冷萃咖啡入口清爽，雞尾酒在可可糖漿及琴酒的襯托下引發出咖啡的酸味。接著是泡在牛奶12個小時的冷萃咖啡及牛奶咖啡無酒精雞尾酒，牛奶的香甜與淡淡的咖啡香氣，猶如甜點一樣順滑美味。

能與專業咖啡師直接交流是賣點之一，現場也有不少外籍旅客用英語與咖啡師相談甚歡。享用過黑咖啡後，最後是熱拿鐵與濃縮咖啡，搭配紅茶餅乾及李子口味的糖果，結束這道咖啡盛宴。

地址：東京都江東区平野2-16-14
如何抵達：都營地下鐵大江戶線、東京Metro半藏門線「清澄白河」站徒步12分
¥費用：¥2,000～¥2,999
營業時間：11:00～19:00。定休日：無
網址： https://www.instagram.com/koffee_mameya_kakeru/
建議：需要在官方Instagram所記載的連結進行座位預約。

適合朝活的時尚早餐店 iki Roastery&Eatery

地址：東京都江東区常盤1-4-7
如何抵達：都營地下鐵大江戶線、東京Metro半藏門線「清澄白河」站徒步7分
費用：￥1,000～￥1,999
營業時間：星期四及五8:00～17:00，星期六及日8:00～18:00。定休日：星期一、二、三
網址：https://www.instagram.com/iki_espresso/

左：熱咖啡拿鐵，咖啡杯印有店名特別可愛。
右：麵包餡料飽滿，吃兩個就很飽。

店內空間寬敞，有很多座位。

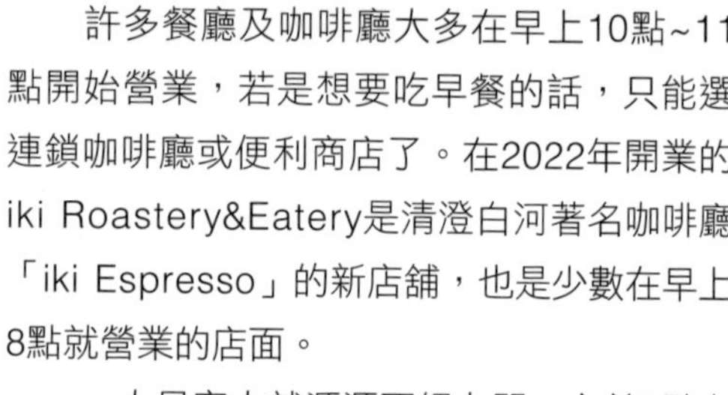

許多餐廳及咖啡廳大多在早上10點~11點開始營業，若是想要吃早餐的話，只能選連鎖咖啡廳或便利商店了。在2022年開業的iki Roastery&Eatery是清澄白河著名咖啡廳「iki Espresso」的新店舖，也是少數在早上8點就營業的店面。

一大早客人就源源不絕上門，之前9點多到訪入座不久，店外就已出現人龍，建議盡早前來較佳。除了吐司及三明治，櫥窗裡還放滿了琳瑯滿目的麵包，飽滿的肉派與三明治、甜食系的酥餅，讓人選擇困難症發作。我點了雞蛋沙拉三明治與香橙焦糖巧克力酥，不得不讚嘆他們的麵包味道非常好，有些店家為了招攬客人偏重在配料上而忘了麵包本體，但這間店並不是如此，真不愧是在巴黎烘焙大賽中進入決賽的烘焙師啊！

上：麵包也可以外帶。
下：圍裙等自家周邊商品設計時尚。

新手必訪的經典清澄白河景點

很多「文青景點」都以咖啡廳和雜貨店為主，可能逛個一兩小時就結束，而清澄白河的景點較多，其中有兩大設施清澄庭園及東京都現代美術館，分別可以體驗自然景色與藝術作品，就算帶長輩來也很適合。

漫步日式庭園欣賞自然美 ## 清澄庭園

← 在自然環境下品嘗外帶甜點更覺美味。

↑ 上：看點之一的巨大踏腳石。
下：湖邊坐滿休憩的遊客。

清澄庭園原本由三菱財閥的創業者岩崎彌太郎收購，後來捐贈給東京市作為公園用地，到今日成為開放給公眾使用的設施。園內採用日本傳統池泉回遊式庭園建造，即以池塘為中心，遊人可環繞一周欣賞景色。

清澄庭園中有幾個看點，包括庭園最大的人造「富士山」、宛如浮在水上的涼亭、池邊巨大的踏腳石、各種石佛像、奇石等。看不懂這之中的美學也無妨，單純欣賞綠意盎然秀美的風景，帶著點心來場小野餐，按自己的方式享受即可。

- 地址：東京都江東区清澄二．三丁目
- 如何抵達：都營地下鐵大江戶線、東京Metro半藏門線「清澄白河」站徒步3分
- ¥ 入場費：￥150
- 營業時間：9:00～17:00。定休日：無
- 網址：https://www.tokyo-park.or.jp/park/format/index033.html

欣賞日本藝術展覽 # 東京都現代美術館

地址：東京都江東区三好4-1-1
如何抵達：都營地下鐵大江戶線、東京Metro半藏門線「清澄白河」站A3出口徒步13分
營業時間：10:00～18:00。定休日：星期一(展覽更換期間不定休)
網址：https://www.mot-art-museum.jp/

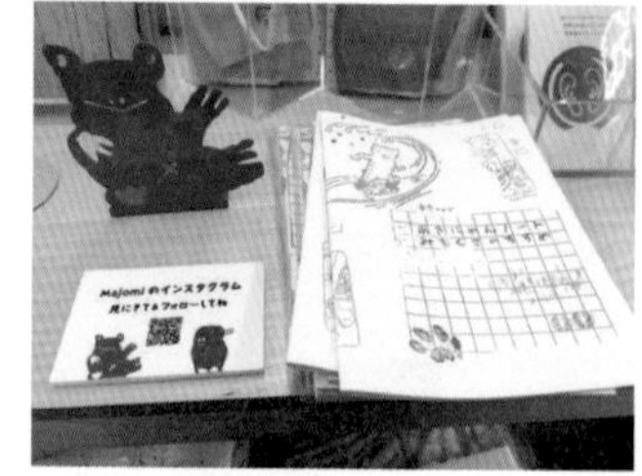

1 2 3
4
5

1. 美術館的大廳，裝潢相當時髦。
2. 設置在周邊的標誌。
3. 周邊商品都有獨特設計。
4. 2樓的咖啡廳也設有戶外座位。
5. 圓弧型的靠窗座位是拍照熱點。

早在1995年就開幕的東京都現代美術館，曾經歷大規模翻新，於2019年重新啟程。占地4,000平方公尺，樓高3層的建築也很有特色，廣闊的中庭、設置了藝術品的戶外展區都值得慢慢探索。

美術館每年會舉辦多個主題展覽，展出日本及海外藝術家的作品。看完展覽後建議可到館內的咖啡廳「二階のサンドイッチ」購買美味的三明治及飲料。簡約而不失時尚的裝潢，從玻璃窗看著中庭的景色享用美食，意外竟成網美打卡熱點，顧客也以年輕人為主。

1樓的商店「NADiff contemporary」集合日本藝術家的商品、藝術相關書籍，還有美術館原創商品。館內的周邊商品十分精緻，不是只有把畫作印在各種物品上，而是搭配絕妙設計，讓我看完展覽後就會忍不住購入作為紀念。

穿梭巷弄走訪獨特專門店

有不少雜貨店都以販售餐具及文具為主，但在清澄白河卻不一樣，可找到獨樹一幟的專門店，而且物美價廉，送禮自用都很適合。

橫跨年月的保存食品
HOZON

1

2

3

大家對於食材總是追求新鮮時令，HOZON卻反其道而行專門販售長期保存的食品，從罐頭、調味料到漬物等等，店家一年只進一次貨，因為全部商品的保存期都非常長，絕不怕過期賣不出去。

在店內可買到來自世界各地與日本製的保存食品，其中「佐渡保存」系列更是店鋪自家品牌，以日本新潟縣佐渡島的新鮮食材製成果醬及香料。果醬的口味十分罕見，例如柿子與香料、焦糖無花果、南瓜，我被以無花果製成的桑格利亞醬所吸引，買了一瓶回家。

1. 在佐渡島製作的鹽。
2. 小巧的桑格利亞醬，可以在家調酒。
3. 自家品牌的果醬及漬物都是手工製。

地址：東京都江東区三好2-13-3
如何抵達：都營地下鐵大江戶線、東京Metro半藏門線「清澄白河」站徒步3分
營業時間：11:00～17:00。定休日：星期一
網址：http://store.ho-zon.jp/

精美鐵罐盛載各式紅茶 TEAPOND 清澄白河店

地址：東京都江東区白河1-1-11
如何抵達：都營地下鐵大江戶線、東京Metro半藏門線「清澄白河」站A3徒步2分
營業時間：11:00～19:00。定休日：無
網址：https://teapond.jp/

清澄白河雖然是咖啡迷的聖地，但也有一家紅茶專門店。在TEAPOND既可找到來自世界各地的茶葉，也有品牌自家調配的紅茶、加味茶、香草茶等，種類繁多到會讓人在店內感到眼花繚亂，每款都想入手！

精緻的包裝也是TEAPOND受歡迎的原因之一，白色的鐵罐印著英倫風格的圖案及文字，送禮大方得體，所以店內總是擠滿日本女生與太太前來購買。

1. 很多客人正在挑選商品。
2. 各種口味的茶葉任君選擇。
3. 香甜的加味茶，可以先試聞再決定購買。
4. 還可買到好看的茶壺、茶杯。
5. 精美的鐵罐只想好好收藏。

平易近人的藝術畫廊 ondo gallery

地址：東京都江東区清澄2-6-12
如何抵達：都營地下鐵大江戶線、東京Metro半藏門線「清澄白河」站A3徒步5分
營業時間：12:00～19:00。定休日：星期一、二(根據展覽期間也會不定期休息)
網址：https://ondo-info.net/

在日本各地有很多畫廊，只不過有時藝術氛圍過於濃厚反而讓人卻步。ondo gallery位在白房子的2樓，以木材進行間隔，陽光從窗戶灑進室內，帶有暖意的溫度，令人欣賞作品時能更加自在放鬆。

這裡不定期會舉辦主題展覽，我到訪時遇上日本藝術家さとうゆかり（Yukari Sato）的土偶畫展，74張畫作掛在白牆上，也有販售雜貨商品。剛好有一對母女也在看展，媽媽還為小女孩講解土偶是什麼，不分年齡男女老幼，來這裡隨時都可以接觸藝術。

1

2

3

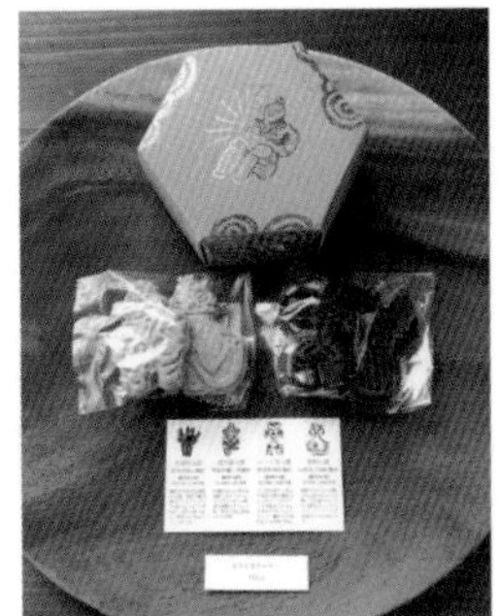
4

1. 畫作與周邊商品全部都可購買。
2. 午後陽光讓畫廊散發著溫暖的氛圍。
3. 門口會有海報介紹當下的展覽。
4. 土偶餅乾商品造型可愛。

實驗室器具變身家居裝飾
#リカシツ理科室蒸留所

地址：東京都江東区平野1-9-7深田荘102
如何抵達：都營地下鐵大江戶線、東京Metro半藏門線「清澄白河」站A3徒步5分
營業時間：13:00～17:00。定休日：星期一、二、三(有冬季長期休業)
網址：https://www.rikashitsu.jp/

勾起學生時代回憶的錐形燒杯。

沒有半點理科氣息的文青風植栽裝潢。

玻璃瓶經佈置後變得時尚。

作為花瓶也意外地好看。

踏入リカシツ時，最初還以為是一般花藝或雜貨店，仔細一看卻很熟悉，這不是在學校實驗室使用過的玻璃瓶嗎？店名「リカシツ」其實就是理科教室的意思，母公司「関谷理化株式会社」是一家有超過80年歷史的醫療用玻璃製品公司，在2015年第三代社長開設了這家店，希望能推廣與普及玻璃器具。

看著三角燒瓶、刻度量杯一一變身花瓶、收納容器，的確感受到這些容器都有著無限的可能性呢！

製作講究的可愛襪子 # yahae

地址：東京都江東区清澄3-3-30
如何抵達：都營地下鐵大江戶線、東京Metro半藏門線「清澄白河」站徒步8分
營業時間：10:00～18:00。定休日：星期二
網址：https://yahae1921.com/

簡單的白襪到花俏的彩襪，男女都適合。

在2020年10月開幕的yahae，是來自奈良縣一家超過百年歷史的襪子工場「ヤマヤ株式会社」，帶著傳承下來的技術及理念，致力對地球友善、在不使用化學染料的方法下製作出好穿的襪子。

yahae的簡約店面中整齊排列一雙雙襪子，從素色到可愛的花紋，搭配任何衣服都沒問題，而且一雙大約1000日幣就可買到，多買幾雙也不會為錢包感到心痛。

自家養蜂園經營的蜂蜜專門店 # BEE FRIENDSHIP 完熟屋

上：店外販售水果與蜂蜜商品。
下：蜂蜜糖漿有柚子、生薑、檸檬等多種口味選擇。

地址：東京都江東区白河2-2-1
如何抵達：都營地下鐵大江戶線、東京Metro半藏門線「清澄白河」站A3徒步4分
營業時間：平日11:00～19:00、週末及假日10:00~18:30
定休日：星期一、二
網址：https://www.kanjyukuya.com/kiyosumi/

BEE FRIENDSHIP 完熟屋在自然資源豐富的愛媛縣擁有農園及養蜂園，店內除了販售自家生產的蜂蜜，還有水果口味的蜂蜜糖漿與蜂蜜酒等加工產品，甚至可以購買到果昔、義式冰淇淋，在東京也能享用來自愛媛縣的天然健康滋味。每次經過時，總是看見很多一家大小來這裡喝飲料稍作休息。

清澄白河精選的美食、甜點

清澄白河以名為「深川飯」的蛤蜊雜煮飯聞名，在街上隨便都可找到提供這道鄉土料理的餐廳，本書就不多介紹。除了深川飯和咖啡廳，還有什麼好吃的店家嗎？在此介紹一些特色店舖，適合在散步時果腹或是晚上小酌一杯。

週末限定的人氣蜂蜜蛋糕
485 TOKINI CASTELLA

- 地址：東京都江東区常盤2-2-14
- 如何抵達：都營地下鐵大江戶線、東京Metro半藏門線「清澄白河」站A1徒步5分
- ¥ 費用：～¥999
- 營業時間：11:00～15:00(售完即止)。定休日：星期一至五
- 網址： https://www.instagram.com/485__tokini/

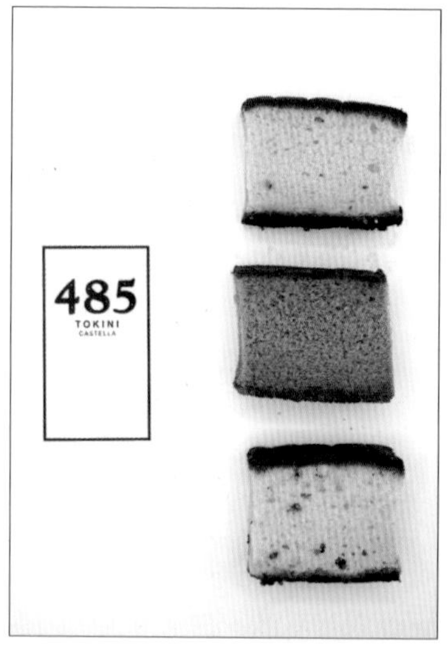

485 TOKINI CASTELLA是只在週末營業的蜂蜜蛋糕專門店，聽說開門後數小時內就會完售。為了一嘗他們的點心，我可是在假日一大早起床，特地趕在開門前20分鐘到達，還先拔頭籌排第一位。最初看到沒人排隊還以為店家人氣沒想像中厲害，只是不到10分鐘，就排出長長人龍，還是不能低估它的受歡迎程度。

小巧店舖仿照藥局打造懷舊古典風格，招牌商品蜂蜜蛋糕有原味、香草、咖啡及開心果4種口味，每件以大理石花紋的紙張精心包裝，讓平實的蛋糕變得可愛誘人。蜂蜜蛋糕鬆軟，底部的粗砂糖增加了口感，甜度適中，搭配下午茶剛剛好！

上：蜂蜜蛋糕小小一片，可以多買幾種口味。
下：裝潢獨特也是吸引日本人排隊購買的原因之一。

中華料理店打造的神秘可麗露店
井 大津洋菓子店

地址：東京都江東区三好2-15-12 峯岸ビル 1F
如何抵達：都營地下鐵大江戶線、東京Metro半藏門線「清澄白河」站徒步4分
¥ 費用：～¥999
營業時間：11:00～(售完即止)。定休日：星期一至五
網址：https://www.instagram.com/o2yougashiten/

可麗露有著漂亮的斷面。

可麗露是日本2022年最流行甜點，連清澄白河知名創意中華料理店O2也要參一腳，開設了週末限定只營業兩天的可麗露店－－大津洋菓子店，就位在O2店舖旁。灰色的外牆沒有任何招牌，總要張望好幾次才敢踏入店內。店舖似是將酒吧改造，可麗露則是用牛油紙包裝好，整齊排在大理石桌子上，在昏暗的燈光照明下增添高級感。

這天販售檸檬草、茉莉花茶與原味三種口味，使用了中華料理店擅長的香料與食材來製作，讓甜膩的可麗露更加清新。最讓我驚艷的是，口感外脆而內裡Q彈，絕不輸著名烘焙坊的出品，成為我心中數一數二的可麗露。

左：檸檬草與可麗露的組合，出乎意料地搭配。
右：店內散發神秘的氛圍。

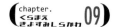

超划算高級水果甜點工場直賣

京橋千疋屋製造 直売所

地址：東京都江東区深川1-9-10
如何抵達：都營地下鐵大江戶線、東京Metro半藏門線「清澄白河」站徒步7分
¥ 費用：～¥999
營業時間：10:00～18:00。定休日：無
網址： https://www.senbikiya.co.jp/chokubai.html

1

1. 在百貨公司常見的高級點心禮盒。
2. 使用整顆香橙作容器的果凍，味道清甜。
3. 餅乾有原價、也有折扣的優惠商品。
4. 標示「サービス品」的蛋糕會特別便宜。

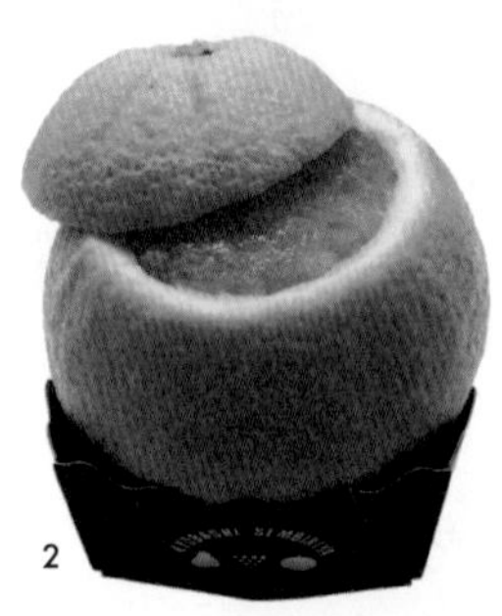

2

在百貨公司和商場常常看到的「京橋千疋屋」，是間高級水果及甜點店，小小一塊蛋糕就要價800塊日幣左右，但在清澄白河卻能以實惠價格買到。

日本有很多食品工廠都會併設直接銷售的商店，不只能買到新鮮出爐的食品，也能撿便宜買到一些稍有瑕疵但不影響味道的商品，有時還會打折，這算是在日本生活的小小省錢密技。

而京橋千疋屋製造 直売所就是直接全部蛋糕給92折，還有一些餅乾、果凍等小點心標示了「サービス品」（Service品）就會減價，在店內可以仔細尋寶一下。

3

4

眺望河畔享用手工啤酒
CLANN BY THE RIVER

地址：東京都江東区清澄1丁目1-7 LYURO 東京清澄 by THE SHARE HOTELS 2F
如何抵達：都營地下鐵大江戶線、東京Metro半藏門線「清澄白河」站A3徒步10分
¥ 費用：￥3,000～￥3,999
營業時間：7:00～22:00。定休日：無
網址：https://clannbytheriver.jp/

1

2 4
3

1. 用鐵鍋裝的義式燉飯。
2. 室內充滿格調，適合約會或女子會。
3. 在平台可欣賞迷人夜景。
4. 綜合肉類拼盤搭配啤酒一流。
5. 飯店也有販售雜貨商品。

在清澄白河左逛逛右逛逛，轉眼間就天色漸黑，這時可以到位在隅田川旁的CLANN BY THE RIVER享受迷人的夜晚。CLANN BY THE RIVER是設於飯店LYURO中的餐廳，而且還併設了「フジマル釀造所」會釀造手工啤酒，最好點上一杯再搭配洋食料理。

5

可以選在戶外平台喝著甜而清淡、容易入口的手工啤酒，不僅感受河邊微風輕拂，更能隱約看到閃閃發光的晴空塔，使人沉醉其中。

chapter.

築地｜Tsukiji

&

豐洲市場｜Toyosu shijo

海鮮市場大比拼

築地、豐洲市場

到築地品嘗海鮮是多數遊日旅客必排行程，自己也曾有不少清晨就去著名壽司店排隊的回憶。在 2018 年 10 月，以批發為主的「東京都中央卸売市場 築地市場」與部分商店及餐廳移遷到豐洲，築地場外的店舖繼續營業，成為東京兩個主要美食景點。

不知不覺，豐洲市場也開幕 4 年，已稱不上是新設施，再加上疫情衝擊，失去了觀光客的主要客源，到底變得如何？趁著新書取材之際，2022 年久違再訪這兩個地方，一窺兩家海鮮市場的最新現況。

江戸屋海産
丸山海苔店
海産物
寿屋
HOTEL
TOKYU STAY

chapter. つきじ とよすしじょう 10

旅客熙來攘往！東京第一熱鬧美食熱點→築地つきじ

之前來東京玩時，總會把築地排進行程中，但在日本生活這幾年，去築地的次數卻是寥寥可數，而我那出身神奈川縣的老公更是這輩子從未去過築地！。不是不把這個地方放在眼裡，而是要吃壽司的話，一般連鎖壽司店就已足夠，不會特地專程早起去築地。

在市場繞了一圈，喚醒昔日對這個地方的回憶與喜愛。畢竟如此密集式的美食景點在東京並不常見，店家大聲叫賣攬客、無比熱鬧的氛圍讓人情緒隨之高漲；也會看到很多人拿著小吃大快朵頤，彷彿只要來到築地，任誰都可以享受觀光的樂趣。

↘地圖請掃我！

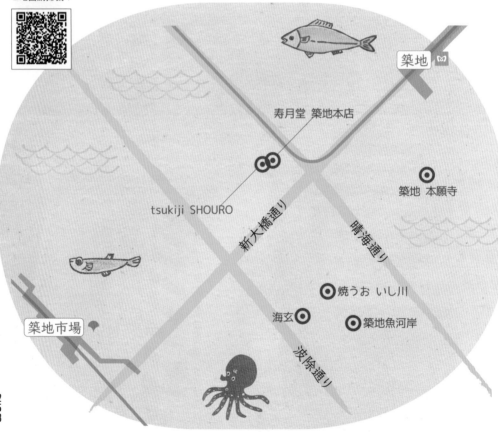

築地最新店舖、周邊景點介紹

2018年築地市場搬遷後，當時很多旅客都困惑這個景點是否就此消失，事實上，大家所熟悉與經常光顧的築地場外市場，完好地保留在原址的。場外市場有上百家壽司店、餐廳及小吃店，難以一一比較和介紹，待大家直接親臨現場比較菜單價格、排隊時間等再自行判斷即可。

在此會跳過經典名店，介紹一些相對鮮為人知的店舖、設施與周邊景點，或許會對築地有全新的認識。

玉子燒老店挑戰雞蛋甜點
tsukiji SHOURO

厚厚的玉子燒是築地人氣小吃之一，市場內有好幾家玉子燒店舖每天都大排長龍，其中一家「つきぢ松露」已有超過98年歷史，並且在2021年進行全新挑戰，設立了甜點專門店！

tsukiji SHOURO店舖裝潢走時尚路線，一系列甜點與玉子燒放在玻璃展示櫃中，包裝上也印著可愛動物圖案，一洗玉子燒的樸素感覺。

主打布丁、泡芙、半熟凹蛋糕、奶昔等雞蛋口味甜點，為了帶出雞蛋的原味，只用誕下不超過2天的新鮮雞蛋。口感扎實的布丁確實有著濃郁的雞蛋風味，沒有被底部偏甜的焦糖蓋過風頭，配合表面細膩的蛋黃牛奶醬，小小一杯卻很滿足。

上：每杯雞蛋布丁都有精美包裝。
下：店舖裝潢都十分新潮，與築地市場內的本店截然不同。

地址：東京都中央区築地 4-7-5 KYビル1F
如何抵達：東京Metro日比谷線「築地」站徒步約3分。
¥ 費用：～¥999
營業時間：9:00～18:00。定休日：星期日、假日及場外市場休市日
網址：https://shouro.co.jp/

生魚片燒肉全新體驗 焼うお いし川

地址：東京都中央区築地4-13-5 1F
如何抵達：東京Metro日比谷線「築地」站1號、2號出口、都營地下鐵大江戶線「築地市場」站A1出口徒步約5分。
費用：¥2,000～¥2,999
營業時間：10:00～15:00、17:30~22:00。定休日：星期一
網址：https://a363104.gorp.jp/

1

2

不愛吃生魚片，卻又想在築地市場享受海鮮，可以試試用「燒肉」的方式來品嘗！焼うお いし川是築地著名壽司店「築地青空三代目」旗下的新形式店舖，店內採用半開放式小包廂座位，桌上都放置了一個烤爐和排煙管，看起來就與燒肉店無異。不過，打開菜單不見任何牛、豬、雞肉，只有魚肉可以選擇！

午餐時段主要提供海鮮丼或燒魚定食，一份燒魚定食包含約6~7片不同種類的生魚片，配上醋飯、調味料和味噌湯。上菜時，店員會特別提醒生魚片每面只要烤30秒就好，而穴子魚需要烤一分鐘。馬上跟隨指示來燒烤，我選的是油脂多的生魚片，輕輕一烤外層已帶焦香，而魚肉依舊保持鮮甜與滑順，非常好吃。如果同行的人不太能吃生魚片，就來這裡吧，新鮮的海鮮丼和全新概念的烤魚都可一併體驗。

1. 部分座位設成小包廂，可享受私人空間。
2. 自行把生魚片放到爐上炙燒。
3. 烤好的魚肉可與醋飯一起享用。
4. 豐富的燒魚定食。

3

4

築地新星冒起，鮪魚丼專門店
海玄

由日本著名鮪魚批發公司「やま幸」經營的鮪魚丼專門店，在2021年9月於築地開幕馬上聲名大噪，短短一年就在食評網站Tabelog獲得3.79高分（5分為滿分），還打進全國TOP5000排名！

海玄的魅力在於，鮪魚高品質而價格實惠。雖然只賣鮪魚丼，但有香蔥魚蓉、漬鮪魚、蘿蔔乾魚泥等多種選擇。我點的「やま幸廚師特製鮪魚丼」只要2200日幣，味道與分量絕不遜色，每片鮪魚都呈現漂亮的淡粉紅色，肉質軟嫩入口即化，輕輕沾上醬油更能突顯出鮮味。若想奢侈一點，可選3800日幣的「究極海玄鮪魚丼」；或是自選兩款迷你鮪魚丼的套餐。喜愛吃鮪魚的人可以來大快朵頤。

鮪魚分量十足，堆成了小山。

自選兩款迷你鮪魚丼附山藥泥拌飯吃。

店員推薦的醬油噴霧，讓醬油能平均灑在生魚片上。

迷你丼定食滿足想試兩種口味的人。

地址：東京都中央区築地4-13-8 ソラシアビル 1F
如何抵達：東京Metro日比谷線「築地」站1號、2號出口、都營地下鐵大江戶線「築地市場」站A1出口徒步約5分。
費用：¥2,000～¥2,999
營業時間：星期一、二、五、六 10:00～15:00、17:00～20:00
星期日、假日 10:00～15:00
定休日：星期三、星期四
網址：https://a363104.gorp.jp/

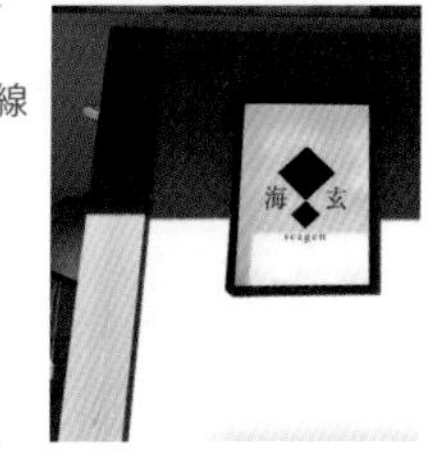

隈研吾打造的小小品茶空間 寿月堂 築地本店

地址：東京都中央区築地4-7-5 築地共栄会ビル1F
如何抵達：東京Metro日比谷線「築地」站徒步約3分。
¥ 費用：¥1,000～¥1,999
營業時間：9:00～18:00(店內咖啡廳9:30～17:00)。定休日：星期日、假日
網址：https://www.maruyamanori.com/f/netshop/jugetsudo/

左：獨特的店面在築地街頭惹人注目。
右：彎曲的竹條營造出和風洗鍊的氣氛。

安政元年創業老舖丸山海苔店的姊妹店、日本茶專門店「寿月堂」的築地本店，在2022年4月翻新後全新開幕。店舖裝潢請來建築名師隈研吾設計，以野點傘（日本茶屋常看到的紅色大傘）為靈感，利用竹子的柔軟特性呈現出猶如在傘下品茶的獨特空間。

店內空間不大，只有幾個座位，卻不會感覺侷促。在座位上可看到店員專業沖茶過程，只見她靈活地以熱水溫杯燙壺，仔細確認溫度，沖出一杯青綠的煎茶，喝起來也更覺芬芳回甘。

提供各種甜點與日本茶的組合，招牌甜點濃厚抹茶蒙布朗，在栗子泥加入大量高級抹茶粉，濃稠的口感與抹茶的醇厚味道超乎想像，淺喝一口清爽的煎茶沖淡甜膩。

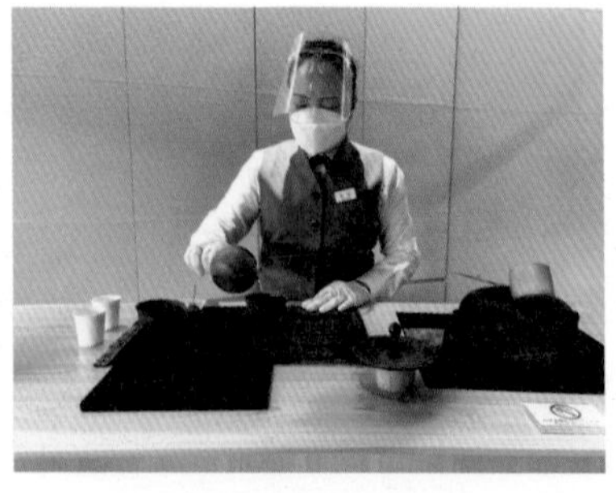

左：點日本茶會附日式饅頭或費南雪蛋糕。
右：深綠色的抹茶蒙布朗味道十分濃郁。

店員熟練地泡茶，還會講解每種茶的特色。

整齊規劃、仍在發展中 → 豐洲市場

とよすしじょう

2018 年豐洲市場剛開幕時，正好與家人一起去踩點，當時只覺得設施很大，但有點冷清，缺少了築地市場獨有的風情，更像是商場裡的美食廣場。唯一的好處是商店及餐廳相對集中，哪家餐廳需要排隊一目瞭然。

在疫情後再訪豐洲市場，意外地沒有太大改變，還是那些餐廳，週末亦有不少本地遊客，午餐時段也有長長的排隊隊伍，還是我腦海中那個模樣。

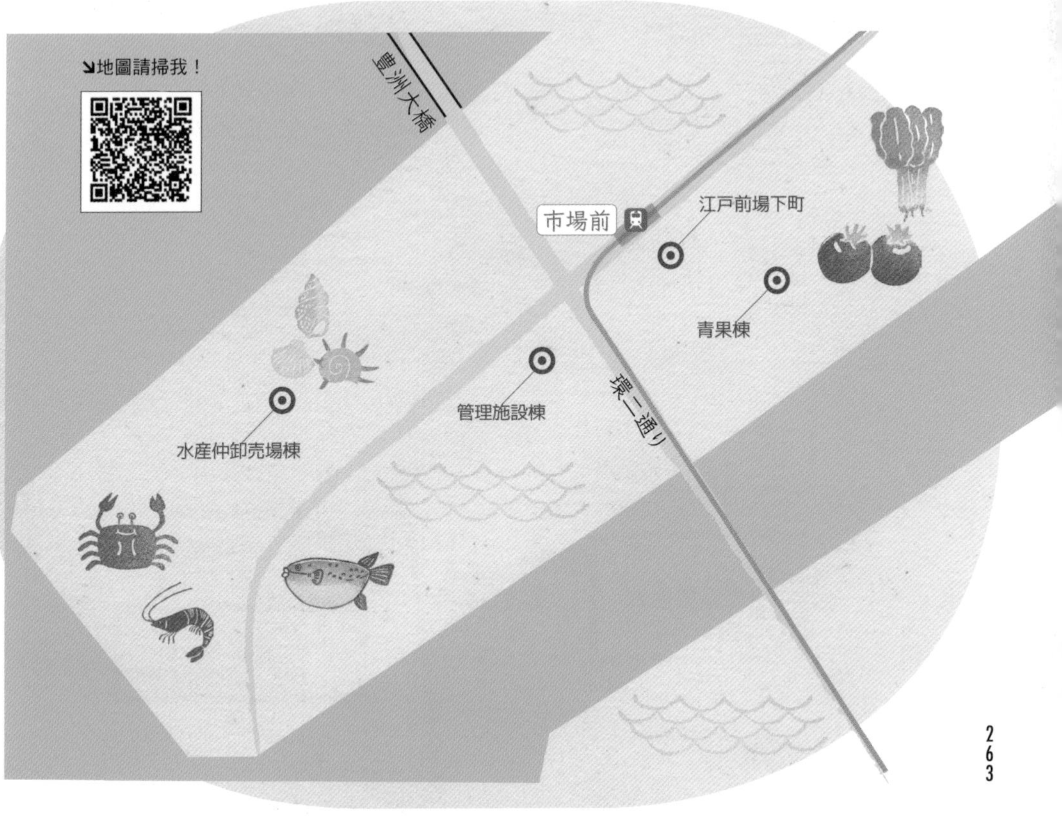

↘地圖請掃我！

豐洲大橋

市場前

江戶前場下町

青果棟

管理施設棟

環二通り

水産仲卸売場棟

不再走冤枉路!豐洲市場攻略

豐洲市場有著現代化的外觀。

來過幾次豐洲市場後，更加體會到事先規劃十分重要。雖然餐廳和商店是妥善設置在不同樓層，但每棟設施的距離實在太遠，若能先對設施位置有大致上的了解，以避免浪費腳力，走了一大圈才找到想去的餐廳。

豐洲市場範圍共分4棟主要設施，每棟都有多家餐廳進駐，也有開放參觀的部分。從單軌電車百合鷗線「市場前」車站出來後，在天橋可以看到各種標示每棟方向的指示牌。

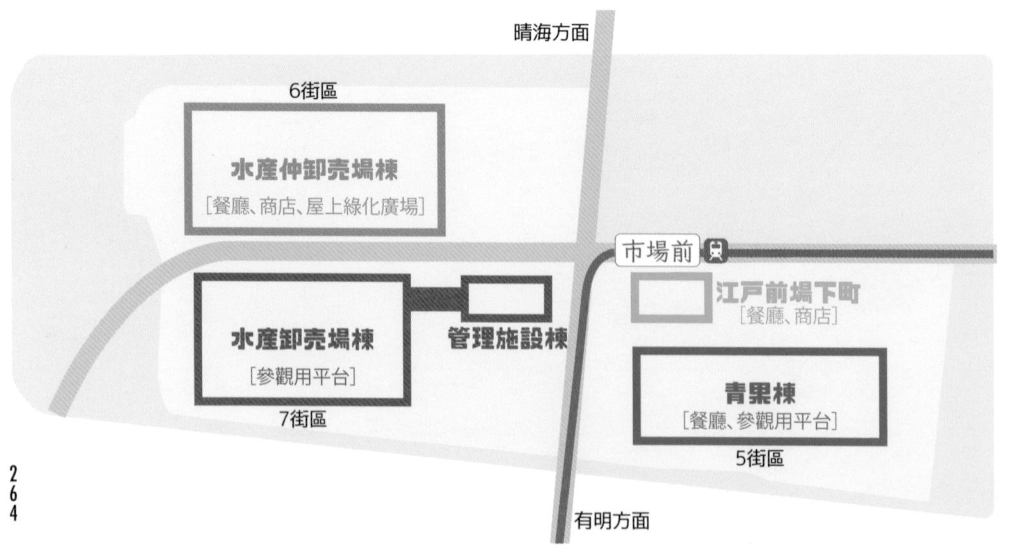

6街區 ▦ 水產仲卸売場棟

地址：東京都江東区豊洲6丁目5番1号
如何抵達：百合鷗線「市場前」站徒步約4分
營業時間：每家營業時間不同。定休日：根據豐洲市場營業日
網址：http://toyosu.tsukijigourmet.or.jp/

旅客間無人不知的壽司大。

水產仲卸売場棟與7街區的水產卸売場棟位置相對，名字也只差一個「仲」字，請小心別搞混。這是豐洲市場最大設施，同樣是進行水產交易的場所，東京及周邊的魚販或壽司店會來這裡進貨。

3樓同樣設有餐廳，共有22家，包括在築地就赫赫有名的「壽司大」。另外，以實惠價格聞名的海鮮丼專門店「仲家」與提供創新煙燻海鮮丼的「山はら」也是人氣之選。

餐廳種類	店名
壽司店	磯野家（磯寿司）、岩佐寿し、晶、寿司大、鮨文、寿し処 勢、弁富すし
海鮮丼	大江戸、仲家、山はら
洋食料理	洋食 禄明軒
和食料理	粋のや、高はし
炸豬排	とんかつ 小田保
親子丼	鶏料理鳥めし 鳥藤 魚河岸食堂店
牛肉丼	吉野家 豊洲市場店
鰻魚	うなぎ やきとり 福せん、うなぎ 米花
咖哩	印度カレー 中栄
拉麵	ふぢの
咖啡廳	岩田、センリ軒

上：山はら的海鮮丼約3000日幣便能嘗到。
下：不愛吃海鮮的人也可選擇炸豬排等熟食料理。

notes.**小提醒**
由於水產仲卸売場棟的餐廳數目最多，遊客大多集中在此，需要排隊的店舖也相對較多。如果沒有特別計劃要到某家餐廳用膳的話，建議選擇其他設施的餐廳以節省時間。

1 2 3　1. 平台很少人踏足，十分閑靜。
2. 開闊的景觀，飽覽東京都會景色。
3. 前往升降機行人道是意外的拍照景點。

此外，這一棟的天台還有個隱藏版的「屋上綠化廣場」，可以在廣闊的草地散步和休憩。平台人煙稀少，在天高氣爽的日子溫暖陽光灑落下來，眺望市場周邊及東京灣的景色，可享受到難得的寧靜。

4樓的「魚がし横丁」為商店區，從新鮮蔬果到日本加工食品都可找到，例如海苔、漬物、海產乾貨、茶葉等。另外，也有廚房相關用品，像是菜刀或食物包裝盒等，種類繁多。市場內運送貨物的小型運搬車來回運行，感受到超級市場或百貨公司沒有的在地市集氛圍。

notes. **小提醒**
商店從早上8點開始營業，10點至11點陸續關店，12點後只剩下寥寥數家。如果不是特別餓的話可先逛商店，以免用餐後錯失購物機會。

4 5
6
4. 可買到新鮮的蔬果。
5. 市場工作人士穿著的水靴和獨特設計的T恤變成了紀念品之選。
6. 展示市場中使用的電動搬運台車。

7街區 管理施設棟與水產卸売場棟

地址：江東区豊洲6丁目6番1号
如何抵達：百合鷗線「市場前」站徒步約4分
營業時間：每家營業時間不同。定休日：根據豐洲市場營業日
網址：http://toyosu.tsukijigourmet.or.jp/

管理施設棟是東京都與各公司的事務所辦公大樓，從天橋一進去便是3樓的餐廳樓層，也是唯一開放給遊客的樓層，共有12家餐廳可選擇。穿過管理施設棟就可進入水產卸売場棟，是進行鮪魚及各種水產交易的地方。遊客可從參觀用平台的玻璃窗，俯瞰市場內的狀況。

餐廳種類	店名
壽司店	市場鮨、すし処 おかめ、つきぢ神楽寿司 豊洲市場店、寿司処 やまざき、龍寿司
海鮮丼	丼匠
洋食料理	八千代、トミーナ
拉麵	やじ満
天婦羅	天ぷら 愛養
和菓子	茂助だんご
咖啡店	木村家

可享受江戶前壽司的つきぢ神楽寿司。

管理施設棟的入口。

左：從玻璃窗可看到市場的狀況，在週末中午時分已無人在工作。
右：巨大的鮪魚一比一模型展示。

5街區 ## 青果棟

⌂ 地址：東京都江東区豊洲6丁目3番1号
ⓚ 如何抵達：百合鷗線「市場前」站徒步約1分
⏱ 營業時間：每家營業時間不同。定休日：根據豐洲市場營業日
🌐 網址：http://toyosu.tsukijigourmet.or.jp/

這是進行蔬菜及水果批發交易的市場，遊客也能入內參觀，從平台的玻璃窗觀看到市場內的狀況。1樓設有3家餐廳，比其他區域選擇較少，但來頭都不小，包括同樣在築地就十分聞名的「大和寿司」、以巨大炸蝦天婦羅為招牌的「天房」，以及深受在市場工作人士喜愛的蕎麥麵店「富士見屋」。

⊖
上：蔬菜及水果批發市場的內部。
下：人氣的大和壽司在中午時分已售罄關店。

江戶前場下町

⌂ 地址：東京都江東区豊洲6丁目3番12号
ⓚ 如何抵達：百合鷗線「市場前」站徒步約1分
⏱ 營業時間：9:00～18:00(部分商店營業至21:00)。
定休日：根據豐洲市場營業日
🌐 網址：https://edomaejokamachi.com/

位在青果棟的周邊，於2020年1月開幕，是市場中最時尚及商業感的設施。場內有21家商店及餐廳，每家店面不大，設有幾個吧檯座位。餐廳種類從壽司店、拉麵店、日式定食到戶外燒烤都有，也有販售和菓子、水果三明治等甜點與抹茶飲料的店家，周邊設有不少座位，方便遊客當場享用。

這裡的店舖營業時間較長，多半到下午4點~6點，可先享用完午餐後再過來品嘗甜點，即使太晚抵達，仍能找到用餐的餐廳。

餐廳種類	店名
壽司店	豊洲市場　鈴富、つきぢ神楽寿司　豊洲場外店、寿司菜（スッシーナ）
烏龍麵	うどん おにやんま 豊洲店
烤魚定食	炭火焼専門食処 白銀屋 豊洲分店
海鮮燒烤	市場海鮮焼き 海味「うまみ」
BBQ	WILD KINGDOM TOYOSU
拉麵	ねいろ屋 豊洲店
和菓子	北斎茶房

1 3
4
2 5

1. 戶外的座位區是開放給遊客休息。
2. 有各種商店與餐廳。
3. 口味多樣的銅鑼燒，吃完早午餐可來些甜點。
4. 人氣拉麵店。
5. 立食(站著吃)的關東煮小店。

chapter.

銀座 | Ginza

成熟大人魅力・新舊共融
銀座

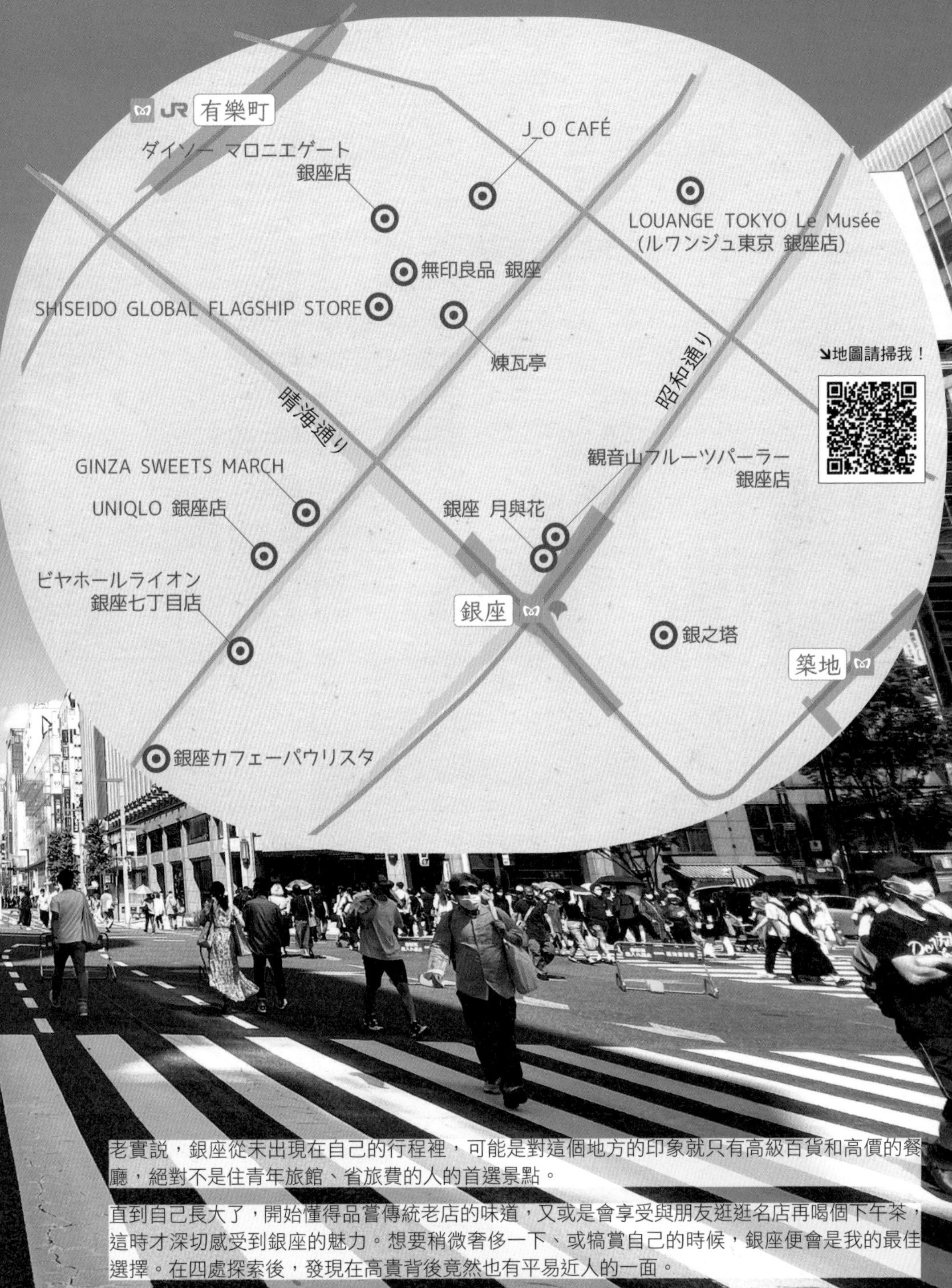

老實説，銀座從未出現在自己的行程裡，可能是對這個地方的印象就只有高級百貨和高價的餐廳，絕對不是住青年旅館、省旅費的人的首選景點。

直到自己長大了，開始懂得品嘗傳統老店的味道，又或是會享受與朋友逛逛名店再喝個下午茶，這時才深切感受到銀座的魅力。想要稍微奢侈一下、或犒賞自己的時候，銀座便會是我的最佳選擇。在四處探索後，發現在高貴背後竟然也有平易近人的一面。

讓時光倒流的日本洋食及咖啡店

走在銀座的街道上，雖然名店林立卻不會誇耀，或許是這裡保留了許多百年老店，洋溢著淡淡的舊日風情。銀座的繁華可以追溯至明治時代，當時建造了日本最早的歐美式街道「銀座煉瓦街」，成為東京的商業中心地帶。

現在常見的西洋料理、咖啡、啤酒，對當時的日本人來說都是如此新奇，而那份味道與建築竟然能原汁原味傳承下來，要在追求進步改變的社會中屹立不搖，絕不是一件容易的事，使得在這些老舖用餐也成為寶貴的體驗。

元祖洋食始祖 煉瓦亭

- 地址：東京都中央区銀座3-5-16
- 如何抵達：東京Metro丸之內線・日比谷線・銀座線「銀座」站A10或B1出口徒步10分
- 營業時間：11:15～15:00、16:40～21:00。定休日：星期日
- ¥ 費用：午餐￥1,000～￥1,999、晚餐￥2,000～￥2,999
- 網址：https://www.instagram.com/ginzarengatei_official/

上：大塊又香脆的炸豬排。
下：傳統的蛋包飯簡單而美味。

在1895年創業的「煉瓦亭」，當時「洋食」還未廣為人知，可以說掀起了一場料理革命。不但創作出炸豬排、炸牡蠣、炸蝦、蛋包飯、林式蓋飯等料理，還是首家以碟子盛裝白飯上菜，奠定了現今日本洋食的基礎。

樓高2層的店內充滿懷舊氛圍，一桌一椅、菜單都像是要帶人回到往日時光。招牌的炸豬排及蛋包飯沒有花俏多餘的配菜，薄薄的炸豬排伴著清爽的生菜絲（據說以生菜絲伴碟也是出自煉瓦亭），蛋包飯則以完美蛋皮包裹拌著濃郁蕃茄醬的雞肉飯，簡樸而經典，在這裡吃的不只是美食，更是那份情懷。

擄獲歌舞伎演者的濃郁滋味．濃湯專門店

銀之塔

地址：東京都中央区銀座4-13-6
如何抵達：東京Metro淺草線．日比谷線「東銀座」站徒步1分
營業時間：11:30～21:00。定休日：無
¥ 費用：¥3,000～¥3,999
網址：https://gin-no-tou.com/

銀之塔在1955年開始營業，因為鄰近歌舞伎座，據説長年受到歌舞伎演者的喜愛，像是市川海老藏也多次在部落格介紹這家店。菜單非常簡單，只有三種套餐：濃湯、奶汁焗烤，以及濃湯與奶汁焗烤都有的迷你套餐。但迷你套餐一點都不迷你，焗烤與一大盤濃湯搭配白飯、小菜及漬物，吃完撐到要抱著肚子離開。

濃湯和奶汁焗烤雖是西式料理，卻有種莫名的和風感。濃稠的焗烤醬汁中藏著蝦子與冬菇，表面的起司粉烤得焦香。以陶鍋盛裝的濃湯則有大塊牛肉與蔬菜，牛肉燉煮得入口即化，想必是花了時間精心烹調，為了這份功夫，價格貴一點也是值得。

↑店內設有榻榻米座位，散發濃厚的懷舊風情。

↑熱騰騰的濃湯藏著煮得軟嫩的牛肉。

→套餐所附的焗烤。

日本最老啤酒館 ビヤホールライオン 銀座七丁目店 (Beer Hall Lion Ginza 7-chome)

地址：東京都中央区銀座7-9-20 銀座ライオンビル 1F
如何抵達：東京Metro丸之內線・日比谷線・銀座線「銀座」站徒步3分
營業時間：星期五~假日前天11:30～22:30、其他日子11:30～22:00。定休日：無
¥ 費用：午餐¥1,000～¥1,999、晚餐¥3,000～¥3,999
網址：https://www.ginzalion.jp/shop/brand/lion/shop1.html

1

2

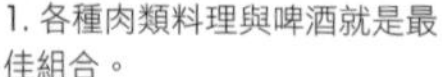

1. 各種肉類料理與啤酒就是最佳組合。
2. 彩色大壁畫細緻描繪出收成啤酒大麥的女性。
3. 以豐收為概念的裝潢，處處蘊含著深層意思。

3

位在知名「札幌啤酒」前身的「大日本麥酒株式會社」總公司大樓，自1934年啤酒館開始營業，於2022年被指定為日本有形文化財，充滿歷史價值。踏進店內會被古典壯麗的裝潢所震懾，由磁磚堆砌而成的柱子、地板、牆壁及彩色大壁畫，而且處處藏著巧思，以球體燈泡象徵啤酒的泡沫、綠色柱子代表大麥穗等，值得細細品味。

周末夜晚店內座無虛席，客人們大口喝著啤酒舉杯暢談，熱鬧的氣氛會讓人忘記這裡是高貴的銀座。不負啤酒館之名，從札幌啤酒招牌黑標到清爽的白穗乃香，搭配香腸、牛排等肉料理，在這個獨特的空間享用似乎會更加美味！

日本文人都愛訪的咖啡店
銀座カフェーパウリスタ（銀座 Cafe Paulista）

地址：東京都中央区銀座8-9-16 長崎センタービル1F
如何抵達：東京Metro丸之内線・日比谷線・銀座線「銀座」站徒步5分
營業時間：星期一~六9:00～20:00、星期日~假日11:30～19:00。定休日：無
¥ 費用：￥1,000～￥1,999
網址：https://www.paulista.co.jp/shop.html

這是營業超過100年的老牌咖啡廳，在咖啡尚未於日本流行的年代，就已經積極推廣巴西咖啡，是讓咖啡普及的領頭者。自大正年代就是日本文人集中地，知名小說家芥川龍之介、與謝野晶子等都是常客，歌手約翰・藍儂及妻子小野洋子更是喜愛到三天兩頭都來訪。

Cafe Paulista就是有種魅力，店內寧靜而復古的氛圍讓人不由得放鬆，逛累了進來喝杯甘醇的咖啡，是銀座觀光的休憩好去處。

1

1. 主打不使用農藥及化學肥料的自家烘焙咖啡。
2. 濃郁的巧克力蛋糕適合當下午茶。
3. 各種蛋糕可以外帶或店內享用。
4. 店內氣氛讓人重回昭和時代。

2

3

4

新開幕甜點店及咖啡廳

作為名媛貴婦的購物天堂，除了百貨公司及服飾店之外，也有很多咖啡廳供女士們逛累了可以補充糖分，或是跟姊妹們喝下午茶開女子會。這次精選了幾家新開幕的店舖可以來嘗鮮。

1. 經典款「和歌山縣產時令水果之農園聖代」能一杯品嘗到各式水果。
2. 夏季限定的西瓜聖代，沒想到西瓜和冰淇淋也很搭。
3. 店內也有販售自製果醬、果凍等商品。

來自和歌山的水果聖代
觀音山フルーツパーラー銀座店

來自和歌山水果農園的「觀音山フルーツパーラー」於2021年首次登陸東京開設銀座分店，在美食及旅遊雜誌中都獲得極高評價。使用當季的完熟水果，提供最完美的水果聖代及甜點，除了基本款「和歌山縣産旬フルーツの農園パフェ」（和歌山縣產時令水果之農園聖代）及「觀音山レモンパフェ」（觀音山檸檬聖代）是全年提供，其他口味都是期間限定，不同季節到訪就可品嘗到不同滋味。

店員會親切介紹每款水果的產地，而聖代也會配合水果的特性來製作，例如用上多種水果的農園聖代，就加入帶酸的優格中和甜膩的味道；而清甜多汁的西瓜聖代則會搭配爽口的奶凍與果凍，如此細膩的平衡令人佩服。

地址：東京都中央区銀座4丁目10-5（東急ステイ銀座１階）
如何抵達：東京Metro淺草線・日比谷線「東銀座」站徒步1分
營業時間：平日12:00～19:00、週末與假日11:00～18:00。定休日：無
¥ 費用：￥2,000～￥2,999
網址：https://parlour.kannonyama.jp/

前 SMAP 成員稻垣吾郎監修的藝術空間
BISTRO J_O/ J_O CAFE

地址：東京都中央区銀座2-4-6 銀座velvia館 9F
如何抵達：東京Metro有樂町線「銀座一丁目」站徒步1分
營業時間：J_O CAFE 11:00～21:00；BISTRO J_O 11:30～16:00、17:30～23:00。定休日：無
費用：J_O CAFE￥1,000～￥1,999；BISTRO J_O 午餐￥4,000～￥4,999、晚餐￥8,000～￥9,999
網址：https://friendshop.tokyo/

前國民偶像SMAP的成員稻垣吾郎、草彅剛、香取慎吾在離開傑尼斯事務所後，除了繼續進行各自演藝活動，也積極拓展個人事業。這間餐廳就是由稻垣吾郎監修，從酒單、菜單、店內裝飾的花卉都親自挑選，並邀請設計師中村桃子一同打造出時尚而充滿藝術氣息的空間。

「BISTRO J_O」主要提供豐富的套餐料理，而「J_O CAFE」則可享用到咖啡及簡單的輕食與甜點。在咖啡廳的一角，還有隊友香取慎吾與造型師祐真朋樹合作的時裝品牌「JANTJE_ONTEMBAAR」的周邊商店，粉絲又怎能不來朝聖呢！

1

2

3

1. 品牌標誌也非常可愛。
2. 咖啡廳內展示了許多藝術品與畫作。
3. 周邊商店區可以買到設計時尚的衣服。

全新甜點綜合樓層

GINZA SWEETS MARCH

地址：東京都中央区銀座5丁目7-10 中村積善会ビル EXITMELSA 1F
如何抵達：東京Metro丸之内線・日比谷線・銀座線「銀座」站A2出口徒步2分
營業時間：11:00～20:00。定休日：無
網址：http://www.exitmelsa.jp/floor-guide/

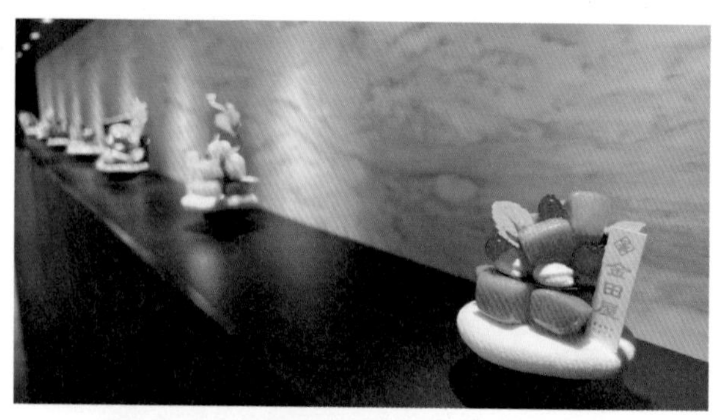

1

2

3

4

在EXITMELSA商場全新開幕的「GINZA SWEETS MARCH 」，集合了日本12家話題專櫃，提供各種特色外帶甜點，其中不少為首次登陸東京的店舖，例如著名西班牙三星級餐廳大廚所打造的巴斯克起司蛋糕專門店「JEROME cheesecake GINZA」。

備受注目的水果大福專門店「金田屋」帶來雙層水果大福。不似一般以麻糬外皮包裹水果，金田屋在大福上也放上奶油起司與水果，外表豐富而華麗。先品嘗頂層的水果與奶油，再結合大福享用，帶來多層次的口感與滋味。

1. 賣相超吸睛的水果大福。
2. 琳琅滿目的甜點專櫃，假日很多客人在選購。
3. 主打使用自然食材的鐵罐餅乾。
4. 巴斯克起司蛋糕烤得焦香而口感軟滑。

美得像藝術品的甜點
LOUANGE TOKYO Le Musée

地址：東京都中央区銀座1-9-5 1F
如何抵達：東京Metro有樂町線「銀座一丁目」站徒步1分
營業時間：11:00～20:00。定休日：無
¥ 費用：¥3,000～¥3,999
網址：https://louange-tokyo.com/lemusee/

高級甜點品牌LOUANGE TOKYO的小熊蛋糕，是日本明星及模特兒慶生時的常客，雖然一個6吋蛋糕要價1萬日幣以上，還是有很多人預訂（我也曾經買過！）。其首家咖啡廳在2021年於銀座開幕，以大理石打造店面貫徹品牌的高級感，裝飾著用巧克力製作的動物像，連蛋糕都像珠寶一樣在玻璃櫃中顯得精緻奪目。

入座後，店員會馬上捧來一大箱茶葉讓客人試聞香氣並挑選，再掃QR code從手機觀看菜單。每一道甜點的擺盤都十分華麗，就連單點一顆小蛋糕也會用天然石盤盛裝。從厚重的鐵茶壺倒出紅茶，再用刀叉小口品嘗蛋糕，宛如參加頂級茶會。

1

1. 裝著茶杯與蛋糕的餐盤都很獨特。
2. 店內氣氛高級到宛如走進精品店一樣。
3. 蛋糕賣相美觀，讓人捨不得吃。

2 3

開店前就在排隊的高級果醬麵包
#銀座 月と花

地址：東京都中央区銀座4－10－6 G4ビル1F
如何抵達：東京Metro淺草線・日比谷線「東銀座」站A2徒步1分
營業時間：10:00～售完即止。定休日：無
¥ 費用：¥0～¥400
網址：https://www.ginza-tsukitohana.com/

1

果醬麵包聽起來好像不那麼特別，但這家專門店開業了約2年，每天還是大排長龍。我曾有幾次在下午到訪都吃了閉門羹，最後選在早上10點前來，才發現大家早早就來排，難怪到中午就已售罄。

主打「大人的果醬麵包」，以法棍麵包填入日本產水果製作的果醬，跟在一般超商買到的完全不是同一等級。單是果醬的口味就已經與眾不同，杏桃與覆盆子、奇異果與百香果、四種果實的桑格麗亞等，每種都會想要試試看。麵包可以用烤箱回烤，外脆內軟，果醬的酸甜味剛剛好，還能嘗到奶油的酥香。我才終於明白，為什麼日本太太一早就來搶購了！

1. 小巧的店面只提供外帶。
2. 果醬麵包皆為獨立包裝，多種口味放在一起色彩繽紛。
3. 裝麵包的盒子也十分可愛。

2

3

不是只有精品名牌,各種好逛的旗艦店

作為東京頂級購物區，銀座的高級精品名店比便利商店還要多，這種高檔印象也讓很多小資族對銀座望而卻步。事實上，這裡並非如大家想像的那樣「高不可攀」。近年有很多大型連鎖品牌都在此開店，帶來日本國內最齊全及獨有的服務，就算不花大錢也可盡情購物。

一次逛大創三大品牌 DAISO マロニエゲート銀座店

百元商店「Daiso」在日本全國及海外擁有數千家分店，而首家國際旗艦店在2022年於銀座正式開幕，亦是首次進駐這個地區。約300平方公尺面積的店面集合了三大品牌Daiso、Standard Products及THREEPPY，提供超過23000件生活用品。

Daiso 大創

是以100日幣均一價的百元商店，商品以簡單設計、實用性高為主，從收納、清潔、烹調到文具、手工藝等，居家生活的小物應有盡有。近年來原創化妝品品牌UR GRAM，以及戶外露營商品都十分熱賣。

Standard Products

主打高品質的日本製家居品牌，商品價格從數百到上千日元不等，利用對環保友善的材質，以及有質感的外觀設計媲美高級品牌，也贏得不錯口碑。推薦商品有適合當伴手禮的時尚鉛筆套裝、活用剩餘木材的檜木商品等。

THREEPPY

此為300日幣商店，商品走可愛夢幻路線，以粉色設計為主，販售各式各樣飾物、室內薰香、餐具等針對女性顧客的生活用品。

地址：東京都中央区銀座3丁目2番1号マロニエゲート銀座2&3 6F
如何抵達：東京Metro有樂町線「銀座一丁目」站徒步2分
營業時間：11:00～21:00。定休日：無
網址：https://www.marronniergate.com/shop/index/304

附設飯店 MUJI HOTEL GINZA
無印良品旗艦店

地址：東京都中央区銀座3丁目3番5号
如何抵達：東京Metro有樂町線「銀座一丁目」站5號出口徒步3分
營業時間：11:00～21:00。定休日：無
網址：https://shop.muji.com/jp/ginza/zh-tw/

在2020年開幕的「無印良品 銀座」是該品牌的全球旗艦店，提供最全面的商品及服務。共7層，每一層都有不同主題。

B1

MUJI Diner以不使用防腐劑及減少化學調味料來烹調時令食材，提供新鮮健康的餐點。

1樓

此為食品樓層，集合新鮮出爐的麵包烘焙房、現榨鮮果汁吧等，可外帶享用，同時又販售日本國產的有機及減農藥新鮮蔬果，店內人氣零食、調理包與冷凍食品，以及可自行調配的茶葉工房。

2樓

服裝樓層，除了貫徹品牌簡約風格的男女裝服飾，還有利用回收衣物重新染色及縫製的Re MUJI品牌。

3樓

以實用文具、美容保養、旅行收納等生活用品為主。

4樓

劃分多個區域，包括廚房、打掃等實用家居用品與時尚雜貨品牌IDEE、童裝及孕婦裝、書店MUJI BOOKS，以及提供銀座店限定色的刺繡工房。只要購買手帕、帆布袋等指定商品，支付數百日幣便可製作自訂圖案或文字的刺繡。

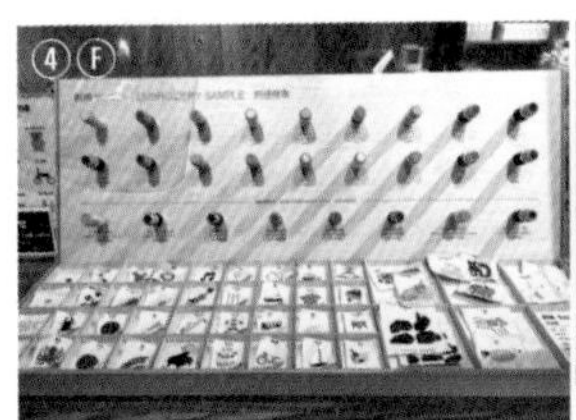

5樓

以居家收納及家具為主，設有家具裝潢展示間供參考。

6樓

MUJI HOTEL大廳。飯店附屬的藝術展覽區ATELIER MUJI、咖啡廳區域Salon，以及主打高級和食料理的餐廳WA，即使不入住飯店也可使用。

世界規模最大，除了服飾之外，還兼賣咖啡
UNIQLO GINZA

地址：東京都中央区銀座6-9-5ギンザコマツ東館1F～12F
如何抵達：東京Metro丸之内線・日比谷線・銀座線「銀座」站A2出口徒步4分
營業時間：11:00～21:00。定休日：無
該店網址：https://www.uniqlo.com/jp/ja/spl/feature/shop/ginza

位於商業設施GINZA SIX對面的「UNIQLO GINZA」，在翻新後於2021年9月17日重新開幕。樓高12層的旗艦店，除了販售價廉物美的服飾，更有銀座店限定的合作商品與服務。

1樓｜ UNIQLO FLOWER

台灣也有的花店販售區，以1束390日幣、3束990日幣的實惠價格提供當季鮮花，購買2束以上可免費紮成花束。店內偶爾會有品牌合作活動，例如期間限定的PAUL & JOE包裝紙就曾引起熱賣。

2樓｜ GINZA 合作系列

在UNIQLO GINZA獨家販售的原創商品系列，與銀座著名店舖合作，從餐廳、文具店到歌舞伎座都成為設計元素，轉化成T恤、帆布袋等，成為最佳紀念品。進入這一層彷彿參加了銀座導覽團，可認識當地名店。

5樓｜ CUSTOM CORNER

購買UNIQLO的T恤、帽T等商品，可付費現場刺繡，或是印上店舖現場貼圖、手繪圖案或照片，客製專屬於自己的衣服。

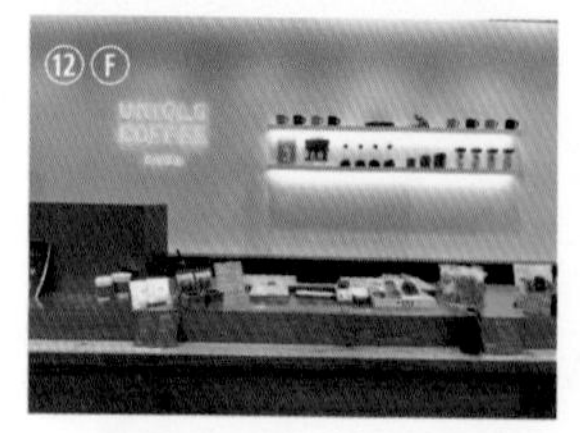

12樓｜ UNIQLO COFFEE

全球唯一的咖啡店，提供自家調配的咖啡及手沖咖啡，還搭配銀座WEST的餅乾或文明堂的銅鑼燒，點心印上UNIQLO COFFEE字樣更顯特別。旁邊有座位區可小憩一下。也有販售咖啡豆與馬克杯。

體驗資生堂最新美容商品與技術

SHISEIDO GLOBAL FLAGSHIP STORE

資生堂是非常知名的化妝品公司，在日本國內化妝品市占率排名第一，世界排名第五。2020年開幕的「SHISEIDO GLOBAL FLAGSHIP STORE」是品牌首家旗艦店，不只集齊所有商品系列，更可體驗各種新科技及享受店舖限定服務。

旗艦店共分兩層，1樓展示各種商品。在門口可以免費領取S CONNECT手環進入店內，透過掃瞄手環及商品即可在螢幕上獲得取商品資訊、模擬商品使用效果、分析膚色推薦粉底液等。由AI挑選的粉底液色號真的十分精準，感受到科技的厲害，而且系統提供多國語言選擇，十分貼心。

2樓則可進行肌膚分析，推薦能改善膚質的護膚商品。此外，店內也提供試妝服務與簡單的化妝課程。不得不說這裡的櫃姐服務很好，不會有高壓式推銷或是擺出愛理不理的態度，令人能放鬆挑選商品。

旗艦店還有刻字服務，只要購買指定商品便可免費享用。在機器上選擇喜歡的圖案與輸入名字，當場進行鐳射刻印，便可立即得到獨一無二的商品。所有商品也可免費選擇貼紙進行包裝，送禮自用兩相宜。

1F

化妝品賣場卻很有科幻感。

2F

二樓設有座位讓店員幫忙示範上妝。

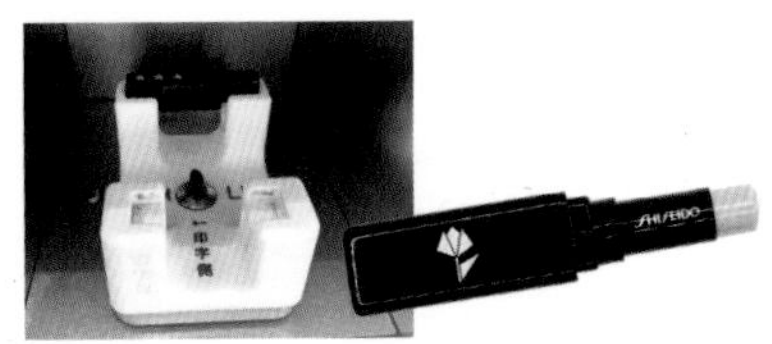

可讓客人使用鐳射機器為商品刻印。

印有名字的遮瑕膏。

地址：東京都中央区銀座3丁目3番13号
如何抵達：東京Metro丸之內線・日比谷線・銀座線「銀座」站C8出口徒步1分
營業時間：11:00～20:00。定休日：無
該店網址：https://www.shiseido.co.jp/ginza/

Chapter

神田 | Kanda & 御茶之水 | Ochanomizu

12

走出宅宅天堂的新天地
神田、御茶之水

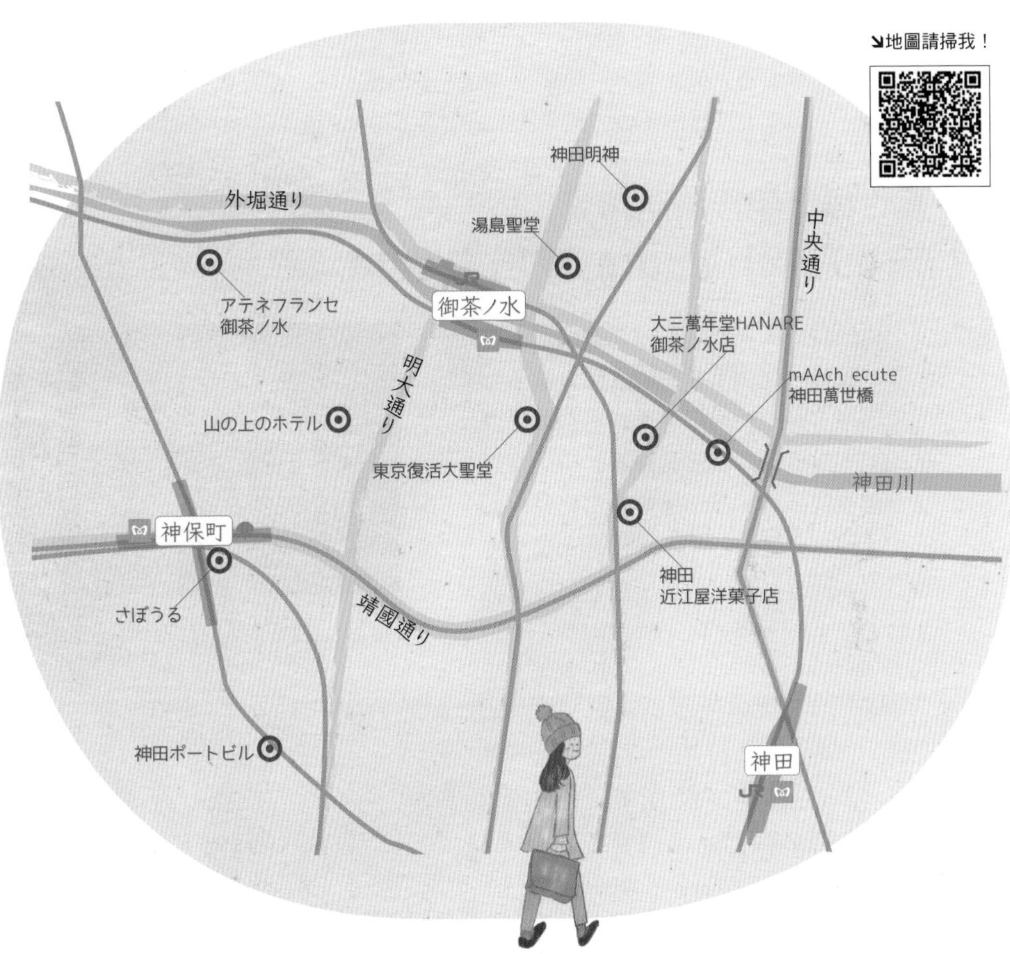

以動漫、電器等在世界享負盛名的御宅天堂「秋葉原」，似乎與網美或文青沾不上邊。然而，就在秋葉原徒步圈的神田、御茶之水區內，既是平凡的商業街，同時有著樂器之街、舊書店街的特色，隱藏著很多好拍好逛的景點。在逛完秋葉原後可順道觀光此區，或是當同行的宅宅旅伴在秋葉原忙著購物時，一個人四處走走打發時間，發掘這一帶的不同面貌。

同時滿足拍照、口腹之欲的景點與餐廳

偶爾到秋葉原辦事情時，若想要順道吃頓午餐或是到咖啡廳休息，在網路上搜尋「#秋葉原」、「#網美」、「#咖啡廳」會發現出來的結果少得可憐，餐廳大多是以分量大又重口味的拉麵、肉丼、咖哩飯為主。幸好在我鍥而不捨的搜尋下，還是從那屈指可數的選項找到幾個很好拍照的景點與餐廳。

萬世橋高架橋脱胎換骨
→ mAAch ecute 神田萬世橋

以擁有百年歷史的萬世橋站改建而成的商業設施，保留了特色的紅磚外牆，一旁是緩緩流動的神田川，洋溢著寧靜而浪漫的歐式風情。內部更是別具匠心，活用了拱形橋的結構，每穿過一道拱門便來到一家店舖，令好奇心一步步提升。設施內還有很多座位供旅客使用，在咖啡店買杯飲料，坐下來稍憩一下，非常愜意。

↑
拱門的設計讓人像是走在隧道中。

1 2 3
1. 日本酒商店「木内酒造」。
2. 設施內有一些文青風格雜貨店。
3. 穿過拱門窺看餐廳的內貌。

地址：東京都千代田区神田須田町1-25-4
如何抵達：JR「秋葉原」站電氣街口徒步4分、JR「神田」站北口徒步6分
網址：https://www.ecute.jp/maach

特別設計了露天平台，可坐在戶外眺望神田川的景色。

travel notes

同場加映！捕捉罕見鐵路照片——聖橋

為鐵道迷提供一個私房推薦，在與「mAAch ecute 神田萬世橋」步行約7分鐘距離，有一座讓日本「撮り鉄」（toritetsu，鐵道攝影迷的愛稱）趨之若鶩的天橋。

在聖橋上可俯瞰JR御茶之水車站的路軌，若夠幸運可遇到JR總武線、JR中央線及地下鐵丸之內線三輛列車同時經過的珍貴瞬間。想要拍下這難得的場面，除了要花點耐性等待，也要配備高性能的相機，才能拍出在網路上看到的奇景。

地址：神田駿河台四丁目～文京区湯島一丁目

如何抵達：JR中央線、總武線、東京Metro丸之內線「御茶ノ水」站、東京Metro千代田線「新御茶ノ水」站徒步1分

左：高樓大廈與列車形成絕妙的構圖。
右：看到這個標誌就代表到了聖橋。

豐富多彩的新派和食午餐 Sta. 神田

¥ 費用：午餐￥1,000～￥1,999、晚餐￥4,000～￥4,999
營業時間：午餐 11:00～14:00、咖啡廳14:00～17:00、晚餐17:00～23:00。定休日：無
網址：https://online-sta.com/
建議：每個時段會有不同菜單，在咖啡廳時段也可點午餐的料理。

1

2

澀谷的高人氣咖啡廳「Sta.」於2021年4月進駐開設2號店，很多日本女生慕名來訪。其午餐菜單僅提供和食與咖哩兩個選項，但每周口味不同，這周主食是柚子醋炒豚肉、下周變成了炸雞塊，每次到訪都能獲得驚喜。

料理皆是由廚師、營養師及食物造型師（Food Stylist）共同設計，主菜使用當季食材，配合各種蔬菜達至均衡營養。擺盤十分令人驚艷，色彩絢麗的蔬菜讓樸素的和食及咖哩頓時使得食欲大增。餐點並不是空有外表而已，每道小菜美味且分量十足。別以為咖啡廳的料理都是給相機吃，拍得開心卻吃得空虛，但，這裡可是拍照與口腹之欲都能同時滿足。

1. 很多女生用餐後會站在店名招牌下拍照。
2. 活用了設施獨特的建築結構，燈光與植栽增添時尚氛圍。
3. 色彩繽紛的配菜讓炸雞定食毫無油膩感。
4. 濃郁的椰汁咖哩旁是地瓜脆片。

3

4

鐵道迷必訪！在列車旁用餐的特別體驗

RESTAURANT 白金魚 PLATINUM FISH

1 2
3 4

1. 通往餐廳的入口。
2. 門口掛著車掌衣服讓家長借用。
3. 餐廳兩邊都可看到列車駛過。
4. 等到食物放涼也想要拍到列車進站的瞬間。

以電車為主要交通工具的日本，可找到各式各樣的列車，也培育出一群忠實的鐵道迷。繞到mAAch ecute神田萬世橋的側面，有兩道門口能通往2樓的平台。穿過保留著古舊萬世橋站遺跡的樓梯，來到RESTAURANT 白金魚 PLATINUM FISH。

活用了位在兩道鐵路路軌之間的地理優勢，打造出讓鐵道迷夢寐以求的用餐環境，以及另類的網美景點。狹長的餐廳外牆是一面面落地玻璃，JR電車就在座位旁行駛，幾乎可與車廂中的乘客對視打招呼。就算不是鐵道迷，每次列車經過時也會感到興奮，馬上拿起相機記錄這短暫的瞬間。

這裡更是熱門的親子景點，連平日下午滿場都是一家大小的客人，孩子看著列車都會開心地叫嚷。店裡還很貼心提供車掌的衣服免費借用，讓爸爸媽媽為可愛的孩子拍照，餐廳內充滿溫馨的氛圍。

¥ 費用：¥1,000～¥1,999

營業時間：平日午餐 11:00～15:00、晚餐17:00～23:00；星期六11:00～23:00、星期日及假日11:00～21:00。定休日：無

網址：https://platinumfish.jp/shoplist/manseibashi/

360年和菓子老鋪挑戰洋式甜點 大三萬年堂 HANARE

地址：東京都千代田区神田淡路町2-105ワテラスモール1F
如何抵達：JR中央線、總武線、東京Metro丸之內線「御茶ノ水」站、東京Metro千代田線「新御茶ノ水」站徒步3分
費用：¥1,000～¥1,999
營業時間：11:00～19:30。定休日：無
網址：http://d3hanare.tokyo/

粉色系的裝潢十分溫馨舒適。

米粉製的麵包夾著奶油、紅豆泥與草莓。

上：酒糟蛋糕捲鬆軟而不會太甜。
下：黃豆粉、焙茶及抹茶的三色蕨餅。

「大三萬年堂」的本店位在兵庫縣，從江戶時代就創業，是約360年歷史的和菓子老舖。目前已是第13代的老闆安原伶香女士，面對愈來愈多年輕人不愛吃和菓子的嚴峻環境，決定以女性獨有的視點，打造「和洋折衷」的全新日式甜點品牌。

店舗裝潢採用柔和色調，還有以假花裝飾的夢幻風榻榻米座位供客人拍照，一洗和菓子店的傳統古味。使用大三萬年堂招牌紅豆泥，搭配鮮奶油與草莓的紅豆麵包、加入日本酒糟的蛋糕捲等創新甜點，搭配濃醇抹茶享用，即使是不吃和菓子的人也會愛上。

少女心爆發粉紅文字牆
井 アテネフランセ 御茶ノ水 (Athénée Français)

地址：東京都千代田区神田駿河台2-11
如何抵達：JR中央線、總武線「御茶ノ水」站徒步7分、JR總武線「水道橋」站徒步5分
建議：拍照時間不要過長，或設置三腳架等影響學校師生與路人。

← 隨意站在牆邊就是一張網美照。
→
上：一大面粉紅色牆壁為街道增添夢幻氣息。
下：整間學校就像繪本裡才會出現的建築物。

在御茶之水街道上還隱藏一個讓女孩們眼冒愛心的景點。アテネフランセ 御茶ノ水是一間法語及英語學校，有著惹人注目的粉紅色外牆，上面刻著英文字母，可愛度爆棚。我是從日本偶像團體乃木坂46的《蜃景》唱片封面得知這個地方，作為粉絲，馬上相約攝影師朋友來這裡朝聖，平凡如我只要站在這片甜美背景前，也能拍出網美照。

travel notes

同場加映！眼熟的日劇景點——皀角坂

↑ 平凡又充滿日常感的景色。

在「アテネフランセ 御茶ノ水」附近有一道廣闊的坡度鄰近電車線路，對於資深日劇迷應該似曾相識。沒錯，很多日劇都曾在這裡取景，較新的作品有《二月的勝者—絕對合格教室—》到經典之作《海猿》、《長假》等，這片風景刻在日劇悠長的歷史中。

地址：東京都千代田区神田駿河台2丁目
如何抵達：JR中央線、總武線「御茶ノ水」站徒步7分、JR總武線「水道橋」站徒步5分

震撼日本三溫暖界的時尚新設施
神田ポートビル（Kanda Port）

地址：東京都千代田区神田錦町3-9
如何抵達：東京Metro半藏門線、都營地下鐵新宿線及三田線「神保町」站徒步3分
營業時間：每家設施不同。定休日：無
網址：https://www.kandaport.jp/

設施外的座位有點設計感。

2019年，改編自同名漫畫，由原田泰造、磯村勇斗等演出的深夜日劇《桑道》播出後，蒸三溫暖成為了潮流。市面上增加了許多相同設施，透過冷熱交替來達到身心調整的三溫暖用語「ととのう」（totonou），更是打入2021年日本流行語大賞候選。

2021年4月，由舊印刷廠改建成文化複合設施，其中地下1樓的「サウナラボ」（Sauna Lab）憑著提供多種形式的三溫暖烤箱、時髦的環境氣氛而受到眾人注目。設在1樓的咖啡廳與商店「KITCHEN SAUNA」開放給一般客人使用，裝潢可愛又舒適，也隨處可見三溫暖元素，掛在樓梯間的大型桑拿帽裝飾，設計精美的周邊商品等，讓我這個三溫暖門外漢也想要試試看。

休憩空間供客人蒸完三溫暖後使用。

大型桑拿帽裝飾很吸睛。

風格迥異的神聖之地

在日本遇上神社或寺廟並不稀奇，而在神田至御茶之水這一帶有三家特色且具有重要歷史價值的宗教場所，十分值得拜訪。

日本最古老的磚造重要文化財 東京復活大聖堂

東京復活大聖堂是日本正教會的總部，由俄羅斯美術家M.A.Shchurupov與英國建築師喬賽亞·康德共同設計並於1891年落成，曾在關東大震災經歷嚴重損毀，幸得修復，後來被日本列為重要文化財。這是日本國內首座採用拜占庭式風格的建築物，綠色的八角型的圓拱屋頂，精緻的裝飾，美得讓人情不自禁駐足欣賞。

⬆
左：古典而精緻的建築在一片商業大廈中鶴立雞群。
右：門口的教會標誌。

- 地址：東京都千代田区神田駿河台4-1
- 如何抵達：JR中央線、總武線、東京Metro丸之內線「御茶ノ水」站、東京Metro千代田線「新御茶ノ水」站徒步2分
- ¥ 參觀費用：成人￥300，中學生￥100円、小學生以下免費
- 營業時間：13:00～15:30。定休日：星期一至五
- 網址：https://nikolaido.org/
- 建議：週末開放聖堂拜觀，內部禁止拍照。

動漫、科技與千年歷史新舊共融
⛩ 神田明神

- 地址：東京都千代田区外神田2丁目16番2号
- 如何抵達：JR中央線、總武線「御茶ノ水」站徒步5分、JR「秋葉原」站電氣街口徒步7分
- 營業時間：24小時營業。定休日：無
- 網址：https://www.kandamyoujin.or.jp/

境內有日本第一大的大黑天尊像。

信眾都會在本殿前排隊等候拜拜。

早在730年已於大手町一帶落成的神田明神，於1616年遷移到現址，是神田、日本橋、秋葉原、丸之內、築地魚市場等108町會之總氏神，同時被選為「東京十社」之一，每兩年舉辦的神田祭也是東京一大盛事。走進廣闊的境內馬上可感受到神社威嚴的派頭。

縱使是當地的文化重鎮，神田明神卻緊貼著時代的步伐。在2013年播出的熱播動畫《LoveLive!》，因主要角色東條希在這裡擔任巫女工作而讓動漫迷蜂擁而至。神社非但沒有抗拒，更趁機推出合作款的繪馬及御守，至今仍可在神社的角落找到動漫圖畫及印章。

設在境內的神田明神文化交流館「EDOCCO」也販售設計獨特的原創商品，最有趣的是在神禮授與所可買到保佑電腦安全的IT守護符，旁邊還擺放了一台24小時的「御守自動販賣機」，充分融合電器之街秋葉原的地區特性。

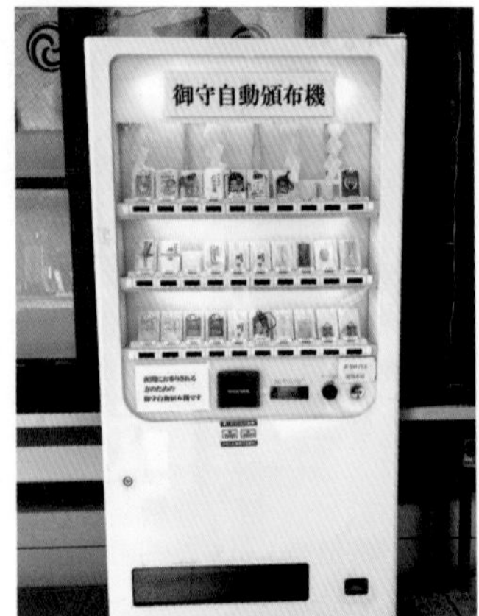

← 與時下流行的Vtuber合作。
→ 有趣的御守自動販賣機。
↓ 在EDOCCO有動漫圖案的免費蓋印。

⬆ 木製的原創御朱印帳。
➡ 各種神壇與相關用品也可買到。

日本人也拜孔子？碩果僅存的東京孔廟 ▦ 湯島聖堂

地址：東京都文京区湯島1-4-25
如何抵達：JR中央線、總武線、「御茶ノ水」站、東京Metro千代田線「新御茶ノ水」站徒步2分、東京Metro丸之內線「御茶ノ水」站徒步1分
營業時間：9:30～17:00(冬季提早16:00關門)。定休日：無
網址：http://www.seido.or.jp/
建議：週末及假日會打開大成殿門開放觀賞孔子像。

⬆
上：平日本殿不開放時，只會看到黑漆漆的門。
下：保佑合格的繪馬是考生們的願望。

日本自古以來吸收了不少中華文化，甚至供奉儒家代表人物孔子的孔廟也紮根在此，而「湯島聖堂」是其中最有名的一家。

由江戶時代將軍德川綱吉所建立的湯島聖堂，當時也是幕府最高教育場所，在境內立有「日本學校教育發祥地」的石碑。被一片瓦牆包圍的寺廟，以黑色系為主，並搭配中國傳統屋頂樣式，瀰漫著清靜莊重的氣氛。在平日下午到訪時，遊客並不多，據説每年在高考等考試前都會有很多日本人來祈願學業與順利合格。

沉醉昔日情懷的建築之旅

神田至御茶之水區內有著濃厚的懷舊風情，路上可以看到許多喫茶店與舊建築，特別是走到以書店街及古書聞名的神保町，更是讓蘊藏在心中的老靈魂騷動不已。以下介紹三個地方讓大家走進時光隧道，以視覺與味覺同時重溫東京往日風華。

文人也愛住的古典飯店
山の上のホテル（HILLTOP HOTEL）

1

2

3

1. 飯店外觀也存在對稱美。
2. 名副其實位在「山之上」，需要走一段小斜坡才能抵達。
3. 仔細一看竟繡著飯店的英文名稱。
4. 濃郁的起司焗白醬通心粉。
5. 奶凍也是Coffee Parlor HILLTOP的招牌甜品之一。
6. 冬季限定的草莓千層酥賣相與味道堪稱一流。

4

5

6

觀看日劇《在名建築裡吃午餐》時，就對「山の上のホテル」（山之上飯店）一見鍾情，親身到訪更是被那迷人的建築結構所迷倒。於1954年開業，因為鄰近出版社而受到三島由紀夫、池波正太郎等多位日本大文豪喜愛，在此誕生多部影響日本文壇的巨作。

由美國著名建築師梅瑞爾·沃里斯·希托沙亞納奇設計，幾何美學潛藏在飯店內的不同角落。鋪上紅地毯的樓梯也是一大看點，服務員特別為我指引，從地下1樓抬頭觀賞，穿過樓梯間的一面拼花玻璃更是美得讓人目眩神迷。

在這裡住一晚要價並不便宜，那麼可在附設的咖啡廳「Coffee Parlor HILLTOP」吃個午餐或下午茶，享受古典優雅的氣氛。

劇集裡經常提到「神は細部に宿る」（神明藏在細節裡），山之上飯店所用的每項物品，都展現出大和精神的細膩及講究，從水杯、叉子、湯匙都刻有飯店名字，連桌墊的花邊都繡著HILLTOP HOTEL的字樣。在這片環境中享用花費12小時沖泡的水滴式咖啡、美味的洋食料理與甜點，完全能理解為什麼日本文人都陶醉於此。

7

8

9

7. 讓建築迷心醉的樓梯。
8. 從地下1樓往上看的景色。
9. 以馬賽克磁磚拼砌出飯店名稱。
10. 巧克力用墨水瓶裝，特別有文學氣息。

地址：東京都千代田区神田駿河台1-1
如何抵達：JR中央線、總武線、東京Metro丸之內線「御茶ノ水」站徒步5分
¥ Coffee Parlor HILLTOP費用：￥2,000～￥2,999
Coffee Parlor HILLTOP營業時間：11:30～21:00。定休日：無
網址：https://www.yamanoue-hotel.co.jp/
建議：非住客只可在1樓大廳及地下1樓參觀。

10

品嘗日本人的古早味
神田 近江屋洋菓子店

地址：東京都千代田区神田淡路町2-4
如何抵達：東京Metro丸之內線「淡路町」站徒步2分、東京Metro千代田線「新御茶ノ水」站徒步4分
費用：～¥999
營業時間：星期一至六9:00～19:00、星期日及假日10:00～17:30。定休日：無
網址：https://www.ohmiyayougashiten.co.jp/

1

在科技愈來愈精進的年代，烹飪的創意可盡情發揮，食物的味道與口感千變萬化，但人們卻默默掛念起小時候嘗過那種單純古早味。在明治年代1884年開業的烘焙店「近江屋洋菓子店」，應該就是日本人心中的古早味。

雖然在2021年翻新過，但店內裝潢依舊保留著獨有的復古懷舊。冰櫃中展示著樸素的甜點與餅乾，沒有精巧的裝飾或富層次的口味組合，卻吸引許多人排隊購買。我買了招牌商品的葡萄乾奶油夾心餅乾與水果磅蛋糕回家品嘗，甜甜的味道勾起我的童年回憶，在這個遠離家鄉的地方感受到一絲莫名的親切感。

2

1. 購買少量點心的話，會以充滿懷舊感的紙袋包裝。
2. 手工甜筒冰淇淋也是必買之選。
3. 具有時代感的裝潢。
4. 經典款的水果蛋糕與蘋果派。

3

4

復古喫茶店的7色冰淇淋蜜瓜蘇打

さぼうる

地址：東京都千代田区神田神保町1丁目11
如何抵達：東京Metro半藏門線、都營地下鐵新宿線及三田線「神保町」站徒步1分
¥ 費用：～¥999
營業時間：11:00～17:00。定休日：星期日
網址：https://sabor-jimbocho.business.site/

神田一帶有非常多的喫茶店，然而擁有60年以上歷史的「さぼうる」（sabouru）卻突圍而出，小小的店內無時無刻都擠滿客人。由深色木材及磚塊築起兩層空間，加上植栽與民族風裝飾的點綴，有種走進了異國部落的錯覺。這裡提供了簡單而經典喫茶店菜色，最受歡迎的是冰淇淋蜜瓜蘇打，竟然有7種顏色可以選擇。顏色鮮艷的飲料與復古的環境的反差，成為了日本人SNS的新寵兒。

冰淇淋蜜瓜蘇打是由甜漿與蘇打水沖調，再加上一球香草味冰淇淋，7種顏色代表7種水果味道，可能就像日本刨冰甜漿的都市傳說一樣，喝起來雖說有一種人工化學味道，卻正是記憶中的味道。

上：小巧的喫茶店坐滿客人。
下：獨特的裝潢猶如身處在小木屋中。

鮮藍色的蜜瓜蘇打看起來很夢幻。

Tokyo_
やなか
ねづ
せんだぎ
chapter.
谷中｜Yanaka
根津｜Nezu
千駄木｜Sendagi
13
感受下町風情
谷中、
根津、
千駄木

↘地圖請掃我！

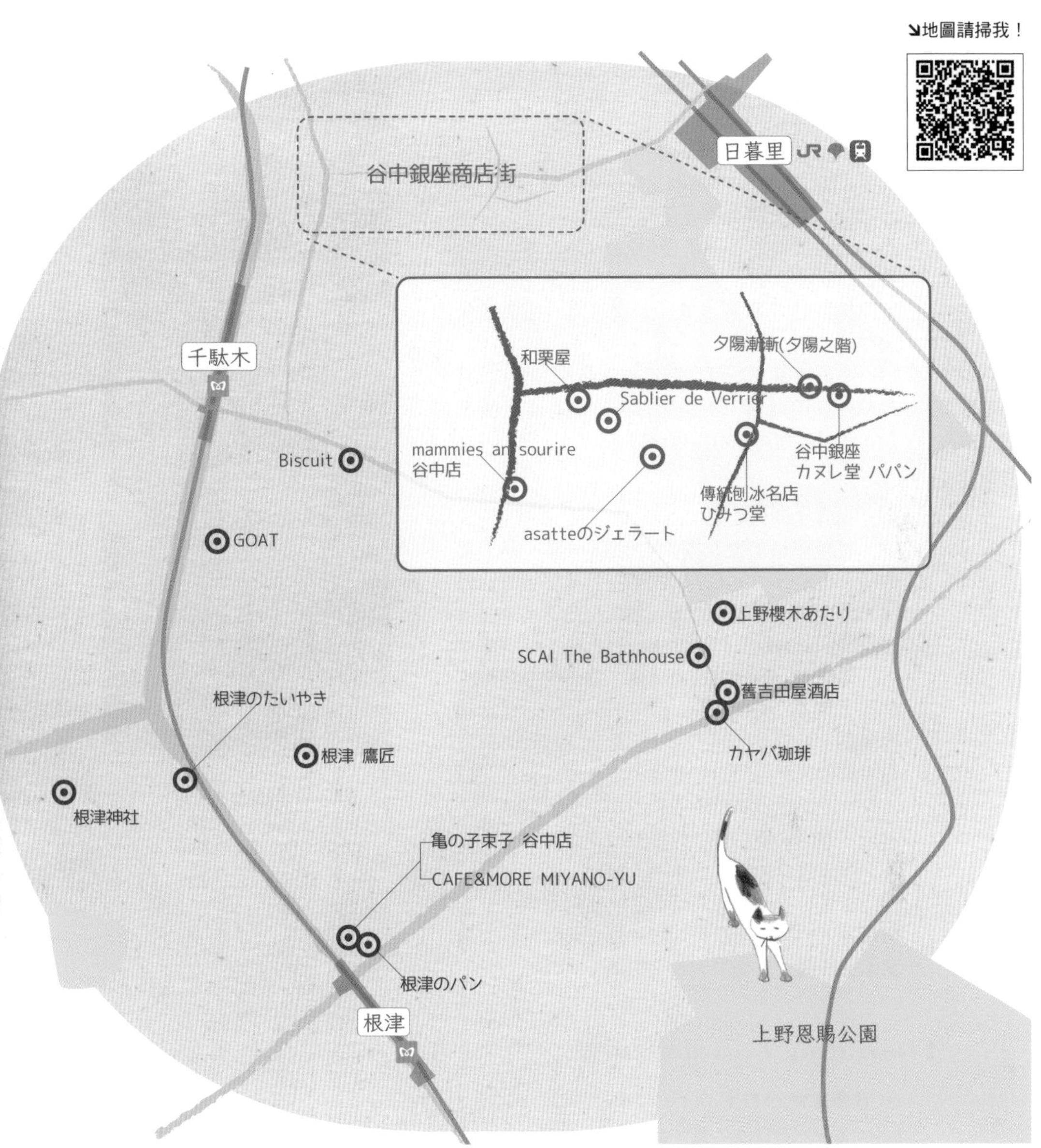

東京之所以好玩，在於其兼容了繁華都會與平凡小鎮，既可在商圈找到高聳入雲的摩天大樓，同時留存古老的木造房子，人們可以依著想要的生活型態，來選擇自己的棲息之所。

第一次到訪谷根千時，總覺得像是闖入日劇場景。住宅區裡隱藏著一家家可愛的小店，路上沒有匆忙的上班族或是打扮花枝招展的年輕人，取而代之的是出門買菜的鄰居、接孩子放學的媽媽，這就是日本人的日常，也是緩慢的、悠閒的、歲月靜好的安逸生活。

一點小建議：谷根千該怎麼玩

谷中、根津、千駄木三地距離不遠，腳力夠好的話，其實可徒步走遍每個地區。要注意的是，此區的商店多在傍晚5點到7點打烊，建議將此區安排在早上、下午時段，晚上則可從日暮里乘搭JR山手線到池袋、新宿等地，繼續享受旅遊。

由於日暮里站可乘搭京成電鐵和Skyliner直接前往成田機場，不妨把谷中排在行程最後一天，起飛前還可以稍微逛一逛。

上：這一帶保留了不少老房子。
中：穿梭在民居間散步。
下：路上會遇到一些可愛的雜貨店。

⊙ 何謂下町文化

谷根千位於文京區及台東區一帶，是「谷中」、「根津」、「千駄木」三個地區並鄰的合稱。這裡留存古老的建築與文化，瀰漫濃厚的懷舊風情，是東京下町地區的代表之一。

「下町」起源自江戶時代，當時把地勢較高的地方稱為「山の手」（山之手），低地區域則稱為「下町」。除了地理因素，下町同時是指職人與庶民聚居的工商業地區，像是日劇《下町火箭》就是在講一間小工廠面對大企業與銀行的打壓，製作火箭引擎零件懷抱宇宙夢想的熱血故事，展現樸素純粹的日本職人精神。

探索谷根千這個下町地區，雖然不會遇上劇集般壯大的故事，卻可一窺傳統建築與手藝如何繼承與流傳，感受當地人文情懷。

One Day Trip 推薦行程

◎ 感受谷中的日常

1 ▫ カヤバ珈琲吃午餐 ▶ 2 ▫ 上野桜木あたり ▶ 3 ▫ 谷中銀座商店街 ▶ 4 ▫ 和栗や / ひみつ堂 / asatte のジェラート吃甜點下午茶

◎ 一次走遍三區！在谷根千悠閑散步

1 ▫ 根津 鷹匠吃午餐 ▶ 2 ▫ 根津神社參拜 ▶ 3 ▫ MIYANO-YU 喝咖啡 ▶ 4 ▫ GOAT/Biscuit 逛雜貨店 ▶ 5 ▫ 谷中銀座商店街

離谷中最近的車站是日暮里，相信許多來過日本自由行的旅客都會對這個車站感到熟悉，從成田機場搭乘京成電鐵或 Skyliner 列車來往東京，都會在日暮里轉乘其他路線，然而在這裡走出車站的人卻不多，錯過了這片寶地。

谷中銀座商店街

1

幾年前，因為日文老師的推薦，說這裡是只有當地人才知道的私房景點。當時才剛來日本不久，走在商店街沒遇上半個外國人，彷彿真的走進了日本平民生活。後來谷中作為文青景點被不少外國旅遊媒體介紹，漸漸變得熱鬧，商店也愈來愈豐富，雖然商店街不長，但每間店逐一探訪可能要花上不少時間。

1. 販售生活用品的懷舊雜貨店。
2. 商店街在平日下午也有不少旅客。
3. 商店街中隱藏不少貓咪裝飾。

2　3

谷中銀座商店街的象徵 # 夕陽階梯

從階梯上方拍攝的景色。

從日暮里站北口出來沿著御殿坂步行約3分鐘，可看到猶如門框的大招牌寫著「谷中ぎんざ」，表示商店街到了。這裡有一小段階梯連接御殿坂與谷中銀座商店街，有著充滿詩意的名字「夕やけだんだん」，直譯為夕陽漸漸，又稱夕陽階梯。顧名思義在黃昏時分這裡可眺望到美麗的日落景色。站在樓梯上方有寬廣的視野，可把鱗次櫛比的店舖與行人一覽無遺。即使沒有夕陽，也想用相機記錄下這片充滿日常感的風景。

排幾小時都心甘情願的刨冰界龍頭 # ひみつ堂

地址：東京都台東区谷中3-11-18
如何抵達：JR、京成電鐵、日暮里-舍人線「日暮里」站徒步約4分
¥ 費用：￥1,000～￥1,999
營業時間：平日10:00～19:00、週末9:00～19:00、夏季提早8:00開店、10月～5月或提前18:00關店
定休日：星期一、10月～6月期間是星期一及二
網址：http://himitsudo.com/

左：夏季時店門外一直是長長人龍。
右：總是座無虛席，店員則盡力製作刨冰。

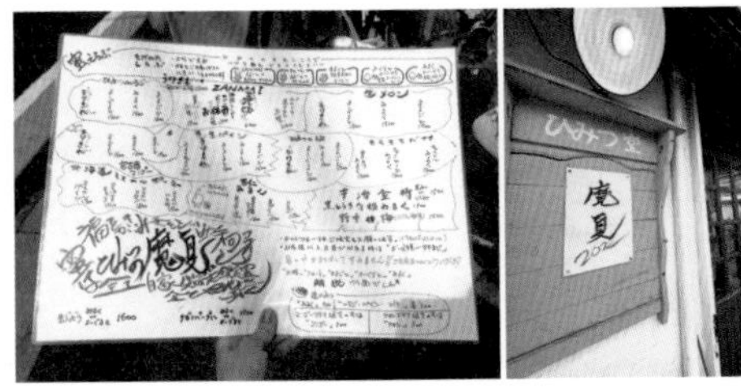

左：刨冰口味種類非常多。
右：「魔夏」形容日本的炎熱天氣十分貼切。

日本刨冰愛好者一致推崇的超級名店。不只夏天，幾乎全年365天都有人在排隊。誇張的是，有時從早上7時就開始排，最多排上6小時，但吃過的人都說值得。ひみつ堂使用來自日光的天然冰，由店員奮力地親手攪動刨冰機手把，製作出蓬鬆的刨冰。然後在一碗碗的小雪山澆上以時令水果特製的「冰蜜」，便完成夏日最強消暑佳品。

排隊時，會先拿到菜單，接著是下單和收款。刨冰按季節提供不同水果口味，以冰蜜為基礎，也可搭配牛奶、優格、生奶油。最奢侈的「ZANMAI」會在刨冰中藏入生奶油，表面佈滿冰蜜，再放上一大塊水果。除此以外，還有抹茶紅豆、黃豆粉與黑糖蜜等日式口味。在排隊的辛勞與漫長等待後，刨冰顯得格外美味，冰蜜濃縮了水果的天然清甜，難怪座位上放有吸管，可以當成果汁飲用。推薦多加一份冰蜜，不怕吃到最後冰融化沖淡了味道。

豪華的蜜瓜ZANMAI刨冰。

must know

吃冰必知！天然冰與純冰的區別

刨冰這項甜品看似簡單，一般人會把重點放在糖漿與配料，實際上冰塊才是關鍵！在日本，刨冰名店都會標榜使用天然冰或純冰。天然冰來自戶外冰池，在冬季池水結冰後收集而成。湧泉的水質會影響冰塊的味道，所以多產自環境優良的深山洞穴，但在土地開發與氣候問題下，天然冰十分珍貴。

純冰則是在製冰工廠中，以飲用水製作的人工冰，在長時間冷凍過程中加入空氣攪拌，與製冰機利用急速加凍而成的冰塊有所不同。

天然冰與純冰都有高透明度及硬度，不易融化，製成刨冰時口感更輕盈，猶如雪花輕觸入口即化，只要吃過一次都會回不了頭。

前所未有的可麗露變化球 谷中銀座カヌレ堂 パパン

地址：東京都荒川区西日暮里3-14-13 日暮里コニシビル103
如何抵達：JR、京成電鐵、日暮里-舍人線「日暮里」站徒步約3分
¥ 費用：～¥999
營業時間：10:00～19:00 (售完即止)。定休日：星期一、每月數天不定休
網址：https://www.instagram.com/cannele.de.papin/

2022年，可麗露突然成為日本流行甜點，一家時尚的可麗露專門店也於同年7月在谷中銀座開幕了。正好位在夕陽階梯的旁邊，深木色的裝潢與乾躁花裝飾，為質樸的商店街帶來優雅氣氛。烤得焦香的可麗露整齊排列在木盤上，更吸引眼球的是旁邊色彩鮮艷的點心，原來是鹹食系的可麗露。加入菠菜、燻鮭魚、香腸等與甜食沾不上邊的食材，同樣都有著濕潤的口感，意外地毫無違和感，讓不愛吃甜食的人多了新選擇。

上：迷你版的原味可麗露一點也不甜膩。
下：罕見的鹹食系可麗露。

獨一無二的原創手工沙漏 Sablier de Verrier

地址：東京都台東区谷中3-9-14
如何抵達：JR、京成電鐵、日暮里-舍人線「日暮里」站徒步約5分
營業時間：11:00–19:00。定休日：無
網址：https://sablier.ocnk.net/

隱藏於巷子中，只靠著路邊小小指示牌來引領客人，打開木門會看到一面整齊排列的沙漏，讓這家雜貨店更添秘密氛圍。店主和田小姐因為自小喜愛沙漏而開設了這家專門店，很多商品都由她設計，再請日本國內僅有的三名沙漏職人製作。對於和田小姐來說，沙漏的最大魅力是，看著沙的流動可以忘記時間的消逝，或許比起販售商品，更像是售出一份浪漫吧！

一吃難忘的栗子甜點專門店 ⊞ 和栗や

- 地址：東京都台東区谷中3-9-14
- 如何抵達：JR、京成電鐵、日暮里-舍人線「日暮里」站徒步約5分
- 費用：￥1,000～￥1,999
- 營業時間：11:00～18:00。定休日：星期一
- 網址：https://www.waguriya.com/

近年來，日本流行起由細膩栗子泥製成的蒙布朗甜點。不過說到栗子甜點，心中的第一名始終是這家「和栗や」。以自家栗子園為強大後盾，全年販售烤栗子、栗子甘露煮等各式栗子商品，但最受歡迎的還是栗子甜點。

只有店內才能品嘗得到的招牌甜點蒙布朗，以細滑的栗子泥覆蓋生奶油，甘醇的栗子香氣在口中散開，結合生奶油的甜味，明明是簡單的組合，卻勝過所有蛋糕店。用上最佳狀態的栗子，現點現擠的栗子泥保證風味滿滿，重點是不會過甜。往後縱使嘗到再多的栗子甜點，唯獨這家的蒙布朗總是讓人無法忘懷。

夏季限定的桃子蒙布朗蛋糕。

店內設有榻榻米與一般座位。

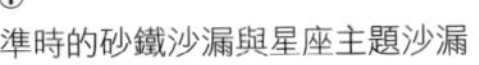

準時的砂鐵沙漏與星座主題沙漏。

沙漏有各種形狀及大小可以選擇。

在谷中秘密後院品嘗義式冰淇淋 asatte のジェラート

地址：東京都台東区谷中3-10-14
如何抵達：JR、京成電鐵、日暮里-舍人線「日暮里」站徒步約5分
¥ 費用：～¥999
營業時間：平日12:00～19:00、星期六、日11:00～19:00。定休日：星期三
網址：https://asatte.site/

⬆ 後院擺放了典雅設計的招牌。
⬅ 夏季限定的荔枝覆盆子口味，味道清甜。

在谷根千一帶散步的最大樂趣，就是穿梭民居之間尋找小店。從前文介紹的沙漏專門店Sablier de Verrier再往巷內走，竟然有家可愛的義式冰淇淋店。在2022年2月開幕的asatteのジェラート由一處古民家改建而成，洋溢著日式復古風情。

冰淇淋是以日產牛奶及蔬果製作而成，口味會不定期更換。店內或門外設有幾張椅子供客人使用，最特別是後院的座位，改造了日式老房子獨有的緣側（圍繞著建築物的簷廊），坐在這裡吃著甜甜的義式冰淇淋，宛如置身於日劇或動漫的世界中。

⬆ 門口的冰淇淋燈飾很可愛。
➡ 洋溢著日式風情的後院。

簡單美味的大塊蘋果派
mammies an sourire 谷中店

地址：東京都台東区谷中3-8-7
如何抵達：JR、京成電鐵、日暮里-舍人線「日暮里」站徒步約7分、東京Metro千代田線「千駄木」站徒步約3分
¥ 費用：～¥999
營業時間：平日11:00～17:00、星期六、日及假日10:30～17:00。定休日：不定休
網址：http://www.mammies.co.jp/

↑
原味蘋果派，大塊果肉令人垂涎。

←
可買到整個蘋果派。

去過谷中卻從未注意到這家蘋果派專門店，看了日本電視節目的介紹，才知道這家扎根於當地街坊的實力小店。mammies an sourire起源自一位日本媽媽，最初只是為孩子而做的蘋果派，後來受到鄰居們的喜愛才開始公開販售。

一開始是以餐車銷售，到現在開設三家分店，樸素的外觀與製作的用心卻從未改變。店面到商品的包裝十分簡樸，但每一個蘋果派都是手工製作，不使用色素與防腐劑，讓人吃得安心。烤得金黃而酥脆的派皮包裹著大塊果肉，配以香甜的卡士達醬，美味就是如此簡單，不需花俏的外表，味道勝過一切。

→
蛋白霜檸檬派也很有名。

↓
有多種口味的塔派和蛋糕可以選擇。

來一場恍如隔世的老房子巡禮

自小在都會長大的我，對於日本的古民家情有獨鍾，踏在木地板上吱吱的聲音與榻榻米特有的氣味，令人像是遠離日常的感覺。與谷中銀座商店街稍有些距離，在谷中、上野及根津的交界一帶，就有好幾所傳統建築，可以來一場獨特的文化體驗。

免費開放參觀的有形民俗文化財
舊吉田屋酒店

地址：台東区上野桜木2丁目10番6号

如何抵達：JR、京成電鐵、日暮里-舍人線「日暮里」站徒步約10分、東京Metro千代田線「根津」站徒步約10分

營業時間：9:30～16:30。定休日：星期一

網址：https://www.taitocity.net/zaidan/shitamachi/shitamachi_annex/

舊吉田屋酒店是來自明治時代的古老建築，被台東區指定為有形民俗文化財，現在作為下町風俗資料館免費開放給遊客參觀。不只外觀帶有江戶中期至明治時代的建築特徵，屋內也展示著日本酒的木桶、酒器等，呈現當年的酒舖模樣，可以簡單認識日本歷史文化。

1. 傳統的日本酒木桶、酒器。
2. 復古海報重現昔日之貌。
3. 館內面積不大，很快參觀完。

1

2

3

在 70 年以上歷史的古民家吃雞蛋三明治

カヤバ珈琲

地址：東京都台東区谷中6-1-29
如何抵達：JR、京成電鐵、日暮里-舍人線「日暮里」站徒步約10分、東京Metro千代田線「根津」站徒步約10分
費用：￥1,000～￥1,999
營業時間：平日11:00～17:00、星期六、日及假日10:30～17:00。定休日：不定休
網址：https://www.facebook.com/kayabacoffee

カヤバ珈琲原本是家族經營的喫茶店，老房子自昭和時代便佇立於此，多年來受到當地居民的喜愛。2006年，因店主逝世曾一度歇業，後來得到台東歷史都市研究會及美術館SCAI The Bathhouse的協助，作為谷中文化發信地而重新營業。

1

1樓保留著從昭和年代沿用至今的桌椅，脫下鞋子走上2樓，鋪上榻榻米的日式空間，讓人像是穿過時光隧道，來到更久遠的大正年代。

招牌菜是雞蛋三明治，看似其他喫茶店都有的品項，他們卻使用了麵包店VANER提供的酸種麵包，味道十分新穎。邊緣硬脆而內裡軟彈的麵包夾著厚厚的玉子燒，雞蛋溫和的味道與裸麥獨有的酸味竟然很契合，再加上沙拉和帶有生薑香氣的熱湯，無論作為早餐或午餐都很適合。

1. 鮮黃色的招牌很搶眼。
2. 雞蛋三明治配咖啡，這樣就很有飽足感。
3. 2樓是和室空間，可坐在榻榻米上用餐。

2

3

錢湯改建現代美術館
SCAI THE BATHHOUSE

- 地址：東京都台東区谷中 6-1-23 柏湯跡
- 如何抵達：JR、京成電鐵、日暮里-舍人線「日暮里」站徒步約9分、東京Metro千代田線「根津」站徒步約10分
- 營業時間：12:00 - 18:00。定休日：星期一、日、假日，展覽更換期間也不會營業
- 網址：https://www.scaithebathhouse.com/ja/

由擁有200年歷史的錢湯「柏湯」改建而成，外牆上寫著偌大的英文名稱，與傳統的磁磚屋頂相映成趣。門口保留了錢湯特色的鞋櫃，不過，館內已改建成簡潔的純白空間。不定期與日本及海外藝術家合作舉行各種展覽，在懷舊的下町發現前衛的現代美術。

古風的建築與新潮的英文字成了有趣的對比。

日本民家搖身一變文化綜合設施
上野桜木あたり

地址：東京都台東区上野桜木2丁目15-6
如何抵達：JR、京成電鐵、日暮里-舍人線「日暮里」站徒步約10分、東京Metro千代田線「根津」站徒步約10分
營業時間：8:00～20:00。定休日：星期一
網址：https://uenosakuragiatari.jp/

把昭和年代1938年建成的三所古民家改建，以竹簾頂蓋遮陽的小路、水井都洋溢著昔日風情，就連日劇《#家族募集中》也來這裡取景，作為主角們所住的合租屋兼御好燒店的外觀。

這所綜合設施有三家店舖進駐：手工啤酒館「谷中ビアホール」、麵包店「VANER」及鹽與橄欖油專門店「おしおりーぶ」。此外，也開放空間給人們舉行展覽、工作坊、講座，甚至是茶會、瑜伽活動等，成為屬於所有人的房子。

日劇《#家族募集中》取景的手工啤酒館。

可看到麵包製作的過程。

可愛的路牌指引方向。

充滿生活感的民居風景。

參拜神社後可以吃個鯛魚燒 → 根津 ねづ

根津以景點「根津神社」最為有名，尤其每年春季舉辦的杜鵑花祭，吸引大量遊客到訪賞花。雖然神社外的表參道不算太熱鬧，但周邊有不少美食及咖啡廳，在神社參拜後可以大快朵頤，休憩一下。

千本鳥居旁杜鵑花爭艷鬥麗 ⛩ 根津神社

- 地址：東京都文京区根津1-28-9
- 如何抵達：東京Metro千代田線「根津」站1號出口徒步約5分
- 營業時間：6:00～18:00(每月不同)。定休日：無
- 網址：https://www.nedujinja.or.jp/

←
紙製的神棚，立體千本鳥居做工精細。
↓
左：朱紅色的鳥居排列成一條通道。
右：鳥居上記載著信眾的願望與名字。

作為東京十社之一的根津神社，是文化價值與美景兼備的景點。神社有著1900年歷史，在江戶時代移遷至現址，7座社殿（本殿、幣殿、拜殿、銅燈籠、唐門、西門、透塀、樓門）都被指定為國家重要文化財。從表參道口進入境內，穿過神橋後宏偉的樓門映入眼簾，增添莊嚴靜謐氣氛。

最吸引眾人目光的，是一旁的千本鳥居。說到千本鳥居，很多人會聯想到京都的伏見稲荷大社，其實這並不是京都獨有，在日本全國各地都可找到類似的景致。

左：春季盛放時的杜鵑花。　右：顏色深淺不一的杜鵑花佈滿小山坡。

併設在根津神社旁的乙女稻荷神社，是為女性應援的神社，保佑姻緣戀愛。在神社許願成功的人，會回來建造鳥居作為對神明的回禮，也有人會獻奉鳥居來祈願，據說捐款約10萬日幣便可設置一所刻上自己名字的鳥居。因此，這道長長的鳥居隧道也證明了神社的能量，很多信眾的願望得以實現。

根津神社每年還有一個重頭戲，就是4月的杜鵑花祭。花園種植了100個品種、約3000株杜鵑花，4月中旬會開放給遊客觀賞。杜鵑花在日本十分常見，春季在路上都可看到。之前從未想過去賞杜鵑花，不過，看到根津神社的美麗花園後，才發覺是自己有眼不識泰山。杜鵑花精心修葺成一顆顆小球，顏色交錯，形成七彩繽紛的景色。從上方俯瞰，猶如一片瑰麗的花地毯，讓人驚艷。

一尾一尾用心烤的名產鯛魚燒
根津のたいやき

地址：東京都文京区根津1-23-9-104
如何抵達：東京Metro千代田線「根津」站1號出口徒步約5分
¥ 費用：～¥999
營業時間：10:00～14:00(售完即止)。定休日：星期六、日
網址：https://twitter.com/taiyaki_nezu
建議：每月不定休，建議事先在官方推特查看營業日。

來到根津神社一帶絕不可錯過的鯛魚燒老舖，作為東京三大鯛魚燒店「柳屋」的分店，用料與製作都格外講究，而且只販售一款紅豆泥內餡。鯛魚燒的製作方法有一起烤的量產型（又稱養殖），但這家店採用的是一個個獨立烤，稱為「一丁燒」或「天然」，雖然較為費時，但每個鯛魚燒都烤得剛剛好，更加美味。

當師傅在烤製時，香氣四溢，即使沒打算吃也會被饞到。新鮮出爐的鯛魚燒熱得燙手，只是咬上一口，立即就能理解為什麼客人源源不絕來光顧。薄脆的外皮夾著滿滿自家製紅豆泥，還可嘗到紅豆顆粒，香甜的味道與炭香相輔相成，實在讓人回味無窮。

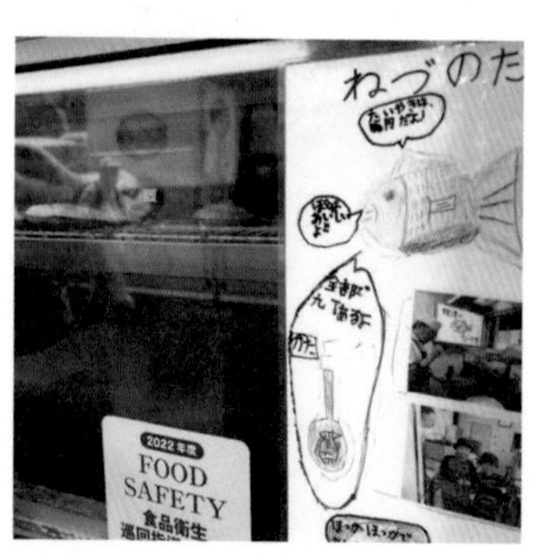

↑
樸素的店面傳來陣陣炭香。
←
上：熱騰騰的鯛魚燒建議買完馬上享用。
下：從櫥窗可看到剛烤好的鯛魚燒。

雅致而實惠的雙色手打蕎麥麵

根津 鷹匠

地址：東京都文京区根津2-32-8
如何抵達：東京Metro千代田線「根津」站1號出口徒步約5分
費用：¥1,000～¥1,999
營業時間：7:30～9:30、12:00～18:00。定休日：星期一、二
網址：https://twitter.com/nezutakajo

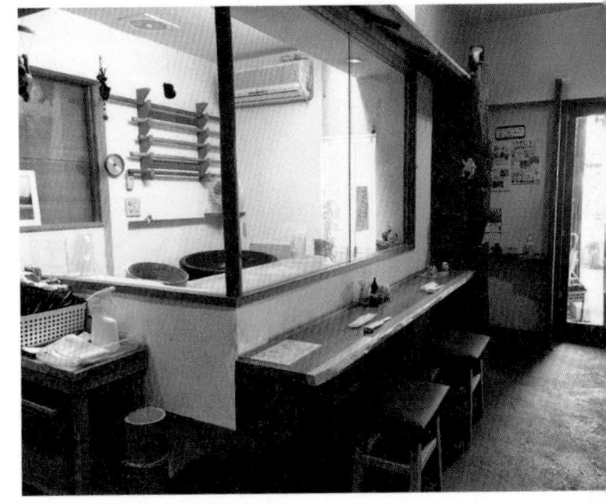

↑ 門口的暖簾顯出傳統風情。

→ 幸運的話，還可看到職人製作蕎麥麵。

掀起暖簾再走過狹窄的小路，根津鷹匠的外觀像是沒掏出1萬日幣是走不出店門的高級料亭，事實上價格宜人，只要幾百塊日幣便可品嘗到美味的手打蕎麥麵。

其蕎麥麵分細身的「せいろ」（seiro）與粗身的「いなか」（inaka），也可同時點兩種來比較。不只麵條粗度，一白一黑的顏色也具視覺衝擊。爽滑的細麵條沾上涼麵汁清爽沁心，粗麵條口感扎實而帶濃烈蕎麥香氣，各有特色。在炎夏於根津散步，來一盤簡單的蕎麥麵特別消暑，吃完麵別忘了把店員提供的蕎麥湯倒進麵汁飲用，這樣吃才是內行！

↑ 同時享用兩種粗細的麵條。

收服街坊鄰居們的麵包店

根津のパン

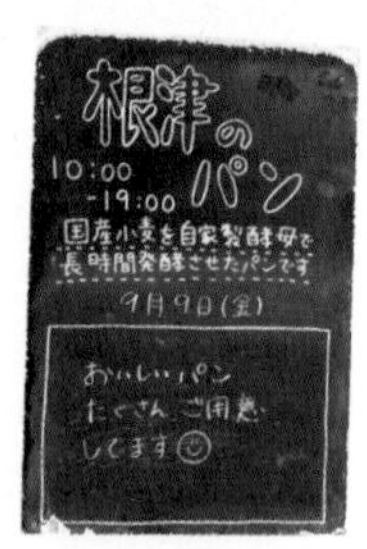

⬆
左：麵包小小一個，賣相誘人。
右：門口的招牌寫著店家給客人的貼心訊息。

⬆⬆ 整條吐司麵包也有多種口味可以選擇。

隱身在巷子的這家麵包店，店面保留了上一代豆腐舖的和風感。架上的麵包都很小巧，適合我這種想試不同口味但胃口又小的人，可以多買幾款。麵包主打使用國產麵粉與自家製酵母，經長時間發酵而成，有著柔軟質感與彈力。在疫情期間每次限制2名客人進店，所以店外總是排著長長人龍，都是提著菜、拖著小孩的婆婆媽媽，可見在根津街坊之間口碑很好。

地址：東京都文京区根津2-19-11
如何抵達：東京Metro千代田線「根津」站1號出口徒步約2分
¥ 費用：～￥999
營業時間：10:00～19:00。定休日：星期一、四、不定休
網址：https://www.instagram.com/nezunopan/

由錢湯改造而成的複合施設 → SENTO ビル

位在麵包店「根津のパン」旁邊，裝潢時尚的大樓與巨大的煙囪，在平房中顯得特別搶眼。「SENTOビル」（SENTO大廈）前身是一家建自昭和年代的錢湯「宮の湯」，在2008年因為設施老化而歇業，但為了保留這個文化象徵改建成複合施設，於2020年重新開幕。可以從幾家進駐的店鋪中，找到一些「宮の湯」遺留的痕跡，以下介紹兩家特色小店。

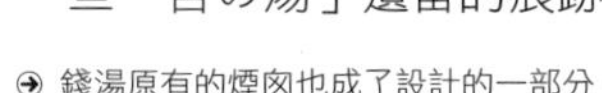

➔ 錢湯原有的煙囪也成了設計的一部分。

傳統棕刷變變變 亀の子束子 谷中店

- 地址：東京都文京区根津2-19-8 SENTOビル1階A
- 如何抵達：東京Metro千代田線「根津」站1號出口徒步約2分
- 營業時間：11:00～18:00。定休日：星期一
- 網址：https://www.kamenoko-tawashi.co.jp/

在日本，什麼都可以開設一家專門店，原以為自己早已見慣不怪，在看到這家棕刷專門店，還是覺得這也太冷門了吧！棕刷常用於洗刷馬桶或廚具，外表看起來有點土氣，但這家棕刷專門店卻是特別時髦。

「亀の子束子」是個傳統日本老牌，製作棕刷超過100年，現在除了棕刷，還有洗碗海棉、清潔劑等一系列清潔用品，甚至把棕刷改良成可以洗澡用的沐浴用品。此外，更以品牌的烏龜圖案設計出T恤、褲子等服飾。在谷中店面還有烏龜造型的奶油麵包，創意滿分。逛了一圈這家店就會理解，棕刷專門店絕對可以存在！

↑
上：招牌商品的棕刷。
下：印著烏龜圖案的桑拿帽子。
←
可愛的烏龜造型奶油麵包。

讓人放鬆的秘密空間
MIYANO-YU

地址：東京都文京区根津2-19-8 SENTOビル 1F
如何抵達：東京Metro千代田線「根津」站1號出口徒步約2分
¥ 費用：～¥999
營業時間：平日11:30~19:30、星期六10:00~19:30、星期日10:00~18:30 。定休日：無
網址：https://www.instagram.com/miyano__yu/

1

踏入店舖馬上就看到令人懷念的錢湯鞋櫃，現在成為櫃台裝飾的一部分。MIYANO-YU提供自家烘焙的咖啡，店門就放著一部烘焙咖啡豆的機械，空氣中飄揚著咖啡香氣。撇除錢湯元素，表面看起來跟一般咖啡店無異，沒想到內有乾坤。可以在店裡的小閣樓和地下室享用飲料，在樓梯間爬上爬下會有種走進秘密空間的興奮感。

在店員的推薦下點了一杯冰搖咖啡，於雪克杯中倒入濃縮咖啡與自製焦糖糖漿，搖至滑順起泡，然後倒進馬丁尼杯中。坐在鋪了榻榻米的閣樓，聽著柔和的西洋樂，再喝一口香醇綿滑的咖啡，悠閒愜意。如果不是還有別的地方要去，我絕對可以坐上半天不願離開。

1. 在小閣樓可倚牆而坐。
2. 以馬丁尼杯品嘗冰搖咖啡感覺特別chill。
3. 錢湯的置物櫃融入櫃台的設計。

2

3

日本文豪在此大放異彩 → 千駄木

せんだぎ

跟谷中與根津比起來，沒有象徵性景點的千駄木很容易讓人忽略。事實上，川端康成、森鷗外等多位赫赫有名的日本大文豪都曾住在此區，其中夏目漱石更是在千駄木寫下代表作之一《我是貓》。走在路上還會遇到日本著名出版社「講談社」的發源之地，可見這片土地與日本文學很有淵源。

除了深厚文化背景，千駄木周邊也有一些雜貨店四散在住宅區之中，可以在此享受散步探索的樂趣。

Made in Tokyo 文具都在這找到
井 GOAT

地址：東京都文京区千駄木2-39-5-102
如何抵達：東京Metro千代田線「千駄木」站徒步約3分
營業時間：星期五13:00～18:00、星期六及日12:00～18:00。
定休日：星期一至四
網址：https://goat-shop.com/info/

難得來到日本，大多會想買日本製商品，GOAT不只販售日本當地品牌的文具，更以東京製為中心。東京有不少文具製造商，例如店內一系列LIFE筆記本的總公司，就位在千駄木附近的入谷。店主很有心地會在商品旁邊貼上品牌介紹，使得每件文具看起來既獨特又珍貴。

1 2
3 4

1. 復古的舊文具。
2. 也可找到書籤、匙扣等商品。
3. 各式各樣的文具整齊排列好。
4. 日本製的LIFE筆記本系列。

女孩子夢想中的懷舊雜貨店

Biscuit

地址：東京都台東区谷中2-9-14
如何抵達：東京Metro千代田線「千駄木」站徒步約3分
營業時間：11:00～18:00。定休日：無
網址：http://biscuit.co.jp/webshop/

1
2 3 4

1. 店內氛圍讓人聯想到西洋古董店。
2. 店家原創的明信片。
3. 色彩鮮艷的復古花邊。
4. 印章與包裝紙款式多樣。

踏入這家店的瞬間，腦海中立刻浮現出「好可愛」三個字！集合夢幻與懷舊風格於一身，猶如把女孩們喜歡的元素濃縮在這裡。商品以外國進口的舊玩具、文具、手工材料為主，也可找到一些店家原創設計的明信片或包裝紙。所有商品都按種類劃分並整齊陳列好，在選購時也像是參觀展示一樣，會想把每項小東西拿起來慢慢欣賞。

東京車站人氣點心推薦

在東京，不用愁買不到伴手禮，每一間百貨公司就有大量甜點專櫃任君選擇。不過，若想尋找特別的品項，東京車站會是個好地方。

作為東京的玄關，東京車站每天迎來從世界各地而來的旅客。車站內及周邊的伴手禮商店相當集中，還可以找到限定發售的商品，送禮更顯心思。在多不勝數的品牌中，特別挑選了幾個近年發售的新商品或熱賣商品給大家參考。

1
2 3

1. 東京車站閘外的伴手禮購物專區東京ギフトパレット(Tokyo Gift Palette)。
2. 按不同季節有限定商品，此為萬聖節主題。
3. 日本的點心賣相都十分精美。

洋芋片高級進化 🈵 じゃがボルダ（Jaga Boulde）

地址：東京都千代田区丸ノ内1-9-1 グランスタ東京1階
如何抵達：JR「東京」站內往八重洲北口方向，東北・上越・北陸新幹線北換乘口附近
¥ 費用：～￥999
營業時間：星期一至六8:00～22:00，星期日及假日8:00～21:00。定休日：無
網址： https://www.jaga-boulde.jp/

由日本國民零食生產商「Calbee＋」（卡樂比）與東京伴手禮代表「東京ばな奈」（東京香蕉）攜手結成黃金組合，在2020年8月帶來高級洋芋片品牌「じゃがボルダ」，唯一店舖就設在JR東京車站內。

請來高級和食料理店「広尾小野木」監修，有四款獨特和風口味：鰹魚昆布高湯、牛高湯與青芥末、貝類高湯與青海苔、山椒味噌。使用全新KGT製法為洋芋片調味，使得調味粉不再沾滿手，更加方便品嘗。厚切的洋芋片鬆脆，入口會嘗到前所未有的濃烈鮮味，讓人一口接一口欲罷不能，搭配啤酒或日本酒更能吃得暢快。

左：新商品香蕉奶油口味薯條。
右：一盒內有多個獨立小包裝的洋芋片。

隱藏在東京車站的東京香蕉蛋糕特別版

我想大家對於經典伴手禮「東京香蕉蛋糕」已經相當熟悉，作為長青人氣品牌，東京香蕉也很會搞花招，經常推出新商品或與不同品牌聯名，尤其是一系列與卡通角色的聯名款，可愛的樣子讓人忍不住想買！其專賣店都只設在東京車站內，粉絲們可別錯過！

≪ドラえもん 東京ばな奈 トウキョウステーション≫

2021年8月哆啦A夢合作商店在東京車站新登場，除了在香蕉蛋糕印上哆啦A夢搞怪的表情，還有夾著香蕉巧克力奶油的半月型餅乾。

- 地址：東京都千代田区丸の内1丁目9-1
- 如何抵達：JR「東京」站內，往八重洲中央口方向，中央通路東海道線下
- 費用：～￥999
- 營業時間：6:30～21:30。定休日：無
- 網址： https://www.tokyobanana.jp/products/banana_doraemon.html

≪HANAGATAYA 東京南 ポケモン トウキョウステーション≫

2020年初次登場的寶可夢款香蕉蛋糕，熱賣到後來在7-11便利商店全國販售。而唯一的常設店就在東京車站內，全年都可買到皮卡丘款的香蕉蛋糕及巧克力夾心餅乾。

- 地址：東京都千代田区丸の内1-9-1
- 如何抵達：JR「東京」站內，新幹線南換乘口前
- 費用：～￥999
- 營業時間：星期一至三 6:15～21:30、星期四至日及假日 6:15～22:00。定休日：無
- 網址： https://www.tokyobanana.jp/products/banana_pokemon.html

≪Disney SWEETS COLLECTION by 東京ばな奈　JR 東京駅店≫

在2019年11月就開始與迪士尼合作並於東京車站設店，2022年最新商品就是小熊維尼圖案的蜂蜜牛奶蛋糕與香蕉牛奶巧克力夾心餅乾。

- 地址：東京都千代田区丸の内1-9-1
- 如何抵達：JR「東京」站內，新幹線南換乘口前
- 費用：～￥999
- 營業時間：6:30～22:00。定休日：無
- 網址： https://www.tokyobanana.jp/products/banana_disney.html

風靡日本的堅果女王 PISTA & TOKYO

地址：東京都千代田区丸の内1-9-1　東京駅八重洲北口
如何抵達：JR「東京」站外，八重洲北口的東京Gift Palette內
¥ 費用：～¥1999
營業時間：平日9:30～20:30，週末及假日9:00～20:30。定休日：無
網址： https://www.pistaandtokyo.jp/

左：多款開心果口味的餅乾整齊陳列，更添高級感。
右：厚厚的夾心餅乾，綠色盒子與小卡片也很可愛。

由於日本超市「成城石井」販售的開心果麵包抹醬引起話題，連帶開心果口味的點心與零食也在2020年爆發人氣。其中專售開心果點心的「PISTA&TOKYO」在東京車站的伴手禮專區「東京ギフトパレット」開幕後，曾創下連續20個月賣場銷售額第一名的紀錄！

其招牌商品是開心果奶油夾心餅乾，酥脆的餅乾夾著滿滿開心果奶油，旁邊沾滿開心果仁碎粒，充分享受開心果獨有的堅果香氣。

和風口味全新姊妹品牌 八 by PRESS BUTTER SAND

地址：東京都千代田区丸の内1-9-1 大丸東京店 B1F
如何抵達：JR「東京」站外，八重洲北口的大丸東京店內
¥ 費用：～¥1999
營業時間：10:00～20:00。定休日：無
網址：https://hachi.buttersand.com/

曾以半熟流心起司塔、卡士達蘋果派等在日本街頭掀起甜點旋風的「BAKE INC.」，在2017年推出奶油夾心餅乾品牌「PRESS BUTTER SAND」搶攻伴手禮市場，現在已發展成為日本著名點心之一。

2022年3月，再創全新姊妹店「八 by PRESS BUTTER SAND」主打和風口

讓人心花怒放的可愛鐵罐餅乾
Sablē MICHELLE 大丸東京店

地址：東京都千代田区丸の内1-9-1 大丸東京店 1F
如何抵達：JR「東京」站外，八重洲北口的大丸東京店內
¥ 費用：～¥3,000
營業時間：10:00～20:00。定休日：無
網址： https://www.sable-michelle.com/

因為好看好拍而在日本人氣急升的精美鐵罐餅乾禮盒，就出自法式奶油餅乾專門店「Sabl MICHELLE」。在2021年3月開幕後馬上成為各大雜誌的寵兒，一點也不奇怪為什麼會受到注目，因為招牌商品「ケーキサブレ」（蛋糕餅乾）的造型實在太可愛！

以草莓蛋糕為設計的鐵罐，打開後是三角型的餅乾，第一層的餅乾表面以巧克力覆蓋，點綴著巧克力球與乾燥草莓脆片，拼在一起就像奶油蛋糕，讓人捨不得吃。噱頭十足又好看，女孩收到這一盒一定傾心！

上：各種口味的草莓蛋糕造型餅乾。
下：不同國家主題的鐵罐餅乾。

從紙盒、包裝紙到餅乾的形狀都很好看。

東京車站限定的現烤點心。

味，把日本傳統和菓子與洋風奶油餅乾結合，東京唯一分店設在東京車站周邊的大丸百貨中。甜而不膩的黃豆粉紅豆、甘香芳醇的玄米茶、濃郁深厚的和栗口味，大口咬下鬆脆餅乾，細滑的奶油與甜味在口中蔓延開來，帶來幸福感覺。

盤點超商話題商品

\コンビニ/

除了包裝精緻的點心禮盒，日本超商也是尋寶的好地方。作為一個嫁到日本的小主婦，平常掌管家中廚房和購買食材大權，最愛在網路搜集資訊，跟著日本太太們的推薦而購物。以下介紹這幾年間在日本爆紅的商品，看看日本人都在吃什麼用什麼！

烹飪好幫手 管狀型調味料

販售點：日本全國超級市場

管狀型調味料並非什麼新商品，但在這幾年間，推出了薑蓉、蒜蓉、芥末等基本款以外的新口味，能應用在更多料理上。而且好處多多：保存期限長、不需要用匙子（可減少要洗的東西）、小巧不佔位置，還在2021年獲得日本職場爸媽票選為「Best Support大賞」料理部門銅賞。

走進每家日本超市都可看到各式各樣管狀型調味料，其中以S&B的口味最為多樣，清香的紫蘇葉到洋風的羅勒醬、日本烤魚與天婦羅必配的白蘿蔔泥、章魚燒和牛丼都會加的紅薑粒等等，喜歡在家製作日本料理的人特別適合！

左起為唐辛子白蘿蔔泥、柚子胡椒、紅薑粒、蒜蓉。

讓早餐滋味加倍！吐司控必入手 あまおういちごバター

販售點：成城石井、日本全國超級市場

2020年，生吐司在日本捲起旋風，讓大家重新愛上早餐那片吐司麵包。好吃的吐司除了麵包口感，美味的抹醬更能畫龍點睛。日本超市「成城石井」的自家商品「いちごバター」（草莓奶油果醬）早在2015年就已熱賣，就是在草莓果醬中加入奶油，使得味道更香甜滑順。在2020年夏天，一款進階版的草莓奶油果醬誕生，使用100%福岡甘王草莓製作，讓酸甜滋味再提升！當時限量發售，瞬間就被一掃而空，也使得奶油果醬這項商品重新受到注目！

濃厚的甘王草莓奶油果醬。

成城石井中有多種口味的奶油果醬。

現在，奶油果醬已成為超市貨架常見品項，而且除了草莓口味，也可找到各式水果，甚至還有紅豆、地瓜等奶油抹醬，無論搭配吐司，優格或各種甜點都適合。

萬用燒烤調味料 ほりにし（Horinishi）

↑可以看到多種顏色的香料混合在一起。

販售點：日本全國Kaldi、戶外用品商店

由日本和歌山縣著名戶外用品商店「Orange」，在2019年推出的調味料「ほりにし」，以和風口味為基礎，混合了粉末醬油、黑椒、陳皮、蒜粉等20多種香料，無論用在肉、魚、蔬菜等食材都適合。隨著近年掀起的露營熱潮，「ほりにし」一年大賣10萬瓶，成為露營愛好者中無人不知的調味料，更因為網路口碑走進一般家庭的廚房，連Lawson也曾跟它合作推出ほりにし口味炸雞君及飯糰。

巧克力升級版鄉村軟餅乾 チョコまみれ（Choco Mamire）

←包裝上有可愛的巧克力餅乾角色圖案。
↓每片餅乾都有獨立包裝。

販售點：日本全國超級市場及便利商店

不二家的「カントリーマアム」（農村軟餅乾）是日本歷久不衰的經典零食，在2019年作為35周年紀念，大膽地把餅乾麵糰加入可可粉，再提升巧克力顆粒的數量，更以牛奶巧克力包裹著整塊軟餅乾，像是要挑戰巧克力零食的極限，沒想到濃郁味道卻獲得一致好評。最初是在7-11期間限定發售，後來在2020年正式成為常規商品，更被《日經TRENDY》雜誌評選為2021年熱賣商品的第11名，在日本的零食賣場都可看到它的蹤影。

一吃上癮的饞嘴起司零食 カズチー（Kazuchee）

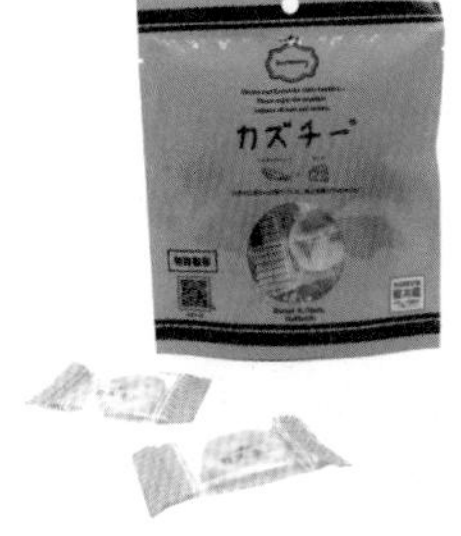

↑起司中混著一顆顆鹽漬鯡魚子。

販售點：Kaldi、成城石井等超市或食品販售店

日本娛樂圈中有多數藝人擁有超強帶貨力，介紹什麼就爆紅什麼，前AKB48成員指原莉乃就是其中一位！憑著自帶親近感與有話直說的率直而獲得觀眾的喜愛，推薦商品也特別有說服力。在2020年，她在綜藝節目上介紹了這款零食也成功引起熱賣。

「カズチー」是在軟滑的起司中加入燻製過的鹽漬鯡魚子，吃起來鹹香濃厚，咬下去噗滋噗滋口感非常過癮，一不小心就會整包吃完，指原莉乃也表示每次去到超市都會把貨架掃清光！該品牌在受到注目後，趁勢推出了蝦子、帆立貝口味以及餅乾棒，都是解饞一流。

column.

三大健康食品日語關鍵字

疫情讓人更注重健康，也因為居家時間漫長，很多人開始健身或減肥。近年來，日本流行的三種減肥法也使得下列三種食品大量出現，在此稍微解釋一下各自代表什麼意思。

プロテイン（蛋白質）

左：巧克力與起司口味的蛋白質餅乾棒。
右：超市中有超多品牌的蛋白質餅乾棒。

蛋白質減重法是建議增加攝取蛋白質來提高代謝，達到減重而不減肌肉。在日本媒體大肆宣傳下，不只在超商能看到各種盒裝蛋白質飲料，蛋白餅乾棒口味也變得更豐富。便利商店還會很貼心在食物上標示蛋白質含量。對於有在練肌肉的人，可在日本搜羅美味蛋白質食品。

糖質制限、低糖質、糖質オフ（糖質 Off）

1

2

3

1. 低糖質的奶茶粉、調理包等種類繁多。
2. 一般的餅乾零食也有糖質off版本。
3. 7-11的雞肉棒包裝特別標示0糖質。
4. 主打不用砂糖的巧克力。

4

另一種人氣減重法就是「減醣飲食」，透過減少吃糖及吸收由澱粉質轉化之醣分來減低攝取多餘的熱量。除了甜點是大敵，米飯、麵包、米餅、啤酒等米或麥製成的食品都要避免。

有鑑於此，日本食品商就推出一系列標榜低糖質、糖質Off的食品，從以蒟蒻或豆腐製成的米與麵條，不加糖或麵粉的零食等，讓注重健康的人在減糖、減醣時，也能正常飲食。

オートミール（燕麥片）

蘑菇奶油口味的燕麥片即沖杯。

很多品牌都有推出燕麥片商品。

記得幾年前來到日本時，超市只有玉米片，很少有燕麥片，想吃時還必須請香港的家人寄給我。沒想到現在燕麥片卻成為日本最夯的減肥食品。2020年，由於容易帶來滿腹感又富含營養及纖維的燕麥片突然受到注目，網絡上更出現許多以燕麥片取代米飯、麵粉來製作主食及點心的食譜。自此，燕麥片商品也大增，更有方便的即沖杯，加入熱水就可享用到義大利燉飯風味的燕麥片。

東京，瞬息萬變。

在製作這本書時，讓我確切感受到東京時時刻刻都在變化。

當初收到悅知文化的邀請後，我馬上翻起自己手機的相簿，把所有到訪過、一直想要前往的東京景點及餐廳整列成清單。

這本書匯聚了我所有的喜好，追星、咖啡廳、雜貨、美食，時而復古，時而網美。既有熱門的大眾景點，也有在地人才會知道的隱藏小店，還有這數年間所觀察到的日本人生活模樣。

想要向讀者介紹最當下的日本，填滿因為疫情而無法遊日這幾年的空白。我抱著這樣的目標東奔西跑各個景點，卻總是跟不上東京急速的發展。在取材的過程中，有時只不過隔了幾週再訪，便遇到更多新開幕的店，讓我一次又一次刷新稿件的內容。

希望這本書能展示出東京不同的面貌，在策劃行程時能成為指引。而真正的「Neo東京」，就等大家實際踏足日本，再親自發掘和體驗。

Shinon

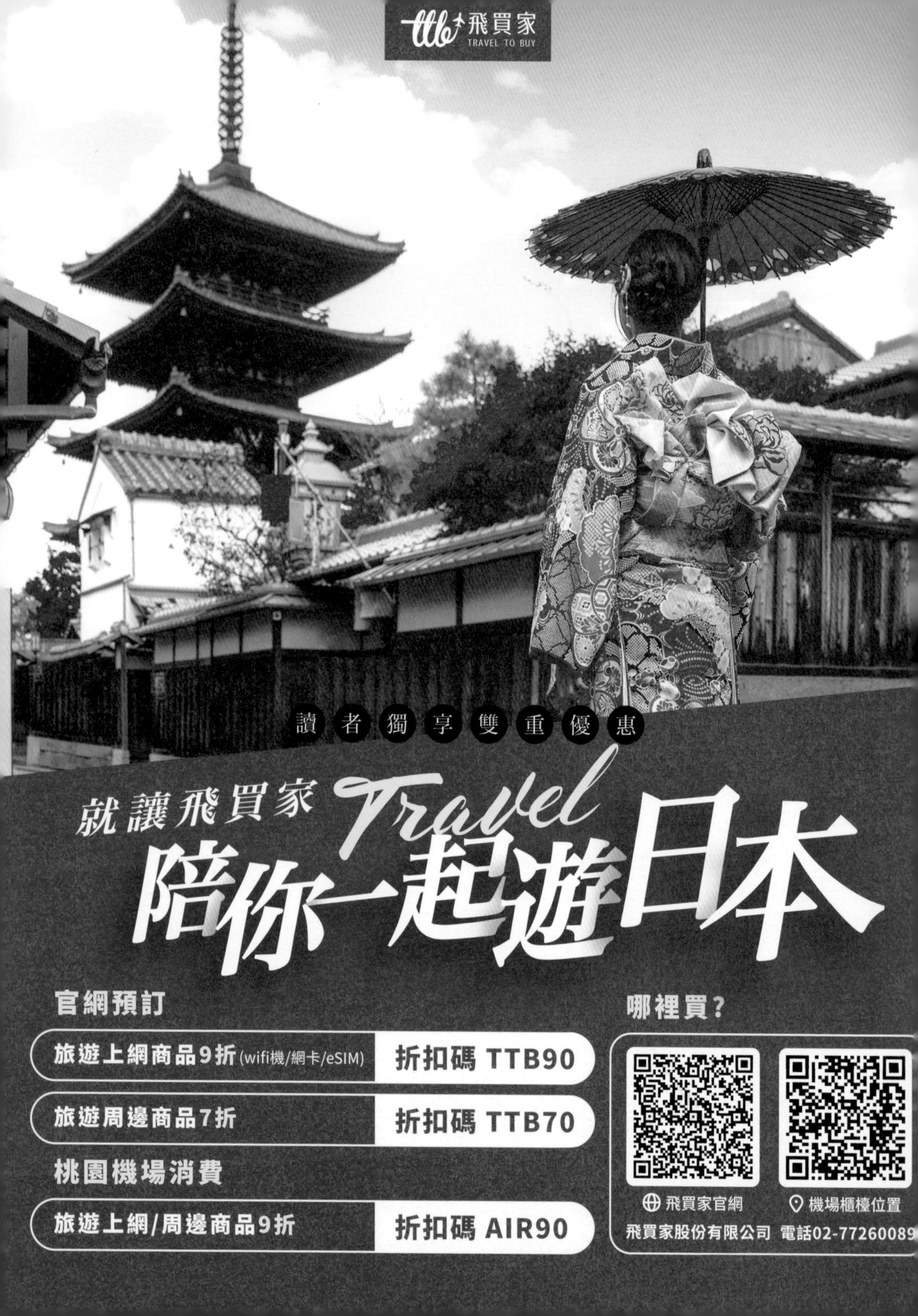
ttb 飛買家
TRAVEL TO BUY
讀者獨享雙重優惠
就讓飛買家
Travel
陪你一起遊日本
官網預訂
旅遊上網商品9折(wifi機/網卡/eSIM)
折扣碼 TTB90
旅遊周邊商品7折
折扣碼 TTB70
桃園機場消費
旅遊上網/周邊商品9折
折扣碼 AIR90
哪裡買?
飛買家官網
機場櫃檯位置
飛買家股份有限公司 電話02-77260089

2023
2024

跟著在地人品嘗美食、最新景點、
人氣伴手禮的 One day trip 提案

作　　者｜Shinon

責任編輯｜鄭世佳 Josephine Cheng
責任行銷｜袁筱婷 Sirius Yuan
封面裝幀｜讀力設計 independence-design Co.,Ltd
版面構成｜讀力設計 independence-design Co.,Ltd
校　　對｜許世璇 Carolyn Hsu

發 行 人｜林隆奮 Frank Lin
社　　長｜蘇國林 Green Su

總 編 輯｜葉怡慧 Carol Yeh
行銷主任｜朱韻淑 Vina Ju
業務處長｜吳宗庭 Tim Wu
業務主任｜蘇倍生 Benson Su
業務專員｜鍾依娟 Irina Chung
業務秘書｜陳曉琪 Angel Chen
　　　　　莊皓雯 Gia Chuang

發行公司｜悅知文化 精誠資訊股份有限公司
地　　址｜105台北市松山區復興北路99號12樓
專　　線｜(02) 2719-8811
傳　　真｜(02) 2719-7980
悅知網址｜http://www.delightpress.com.tw
客服信箱｜cs@delightpress.com.tw
初版一刷｜2022年12月　初版三刷｜2023年6月
建議售價｜新台幣480元

本書若有缺頁、破損或裝訂錯誤，請寄回更換
Printed in Taiwan

ISBN｜978-986-510-262-3

國家圖書館出版品預行編目資料

遇見 NEO 東京：跟著在地人品嘗美食、最新據點、採買伴手禮的 One day trip 提案 /Shinon 著 . -- 初版 . -- 臺北市：精誠資訊股份有限公司，
2022.12
　面；　公分
ISBN 978-986-510-262-3(平裝)
1.CST: 旅遊 2.CST: 商店 3.CST: 購物指南 4.CST: 日本東京都
731.72609　　　111020290

建議分類：旅遊